普通高等学校
应用型教材

人力资源管理

组织与工作设计

主　编　刘凤霞
副主编　房宏君

中国人民大学出版社
·北京·

图书在版编目（CIP）数据

组织与工作设计 / 刘凤霞主编；房宏君副主编. --
北京：中国人民大学出版社，2021.11
普通高等学校应用型教材. 人力资源管理
ISBN 978-7-300-29869-6

Ⅰ. ①组… Ⅱ. ①刘… ②房… Ⅲ. ①组织管理学－高等学校－教材 Ⅳ. ①C936

中国版本图书馆CIP数据核字（2021）第187050号

普通高等学校应用型教材 • 人力资源管理
组织与工作设计
主　编　刘凤霞
副主编　房宏君
Zuzhi yu Gongzuo Sheji

出版发行	中国人民大学出版社		
社　　址	北京中关村大街31号	邮政编码	100080
电　　话	010-62511242（总编室）		010-62511770（质管部）
	010-82501766（邮购部）		010-62514148（门市部）
	010-62515195（发行公司）		010-62515275（盗版举报）
网　　址	http：www.crup.com.cn		
经　　销	新华书店		
印　　刷	北京七色印务有限公司		
规　　格	185mm×260mm　16开本	版　　次	2021年11月第1版
印　　张	16.5	印　　次	2021年11月第1次印刷
字　　数	368 000	定　　价	39.00元

内容简介

组织与工作设计是人力资源管理工作的基础，为招聘、培训、绩效考核、薪酬设计等人力资源管理活动提供依据与支持。

本书基于科学性、逻辑性、实践性和新颖性原则，全面系统地介绍了组织、组织结构、组织设计及组织变革基本理论，科学深入地阐述了岗位调查、岗位分析、岗位设计、岗位评价及岗位分类，为企业在不断变化的环境中进行组织结构与工作岗位设计提供有力支持。

本书立足体现应用型特征，以区别于以理论教学为主的研究型教材，让读者理解理论知识的同时，能够将所学知识应用于企业实践，提高分析能力、沟通能力、表达能力、协作能力与解决实际问题的能力。

本书适合作为应用型高等院校人力资源管理、工商管理、公共管理等相关专业课程的教材，也适合作为管理实务工作者的培训和自学用书。

作者简介

刘凤霞，北京联合大学副教授，长期从事人力资源管理方面的教学与研究工作，研究方向为工作分析、绩效管理、人力资源规划等。在国内核心期刊、重要期刊发表论文30余篇，出版专著2部，主编或参编教材6部，主持北京市教委项目1项、人力资源实验室建设项目1项、企业绩效方案横向课题1项、校级精品课程建设项目3项。

房宏君，管理学博士，北京联合大学副教授，长期从事组织行为学、组织与工作设计课程教学与研究工作，研究方向为组织变革、定岗定员、科技人才创新管理等。在国内核心期刊发表论文30余篇，出版专著1部，主编或参编教材3部，主持、参与国家社会科学基金项目、北京市社会科学基金项目和北京市优秀人才培养资助项目多项。

前 言

FOREWORD

组织与工作设计是人力资源管理工作的基础，为招聘、培训、绩效考核与薪酬设计等人力资源管理活动提供了依据与支持。进入 21 世纪以来，大数据、人工智能与互联网技术飞速发展，使得组织结构不断变化，组织内的岗位设置发生变化，同时，岗位工作内容、工作条件与环境、工作方式等均相应发生改变，如何在瞬息万变的环境中进行组织结构设计和工作岗位设计，是新时代人力资源管理者面临的挑战。

本书正是在这种背景下，借鉴和吸收国内外组织与工作设计领域前沿理论成果和先进管理经验，结合多年的高校理论教学与企业结构及岗位设计咨询管理心得，以最新的、真实的案例，帮助读者理解与认识组织和工作设计方面的理论知识与企业实践。在编写过程中，力求体现科学性、逻辑性、实践性和新颖性的原则，全面系统地介绍了组织概念、组织结构、组织设计及组织变革基本理论，在此基础上，科学、深入地阐述了岗位调查、岗位分析、岗位设计、岗位评价及岗位分类等内容，为我国企业在不断变化的环境中进行组织结构设计与工作岗位设计提供有力支持。

本书体现应用型特征，以区别于传统的以理论教学为主的研究型教材，目的是让读者在理解理论知识的同时，能够将所学知识应用于企业实践，例如，每章末的“团队练习”，在培养团队精神的同时，注重提高读者的分析能力、沟通能力、表达能力、协作能力与解决实际问题的能力。

本书包含 8 章内容：第 1 章组织与组织理论，介绍了组织概念与组织要素、组织特征、组织类型、组织理论等内容；第 2 章组织结构设计，主要介绍组织结构设计的概念与原则、组织结构设计的影响因素、职能设计与层级设计、部门设计、传统组织结构模式、现代组织结构模式等内容；第 3 章组织变革，介绍了组织变革背景及动因、组织变革内容、组织变革类型、组织变革阻力、组织变革过程与程序等内容；第 4 章岗位调查，介绍了岗位调查概述、问卷法、访谈法、工作日写实、测时、其他方法等内容；第 5 章岗位分析，介绍了岗位分析发展历程、岗位分析概念、原则、岗位内涵分析、人员分析、岗位分析程序、工作说明书编写等内容；第 6 章岗位设计，介绍了岗位设计的定义、原则、作用、岗位设计理论、岗位设计影响因素和内容、岗位轮换、弹性工作制、工作丰富化、扩大化等与岗位设计方法相关的内容；第 7 章岗位评价，主要介绍岗位评价内涵、原则、作用、岗位评价指标体系、排列法、分类法、评分法、因素比较法、海氏评价法等岗位评价方法；第 8 章岗位分类，介绍了岗位分类的定义、相关术语、岗位分类功能、意义、原则以及岗位分类步骤等内容。每章内容通过引导案例、团队练习、案例分析、延伸阅读等模块来激发读者的兴趣与思考。

本书是集体智慧的结晶，刘凤霞负责总体设计、编写和统稿，房宏君负责编写和统稿工作，刘传青负责编写工作。具体分工是：第 1 章、第 4 章、第 8 章由房宏君编写；第 2 章、第 3 章由刘传青编写；第 5 章、第 6 章、第 7 章由刘凤霞编写。

在编写过程中得到了专家学者和知名企业的大力支持，尤其要感谢安鸿章教授为本书提供了诸多理论素材与实践资料；感谢中国人民大学出版社熊鲜菊老师、谷广阔老师，是他们的大力支持和帮助，使得本书能够如期顺利出版。本书在编写过程中，还参阅了国内外相关领域大量书刊文章和网络资源，在此谨向有关作者表示深深的谢意。

编者们力求编写一本系统的、通俗易懂的，能够体现时代特点的组织与工作设计教材，然而由于编者水平、经验和时间有限，书中难免有错误与疏漏之处，在此衷心希望广大读者批评指正，使本书更臻完善，以便再版时更正和补充。

目 录

CONTENTS

第1章 组织与组织理论

| 学习目标 |

1.了解组织的渊源、组织理论的发展。

2.理解组织的概念、组织的特征和组织的类型。

3.掌握组织的构成要素和组织的任务。

引导案例

微软如何创建学习型组织

目前，很多企业在积极创建学习型组织，微软在创建学习型组织方面卓有成效，它提出的学习理念是：学习是自我批评的学习、信息反馈的学习、交流共享的学习。微软还提出了四个原则。

（1）系统地从过去和当前的研究项目与产品中学习。为此开展了五大活动：1）事后分析活动。它要求每个项目组、每个产品部门在完成一个项目、开发一个产品后都要写一份事后分析报告，着重总结存在的问题，通过自我批评进行学习。2）过程审计。微软的审计人员在审计过程中一再告诉被审计对象：审计过程是一个技术交换的过程，是发现先进典型的过程，是学习的过程。3）休假会活动。微软每年举行一次，主要目的是交流信息、解决难题、提高技巧和学习文件。4）小组间资源共享活动。微软鼓励不同部门在不太正式的场合经常交流，比如部门之间定期或不定期的午餐会，或者通过电子邮件进行互访交流。5）"自食其果"活动。微软要求员工首先使用自己开发的产品，进行自我反思、自我批评，从而得到学习。

（2）通过质量信息反馈学习。微软把产品的质量问题分为四类：1）整个产品不能使用；2）一种特性不能运行，无替代方案；3）一个产品不能应用，但有其他产品可以代替；4）表面的、微小的问题。微软规定要把产品的质量信息公之于众，使公司有关部门的员工知道问题的严重性，经过反思，找出问题所在。

（3）以客户信息为依据学习。首先，微软每天会接到6 000个左右的用户咨询电话。为了鼓励用户提意见和咨询，在产品售出90天内，咨询电话费用由微软支付。之所以这样做，是为了利用用户信息这个重要的学习资源。其次，进行用户满意度调查。微软每年花50万美元进行用户满意度调查，包括三个方面的满意度：1）产品的满意度；2）公司的满意度；3）售后服务的满意度。再次，微软还开展评选忠诚客户活动，评选条件为：1）对三个方面都满意；2）保证以后都买微软的产品；3）向别人推荐微软的产品。微软为什么会成功？就是因为它想尽办法获得外部学习资源，这是微软的秘密武器。

（4）促进各产品组之间的联系，通过交流来共享学习成果。微软的一个重要理念是通过交流学习实现资源共享。为此微软采取了三个措施：第一，成立共同操作、沟通系统；第二，开展相互交流活动；第三，开展“东走西瞧”活动。比尔·盖茨要求各产品开发组之间多走一走，看一看，起到沟通、交流和相互学习的作用。

资料来源：https：//www.doc88.com/p-993345084135.html.

思考题

请问微软在创建学习型组织的过程中提出的学习理念和原则是什么？是否起到了作用？为什么？

第1节　组织的概念与要素

一、组织的渊源

组织是如何起源的？在人类早期生活中，人们为了达到某种特殊目的形成了各种群体，这些具有特殊目的的群体集合称为组织。美国著名社会学家戴维·波普诺指出：“组织最初在人类社会中发挥主要作用可能是在美索不达米亚和埃及的古文化时期。在这些早期社会中，组织发挥了宗教、政治和军事等功能，如中国的万里长城、都江堰水利工程以及埃及的金字塔等，都是借助了组织之力才可能建成”。由此可见，组织产生于人类的生产和社会实践之中，同时又服务于这些实践。在现代社会生活中，人们普遍认识到组织是按照一定的目的、任务和形式编织起来的社会集团，它不仅是社会的细胞、社会的基本单元，而且是社会的基础，是社会、国家、地区、部门实行管理、维持秩序和发挥效能的重要手段。

二、组织的概念

组织有两种含义：一种是一般意义上的组织，泛指各种各样的社团、企事业单位，它是人们进行合作活动的必要条件；另一种特指管理学上的组织，即按照一定目的和程序组成的一种权责结构或角色结构。

人们从不同的观点和视角对组织的内涵进行了解释。

1. 以静态观点分析

代表性的定义——艾桑尼："组织是有意建立起来的，以追求特定目标达成的社会单位。"

2. 以动态观点分析

代表性的定义——卡普罗："一个组织是一种社会系统，有其明显的集体交往与认同、正确的成员名录、活动的计划以及组织成员更替的程序。"

3. 以发展观点分析

代表性的定义——美国社会学家帕森斯："组织必须能解决下列四个基本问题，否则就不能称之为组织：

（1）如何适应环境；

（2）如何决定目标并动用所有可供利用的资源来全力完成它；

（3）如何协调和统一组织中各个成员的关系、发挥他们的干劲，使组织成为一个动作一致的整体，完成共同目标；

（4）如何维持组织成立时的目标而不放弃。"

4. 以心理观点分析

代表性的定义——切斯特·巴纳德："组织是两人以上有意识的协调力量和活动的合作系统，组织并非单纯的集团而是协力关系，这是人和人之间相互作用的体系。"他认为组织是等级体系的人际关系网络。组织具有团体意识和较接近的价值理念和规范。正因如此，大家才能协调地工作在一起，也才能协同一致地完成目标。

5. 以系统观点分析

组织定义的系统学解释：组织是一个复杂的、开放的社会技术系统。包括三个含义：

（1）复杂的社会技术系统——既包括结构和技术方面，又包括心理、社会和管理方面。

（2）开放系统——不断与外部环境进行材料、能源和信息交流，从而不断改革和发展。

（3）整合系统——组织建立在其各子系统的相互依存基础上，也离不开与环境的相互作用，因此组织整合各子系统及其环境的关系。

从广义上说，组织是指由诸多要素按照一定方式相互联系起来的系统。系统论、信息论、控制论、耗散结构论和协同论等，都是从不同的侧面研究组织系统的。

从狭义上说，组织是指人们为实现一定的目标，互相协作结合而成的集体或团体，如党团组织、工会组织、企事业组织、军事组织等。本书所要研究的组织是狭义的组织。

综合以上解释，组织可以定义为：一定人群为了共同目的，通过权责分配和层次结构所构成的一个完整的有机体，它随着时代及环境的改变而不断自行调整和适应，同时人员之间也会建立起一种团体意识和规范。

三、组织的要素

组织是一个开放的，具有特定目标的协作系统，组织具有开放性、系统性、目的性和协作性的特征，作为一个系统，组织又具有整体性。根据这些特性，组织的要素分为：组织外部环境、组织内部环境、组织目的、管理主体和管理客体。

1. 组织外部环境

组织外部环境是指组织的成员或群体向组织的外部观察时的视角。任何组织都处于一定的外部环境中，并与外部环境发生着物质、能量或信息等各种交换关系。组织的宏观外部环境有社会环境、政治环境、经济环境和文化环境等；组织的中观环境有组织所在行业的生产环境、市场环境、科学研究环境和技术环境等；组织的微观环境是指组织的利益相关者所构成的环境，如地方政府、供应商、顾客、竞争者等。

2. 组织内部环境

组织内部环境是指组织内部的成员或群体之间的关系模式所构成的环境，如结构环境、制度环境、文化环境等。组织的内部环境要和外部环境发展相一致。外部环境的发展有很大的不确定性，组织要根据外部环境的变化调整内部环境，才能使组织的内外要素相协调。

3. 组织目的

组织目的是得到组织所有成员认同的共同愿望。当两个或更多的人为一个共同的目的协作时，组织就形成了。目的是使组织统一起来的因素，没有了组织目的，组织就不可能建立，也失去了存在的必要。组织的目的通常有两种：物的目的和社会的目的。物的目的是指物体或物的存在；社会目的指组织同社会发生信息交流形成的特定的相互关系。理论界普遍认为，组织的终极目的重在后者。

4. 管理主体

管理主体的构成要素应是相互作用、相互耦合的。实现组织目的的过程就是一个内外部要素相互作用及内部要素之间相互作用的过程。内部要素的相互作用是通过管理实践的形式来体现的，即通过管理主体和管理客体的相互协作来完成的。管理主体可以是人或机构，具有一定的管理能力，拥有相应的权威和责任来从事协调和控制活动。

5. 管理客体

管理客体是指被管理、协调和控制的对象。管理主体领导管理客体实现组织的目的，管理客体完成组织目标的状况又对管理主体产生反作用，使之对自己的行为做出调整。积极的相互作用和相互影响能使组织更好地实现组织目的，消极的作用会使组织走向灭亡。

四、组织的任务

（1）根据分工协作的原则，组织需要正确配备劳动力，合理确定工作量，节约使用劳动力，从而不断提高劳动生产效率。

（2）组织能形成人类的协作，协作能产生新的生产力。

（3）正确处理劳动力与劳动工具、劳动对象之间的关系，保证员工有良好的工作环境和劳动条件，做好工作场地的管理工作，改进操作方法，保证员工在工作中身心健康。

（4）人们在组织中相互沟通、认同，从而形成共同的价值观、信念和行为准则，形成群体文化。

（5）运用工效学、劳动心理学等科学原理，不断完善和改进劳动组织，达到用人少、效率高的目的，并注意改善劳动关系和促进劳动者的全面发展。

（6）满足组织成员的需要。

第2节　组织的特征与分类

一、组织的特征

组织就是精心设计的达到某种特定目标的社会群体。学校、医院、公司、政府机构、俱乐部等都是组织。

现代工业社会的显著特征就是，大量规模巨大的、极其复杂的组织渗透到了社会生活的方方面面，这主要归因于现代人们对理性和效率的高度重视，这些目标正是通过组织运作所能达到的。

在人类社会中，所有的群体都要努力实现自己的目标，在组织中，目标是明确地、清晰地表达出来的，并且总能得到组织成员的充分理解。

一般来说组织还具有下列基本特征：

第一，为了更高效率地达成群体目标而进行劳动分工和权威的分配。

第二，权力相对集中在领导者或执行主管手中，他们使用权力，控制组织成员活动，并引导他们实现组织目标。

第三，组织中成员不是固定的，这使得组织可以不依赖某一特定成员而生存；组织成员死亡、辞职、退休或者被解雇时，可以用常规方式来替补。

许多群体并不都会具有这些特征。家庭通常就不被看作一个组织，因为它的成员不可能按照惯例替补，而且它没有特定的目标。一个朋友群体，即使他们之间具有极强的模式化联系，也并不是一个组织，因为它缺少明确的目标。民族群体也不是组织，例如意大利裔美国人，但是像由意大利后裔所组织的“意大利之子”的群体，其目标是为了提高意大利裔美国人的公众形象，这就肯定是一个组织。

二、组织结构

（一）正式结构

组织的正式结构（formal structure）是指导组织成员活动的一套明确陈述的规定、纪律和程序。正式结构包括规章、法规、内部细则、命令和达成目标的时间表。通常规则和程序都以文字形式写在纸上，但也并非总是如此。

正式结构的显功能是富有成效地达成组织目标。

组织内每个成员都分担了特定的组织任务，同时，每个人都必须清楚与其他的任务承担者的关系。因此，对于每个成员对别人的权力、成员之间交流和协作的期望模式，都有严格清晰的说明。每个成员都知道何时、何地、由谁通过何种方法来进行决策，他处于组织等级中的哪一个位置。

组织也必须提供正式的约束手段，即对于群体成员的详细奖惩规则，以确保组织成员对规则的服从。

1. 奖励性约束

商业组织中，奖励性约束包括晋升、提高工资、授予称号、提供舒适的办公室以及一些附加福利如提供花销账号、小汽车、邀请参加某些社会活动等，这些都会用于激励或酬劳那些完成了组织任务的成员。

2. 惩罚性约束

对那些没有遵守规则的组织成员则施以惩罚性约束，如降级、解雇或者该提升时不予提升等。在一个规模大而复杂的组织中，通常确立一些正式手段来衡量群体成员的绩效，例如工资审核或者由上级作出年终评价等。

以正式结构为主的组织就是正式组织。大多数的组织，包括公司、学校和政府等，都属于这类组织。

（二）非正式结构

组织的正式结构总是以非正式结构为补充的。非正式结构（informal structure）是指由群体成员的互动所形成的人际关系。

非正式结构对组织功能发挥是必不可少的。正式规则和程序并不能解决组织所遇到的所有问题，在某些情况下，它甚至还不如非正式规则有效率。单凭“照章办事”并不是完成工作的有效方式。非正式结构有助于组织适应千变万化的社会环境，否则组织的效率可能降低，目标难以达成。非正式结构有助于组织获得更高效率。研究芝加哥机器公司的社会学家发现了一种非正式结构，他将此描述为“应付游戏”（game of making out）。应付游戏是这个工厂第一线操作工的活动核心，它使车间工作不再枯燥，让操作工人对自己的工作更感满意，它将管理层与工人之间的矛盾转换成了操作工人间内部的竞争，最后，它增加了公司的边际利润。总之，这类非正式结构使公司能更有效率地达成目标。

非正式结构也会有消极的后果。例如，打小报告者所遇到的非正式社会控制，可能使许多工人不敢报告车间所发生的危险甚至非法的活动。这类非正式控制包括来自同事和监督者的敌意和报复。

三、组织制度化和变迁

（一）制度化

当一个组织成功地吸纳了成员，并且得到他们的信赖，能富有效率地实现其目标，能被更大的社区接受，通常它就能在相对稳定的结构中、在一整套目标和价值观的指导下，形成有序的运作模式。简言之，它就制度化（institutionalized）了。

组织的寿命有长有短，寿命长的组织一般都是能够有效地接纳和培训新成员的组织。组织刚开始形成时，它能相对自由地进行尝试。它的目标变动性较大，实现这些目标的方式也可以有多种，成员之间的关系也可能是非正式的、可以相互调整适应的。随着组织的成长，其结构就逐渐地为典型的制度化形式所主宰。

首先，进行群体活动的方式开始建立起来，有时候这指的就是标准化操作程序（standard operating procedure）。标准化操作程序最终会限制组织在多种行为之间进行选择的自由。

其次，程序越固定，员工之间的关系就会越正式，组织行为就越稳定，越可以预见。但是当非正式关系变得越不重要时，要创造新的交流方式和新的结构就越难。

再次，组织目标开始越来越没有弹性。

当组织关系越有序、越可以预见时，成员之间就可以更好地协作，组织的连续性增强。随着知识和经验的增长，不必再经过无效尝试和错误，就能找到最好的发挥功能的方法。

制度化的负面效应包括：

（1）可能会导致组织僵化死板；

（2）目标置换（goal displacement）。

当组织成员更加关注组织本身的存续和他们在组织中的位置，而不去关心是否与组织的实际目标相符合时，这一现象就会发生。

目标置换的表现形式有：

（1）组织成员热衷于保持他们在组织中的地位，把这个目标当成了组织的目标。

（2）当组织的规章制度本身成为目的时，目标置换也会发生。制定规章制度的初衷是帮助组织有效地实现目标，可是规章制度可能会被神化，这就会影响组织应付新情势、处理非常规问题的能力。员工可能会认为自己必须遵从规则，而不论这些规则是否在实际上有助于组织目标的实现。这就是人们经常埋怨的所谓“官僚主义”和“繁文缛节”的行为。

（3）员工之间非正式结构的发展导致他们保全自己的利益而不是符合组织的需要。例如，工厂工人有时就他们一天中的劳动量非正式地达成一致，以此抵制经营管理中提高劳动生产率的尝试。

目标置换已经成了人们对组织特征进行幽默讽刺的主要话题。根据帕金森定律，“为了完成工作，所有可能的时间都被不断扩张的工作所填满”，彼得原理描述了科层制中与提升有关的同一问题。在目前工作中表现突出的员工一般来说都会在科层等级中得到提升，例如，优秀教师提升为校长助理，优秀护士提升到管理职位上，提升继续下去，总有一天，员工会处在其不能更好地胜任的工作职位上，这时，组织将会考虑解雇或者给该员工降级，以避免挫伤正沿着科层制阶梯往上爬的其他员工的士气。

（二）组织变迁

正如制度化过程所表明的那样，每个组织本身就蕴含着变迁的种子。组织变迁的原因有两个方面。

（1）组织内部因素的变化。新成员要改变组织进程是可能的，尤其是这一新成员处于领导地位时。职业运动队的老板根据队员在赛季的不良表现来解雇教练。通常说来，新教练要变换运动员的位置，设法提高士气，改变队员的作战策略，所有这些改变都是为了使运动队由失败转向胜利。还有一些内部因素，诸如组织中权力关系的改变、领导的下台或者员工的反对。

（2）组织外部因素的诱发。第一，竞争性组织之间有着极大的相互影响。当一个组织不如另一个组织成功时（例如，某商业组织获得的利润较少），不太成功的组织就有必要进行改进，美国汽车业就是一个实例。当日本进口汽车开始大量占领美国市场时，美国汽车业就必须进行改进。通用汽车公司发现，为了在激烈竞争的市场中站稳脚跟，它必须对大多数基本的经营假设进行修改。福特公司开始在它的一些美国工厂中运用日本马自达公司所开创的经营技巧。第二，新技术的出现。第三，新市场或者新资源的获得，利益、态度和价值观的改变等。假如组织所服务对象的需求改变了，组织也要作相应的改变。

四、组织的分类

在社会生活中，组织的类型十分复杂，人们可以按照不同的标准对组织进行不同的分类。

（1）根据社会功能不同，可以将组织分为经济生产组织、政治目标组织、整合组织和模式维持组织。

1）经济生产组织——物质生产的制造型组织和服务型组织，如工厂、饭店等。

2）政治目标组织——为了保证整个社会达到自己的目标而进行权力分配的组织，如政府部门等。

3）整合组织——协调各种冲突，引导人们向某个固定目标发展的组织，如法院、政党等。

4）模式维持组织——维持固定的形式，确保社会发展的组织，如学校、社会团体等。

这种分类方法是美国著名的组织学者帕森斯提出的，被广泛采用。

（2）根据组织成员的受惠程度不同，可以将组织分为互惠组织、经营性组织、服务组织和大众福利组织。

1）互惠组织——对参加者都有好处的组织，如党派、工会、俱乐部、退伍军人团体等。

2）经营性组织——从事工商活动的组织，如工厂、公司、银行等。

3）服务组织——为某些社会人士直接服务的组织，如医院、大学、福利机构等。

4）大众福利组织——为社会所有人服务的组织，如警察机关、行政机关、军事机关、科学研究机关等。

这种分法是由美国组织学者布劳和斯科特提出的。

（3）根据控制成员的方式可以将组织分成强制组织、功利组织和规范组织。

1）强制组织——用高压、威胁甚至暴力等手段控制其成员行为的组织，如监狱等。

2）功利组织——以金钱或者物质为媒介控制下属行为的组织，如各种工商企业。

3）规范组织——用在伦理道德或者信仰等基础上的规范权力来控制成员行为的组织，如宗教团体等。

（4）按组织的目标不同，可以将组织分为互益组织、工商组织、公共组织。

1）互益组织——以实现全体组织成员共同利益为目标而自愿结成的组织，包括政党组织、宗教组织、工会组织、俱乐部组织等。

2）工商组织——以赚取更多的经济利益为目的而组建起来的组织，包括工商企业、银行、商会等。

3）公共组织——以维护、实现和发展社会全体公众利益为目标的组织，包括国家权力机关，依赖国家公共财政运转的学校、医院、研究机构等。

第3节　组织理论的发展演变

从20世纪初开始，组织理论经历了传统组织理论、行为科学组织理论和系统管理理论三个阶段。

一、传统组织理论

传统组织理论盛行于20世纪初至30年代。它着重分析组织的结构和组织管理的一般原则，研究内容主要涉及组织的目标、分工、协调、权力关系、责任、组织效率、授权、管理幅度和层次、集权和分权等。传统组织理论主要包括泰勒提出的科学管理理论、法约尔提出的一般管理理论和韦伯提出的官僚制度理论等。此外，美国学者L.厄威克综合和传播了传统组织理论者的观点和主张，扩大了传统组织理论的影响。

（一）科学管理理论

20世纪初美国资本主义经济发展较快，但是企业劳动生产率的提高远远落后于当时科学技术成就和国内外经济条件所提供的可能性。这种情况首先引起了一批工程技术人员和管理人员的注意，他们进行各种实验，努力把当时科学技术的最新成就应用于企业的生产和管理，大幅提高劳动生产率，从而形成了一套科学管理的理论和方法，泰勒的《科学管理原理》就是其中最突出的代表。

弗雷德里克·温斯洛·泰勒（Frederick Winslow Taylor，1856—1919），美国著名管理学家、经济学家，被后世称为“科学管理之父”，《科学管理原理》（1911）是其代表作，科学管理理论讲述了应用科学方法确定从事一项工作的“最佳方法”，包括作业管理、组织管理、心理管理。泰勒认为，科学管理的根本目的是谋求最高劳动生产率，最高的工作效率是雇主和雇员达到共同富裕的基础，要达到最高的工作效率的重要手段是用科学化的、标准化的管理方法代替经验管理。泰勒认为科学管理的常规特征是协调而不是不和，在科学管理的众多要素中，最重要的是劳资双方的密切合作。

泰勒科学管理的主要观点包括：

（1）科学管理的目的是提高劳动生产率；

（2）提高劳动生产率的重要手段是用科学管理的方法代替传统管理的方法；

（3）科学管理的核心是劳资双方在心理上和精神上来一次彻底的思想革命。

泰勒强调科学管理应遵循以下原则：

（1）对人的劳动的每种要素规定一种科学的方法，用以代替陈旧的凭经验管理的方法；

（2）科学地挑选工人，然后进行训练、教育，发展他们的技能；

（3）与工人合作，保证所有工作都能按已发展起来的科学原则来进行；

（4）在管理者和工人之间，工作的分配和责任的分担几乎是均等的，管理者把自己比工人更胜任的各种工作都承揽下来。

泰勒的科学管理思想奠定了现代管理理论的基础。现代管理科学学派可以说是科学管理思想的必然延伸，对现代管理理论产生了巨大的影响。

（二）一般管理理论

亨利·法约尔（Henri Fayol，1841—1925），“现代经营管理之父”，在他最重要的代表作《工业管理和一般管理》（1916）中阐述了一般管理理论。法约尔的研究从“办公桌前的总经理”出发，以企业整体作为研究对象。法约尔认为，管理理论“指有关管理的、得到普遍承认的理论，是经过普遍经验检验并得到论证的一套有关原则、标准、方法、程序等内容的完整体系”；有关管理的理论和方法不仅适用于公私企业，也适用于军政机关和社会团体，这正是其一般管理理论的基石。

法约尔指出，管理就是实行计划、组织、指挥、协调和控制。他认为：计划，就是探索未来、制定行动计划；组织，就是建立企业的物质和社会的双重结构；指挥，就是使其人员发挥作用；协调，就是连接、联合、调和所有的活动及力量；控制，就是注意是否一切都按已制定的规章和下达的命令进行。

法约尔区别了经营和管理，他认为这是两个不同的概念，管理包括在经营之中。通过对企业全部活动的分析，法约尔将管理活动从经营职能中提炼出来，认为企业的全部活动可以分为以下6种：（1）技术活动（生产、制造、加工）；（2）商业活动（购买、销售、交换）；（3）财务活动（筹集和最适当地利用资本）；（4）安全活动（保护财产和人员）；（5）会计活动（财产清点、资产负债表、成本、统计等）；（6）管理活动（计划、组织、指挥、协调和控制）。

为了使管理者能很好地履行各种管理职能，法约尔提出了管理的14项一般原则，具体包括：（1）劳动分工原则；（2）权力与责任原则；（3）纪律原则；（4）统一指挥原则；（5）统一领导原则；（6）个人利益服从整体利益的原则；（7）人员的报酬原则；

（8）集中原则；（9）等级制度原则；（10）秩序原则；（11）公平原则；（12）人员的稳定原则；（13）首创精神；（14）人员的团结原则。

法约尔的一般管理理论是西方古典管理思想的重要代表，其提出的一般管理原则与职能实际上奠定了20世纪50年代兴起的管理过程学派的理论基础，许多管理理论在某种程度上都可追溯到一般管理理论的研究。

（三）官僚组织理论

马克斯·韦伯（Max Weber，1864—1920），被称为“组织理论之父”，与泰勒、法约尔合称西方古典管理理论的三位先驱。马克斯·韦伯生于德国，主要著作有《新教伦理与资本主义精神》《一般经济史》《社会和经济组织的理论》等，其中官僚组织模式（bureaucratic model）的理论（即行政组织理论），对后世产生了深远的影响。

韦伯认为任何组织都必须以某种形式的权力作为基础，没有某种形式的权力，任何组织都不能达到自己的目标。人类社会存在三种为社会所接受的权力：（1）传统权力（traditional authority）：传统惯例或世袭得来；（2）超凡权力（charisma authority）：来源于别人的崇拜与追随；（3）法定权力（legal authority）：理性——法律规定的权力。韦伯认为只有法定权力才能作为行政组织体系的基础，其最根本的特征是它提供了慎重的公正。原因在于：（1）管理的连续性使管理活动必须有秩序地进行；（2）以“能”为本的择人方式提供了理性基础；（3）领导者的权力并非无限，应受到约束。

有了适合行政组织体系的权力基础，韦伯勾画出理想的官僚组织模式（bureaucratic ideal type）具有下列特征：

(1) 组织中的人员应有固定和正式的职责并依法行使职权。组织是根据合法程序建立的，应有明确目标，并靠着一套完整的法规制度组织与规范成员的行为，以期有效地追求与达到组织的目标。

（2）组织的结构是一层层控制的体系。在组织内，按照地位的高低规定成员间命令与服从的关系。

（3）人与工作的关系。成员间的关系只有对事的关系而无对人的关系。

（4）成员的选用与保障。每一职位人员根据其资格限制（资历或学历），按自由契约原则，经公开考试合格予以使用，务求人尽其才。

（5）专业分工与技术训练。对成员进行合理分工并明确每个人的工作范围及权责，然后通过技术培训来提高工作效率。

（6）成员的工资及升迁。按职位支付薪金并建立奖惩与升迁制度，使成员安心工作，培养其事业心。

韦伯认为凡具有上述6项特征的组织，可表现出高度的理性化，其成员的工作行为也能达到预期的效果，组织目标也能顺利达成。

韦伯对组织管理理论的贡献在于明确而系统地指出理想的组织应以合理合法权力为基础，没有某种形式的权力，任何组织都不能达到自己的目标。韦伯对理想的官僚组织模式的描绘，为官僚组织指明了一条制度化的组织准则，这是他在管理思想上的最大贡献。

二、行为科学组织理论

20 世纪 30 年代后产生了以人际关系为研究重点的组织理论，后来逐步发展成为行为科学组织理论。该理论一反传统组织理论的静态研究方法，着重研究人和组织活动过程，如群体和个体行为，人和组织的关系、沟通、参与、激励、领导艺术等。美国学者梅奥等主持的霍桑实验、巴纳德的均衡理论、西蒙的行政决策理论、马斯洛的需求层次理论、麦格雷戈的 X 理论和 Y 理论以及赫茨伯格的双因素理论等都是具有代表性的行为科学组织理论。

行为科学组织理论是一种研究组织行为和个人行为并以人的行为为研究重点的管理理论，它是组织理论发展的一个重要阶段。该理论经历了从研究人际关系到应用行为科学的发展过程。在这一过程中，人际关系理论、均衡理论、行政行为理论、激励理论等对行政管理产生了重大影响。

（一）人际关系理论

1924—1932 年美国学者梅奥等主持的霍桑实验开创了对组织中人际关系的研究。该实验结果指出，组织不仅是一个经济和技术结构，而且是一个社会和心理结构。人不仅是传统组织理论认为的只受物质刺激、追求完善理论的“经济人”，而且首先是愿意合群，通过合作取得工作成果的“社会人”。决定组织工作效率的首要因素是群体士气而不是相对重要的金钱或工作条件。霍桑实验的研究首次指出，在正式组织外还存在着非正式组织，即在正式组织中为满足人们不同的心理需求，人们自发形成的没有正式结构的群体组织。其研究旨在揭示不同于过去正式组织条件下的人际关系，揭示正式组织和非正式组织的关系，并注重研究非正式组织的作用。

（二）均衡理论

人际关系理论出现后，均衡理论是由美国学者巴纳德在《经理人员的职能》中提出的一种理论。该理论把组织特性与人的特性联系起来，指出为保证组织的生存，组织应在一定条件下诱导其成员参与组织活动，对组织做出贡献。组织通过“贡献”与“诱导”之间的平衡来进行活动。“贡献”是组织成员工作的结果，“诱导”是组织提供给成员的刺激与满足。组织为了得到成员必要的贡献就必须诱导成员，使其感到能从组织中得到满足。这样，组织的管理者的重要职能就是对管理对象进行刺激。巴纳德认为，对组织成员来说社会与心理刺激是第一位的；经济刺激是重要的，但是第二位的。组织若要发展，必须同时提供特殊的和一般的诱导，即精神的和物质的诱导。

（三）行政行为理论

西蒙在 20 世纪 40 年代的《行政行为——对行政组织中决策程序的研究》中开创了对组织行政决策行为的研究。他认为情报、设计和选择三项活动构成了整个决策过程，决策行为则是整个组织管理的中心。西蒙把决策分成可按固定程序进行的程序性决策和无先例可循的非程序性决策，并设法使后者尽可能多地变为前者。他综合社会科学和自然科学的多种成果，为组织研究提供了理论基础。西蒙还提出“行政人”的概念，认为“行政人”具有个人目标和理性，理解组织目标和理性，懂得两者之间的关系，并以此取代传统理论提倡的对事物各种情况具有绝对知识的完全理性的“经济人”概念。

（四）激励理论

20世纪40年代，马斯洛提出了需求层次理论。认为人的需要可分为五个层次，依次为生理需要、安全需要、社会需要、自尊需要和自我实现需要。人在满足了一个较低层次的需要后会追求一个较高层次的需要。赫茨伯格于20世纪50年代末在《工作的动机》（*The Motivation to Work*）中提出了双因素理论，认为在每种工作中都存在激励因素（工作本身、工作赏识、工作进步、工作成长、工作责任、工作成就等）和保健因素（金钱、监督、地位、安全、工作环境、政策、人际关系等）。激励因素能使组织成员感到满足，具有激励作用，使之积极努力，提高工作绩效。保健因素能减少组织成员的不满，阻止冲突发生，从而维持工作的最低或及格标准。麦格雷戈于20世纪60年代在《企业的人性面》（*The Human Side of Enterprise*）中提出了X理论和Y理论。X理论假设人性好逸恶劳，主张采取命令、强制的管理方式；Y理论假设人性乐于工作，主张采取参与和激励的管理方式。

行为科学组织理论开拓了组织研究的新领域，弥补了传统组织理论的不足，组织理论实现了从静态研究发展到动态研究，从以研究结构为主到以研究人及其决策过程为主的变化。

三、系统管理理论

系统管理理论是综合早期传统组织理论和行为科学组织理论的成果，并以系统观点来分析组织的一种理论，其特点在于把组织看成一个系统，从系统的相互作用和系统同环境的相互作用中考察组织的生存和发展，目的是通过研究寻求组织在这种相互作用中取得平衡的方法。美国行政学家巴纳德首先用封闭系统的观点来考虑组织；帕森斯、卡斯特、罗森茨韦克则把组织看成一个开放系统，即组织系统除了要维持本身的平衡外，还要维持与环境的平衡。20世纪60年代后又出现了权变理论，这是一种反对一般管理原则，主张相机行事的理论，其代表人物有英国的伍德沃德，美国的劳伦斯、洛奇和菲德勒等。

系统管理学派是运用系统科学的理论、范畴及一般原理，全面分析组织管理活动的理论。系统管理学派的理论要点是：

（1）组织是一个由相互联系的若干要素组成的人造系统。

（2）组织是一个为环境所影响又反过来影响环境的开放系统。组织本身是一个系统，同时它又是一个社会系统的分系统，它在与环境的相互影响中取得动态平衡。组织要从外界接受能源、信息、物料等各种投入，经过转换，再向外界输出产品。

组织理论的发展过程表明了管理思想的变化和研究方法的变化，即经历了从注重

“事”的研究到注重“人”的研究，进而发展到人与事研究并重，在方法论上则从规范研究转向实证研究。组织理论的形成和发展是人类认识组织及其活动的规律的成果，人们可以自觉地应用这一理论有效地管理组织，以适应人类自身的组织活动。

四、组织行为学理论新进展

（一）组织公民行为

组织公民行为（organizational citizenship behavior）是指有益于组织，但在组织正式的薪酬体系中尚未得到明确或直接确认的行为。根据 Organ（1988）的研究，组织公民行为的构成包括五个部分：利他行为、尽职行为、运动家精神、谦恭有礼和公民道德。利他行为是指员工愿意花时间主动帮助同事完成任务或防止同事在工作上可能会发生的错误；尽职行为是指员工的表现超过组织的基本要求标准，能够尽早规划自己的工作以及设定完成工作的时间；运动家精神是指员工在不理想的环境中仍然会保持正面的态度去面对，不抱怨环境不佳，仍能忠于职守；谦恭有礼是表示员工用尊敬的态度来对待别人；公民道德是指员工主动关心、投入与参加组织中的各种活动，包括主动阅读组织内部文件，关心组织重大事件，对组织发展提出建议等。Podsakoff 和 Mackenzie（2000）对组织公民行为的各种观点进行了归纳与总结，将其划分为七个维度，即帮助他人、运动家精神、忠诚于组织、顺从于组织、自我驱动、公民道德和自我发展。

组织公民行为的特征：一是体现组织公民行为的员工自主做出超越本职工作任务和职责的行为；二是组织公民行为不存在组织形式的奖惩；三是组织公民行为有利于提高组织的绩效。

随着时间的推移，组织公民行为逐渐积累，能够提高组织的绩效。组织公民行为的作用具体表现为：组织公民行为有利于形成一种积极的团队气氛，创造一个使人更加愉快工作的环境，并能增强组织对环境变化的适应能力，创造组织的社会资本，进而提高员工的工作效率和组织的绩效。

（二）组织认同

组织认同（organizational identification）是指组织成员在行为与观念诸多方面与所加入的组织具有一致性，觉得自己在组织中既有理性的契约和责任感，也有非理性的归属和依赖感，以及在这种心理基础上表现出的对组织活动尽心尽力的行为结果。最早提出较为完整的组织认同概念的是阿尔伯特和怀特，他们把组织认同定义为一个组织的核心的、有特色的和持久的特征，分别对应组织的本质问题、独特特点、跨时间的持久度。巴尔默认为，组织认同实际上就是组织的各方面利益相关者处理与组织相关事务关系的心理与行为表现的过程，是有助于组织存活和发展的重要条件，使组织能够在与之相连的外部环境中获得一种显著的利益。

组织认同的特征：一是价值认同。即组织成员认同企业的核心价值理念以及经营宗旨，并在对待客户与同事的工作行为中，自觉地实践这些价值理念。二是文化接纳。组织成员能够主动积极地了解企业文化，接受企业文化的熏陶，并在工作所及的范围内传播、丰富和创造企业文化。三是组织承诺。组织成员对企业、对工作有较多的感情投入，培养与企业休戚与共的“企业主人翁”意识。四是团队融合。组织成员能够通过积极的沟通、支持性的态度以及勤奋负责的工作风格融入团队，赢得团队成员的信任，建立彼此配合的团队协作氛围。

组织认同的成员是被组织本身吸引而聚集在组织周围，不是被组织成员之间个人特性的相似、相互依赖或交换而形成的人际关系吸引。组织认同的产生与变化受制于多方面内外因素的影响。组织管理中以双赢为出发点，力求实现组织与其成员关系的契合而形成组织认同，有助于组织及其成员共同发展。

组织认同的等级。（1）A－1级：成员对于企业价值观和企业文化认同度低，无法获得内心的共鸣；只关注自己的得失，并不在意企业未来的发展，使命感不强烈。（2）A－0级：成员较认同企业价值观和企业文化，能获得共鸣；工作中有较好的自主性，有主人翁意识，对企业的未来有信心；能够较好地融入团队，有较强的使命感。（3）A+1级：成员对企业价值观和企业文化有高度的认同感，为自己是企业的一员而感到骄傲；对待组织和工作有主人翁精神；对企业的未来充满信心；能够迅速融入到团队之中，快速开展工作；组织荣誉感强，积极参加企业的活动，争得荣誉；有非常强烈的使命感。（4）A+2级：成员有非常强烈的归属感与使命感，是企业价值观与企业文化的倡导者；对于组织有着强烈的感情，团队配合非常默契。

（三）组织承诺

组织承诺（organizational commitment）是个人对所属组织的目标和价值观的认同和信任以及由此带来的积极情感体验。组织承诺是一种重要的员工态度变量，能够对工作绩效产生重要影响。1960年美国社会学家贝克尔首先提出组织承诺这一概念，定义为由单方投入产生的维持“活动一致性”的倾向；在组织中，这种单方投入可以指一切有价值的东西，如精力、时间、已经掌握的只能用于特定组织的技能等；组织承诺是员工随着其对组织的“单方投入”的增加而不得不继续留在该组织的一种心理现象。

梅耶和阿伦认为组织承诺包括情感承诺、持续承诺和规范承诺三个部分。情感承诺指员工对组织的感情依赖、认同和投入，员工对组织所表现出来的忠诚和努力工作，主要是由于对组织有深厚的感情而非物质利益；持续承诺指员工对离开组织所带来损失的认知，是员工为了不失去多年投入所换来的待遇而不得不继续留在该组织内的一种承诺；规范承诺反映了员工对继续留在组织的义务感，是员工由于受到了长期社会影响形成的社会责任而留在组织内的承诺。同时，梅耶和阿伦还编制了三因素组织承诺量表，对上述承诺的构成内容进行测量。

我国学者凌文辁等对国内企业员工的组织承诺进行了系统研究，他们采用访谈、半开放式问卷调查和结构化问卷调查等方法，编制了《中国员工组织承诺问卷》，探索中国企业员工的承诺结构，发现中国员工组织承诺的结构模型中包含5个因子，即感情承诺、规范承诺、经济承诺、机会承诺和理想承诺。

（四）组织成长

组织成长（organizational growth）是指组织在其所处的市场竞争环境中维持生存和繁荣的能力。吉布莱特认为一个企业的规模在每个时期预期的增长值与该企业当前的规模成比例；在同一行业中的企业，无论其规模大小，在相同的时期内，其成长的概率是相同的，即企业的成长率是独立于其规模的变量。格林纳认为一个组织的成长大致可以分为创业、集合、规范化、成熟、再发展或衰退五个阶段，每一阶段最后都面临某种危机和管理问题，都要采用一定的管理策略解决这些危机达到成长的目的。

此外，Evans（1987）研究了企业成长、企业规模、企业生存年龄之间的关系，其结论是：（1）企业的生存能力随着规模的扩大而提高，存活企业的成长率随着其规模的扩大而下降；（2）对于任何一个企业，随着其生存年限的增加，其成长率会有所降低，但生存能力随之提高。Dunne 等（1988）对单厂企业和多厂企业的研究证实，单厂企业的成长率随着其规模扩大和年龄的增长而下降，对多厂企业，其净成长率与其规模和年龄同步增长。

McCloughan（1995）研究表明，随着规模的扩大和年龄的增长，组织成长的可变性降低，且组织成长率是自相关的，这意味着如果组织在某年内高速成长，则其在次年高速成长的可能性更大，总的行业进入率和退出率之间呈正相关关系。Sutton（1997）的实证研究也表明，公司成长率随着规模的扩大和年龄的增长而降低。

（五）学习型组织

1977 年阿吉瑞斯在《哈佛商业评论》上发表了《组织中的双环学习》一文，首次提出“组织学习”的概念。1978 年他与舍恩合著《组织学习：一种行动透视理论》，正式界定了“组织学习”的概念。从 20 世纪 80 年代开始，在企业界和管理思想界，出现了推广和研究学习型组织的热潮并逐渐风靡全球。美国的杜邦、英特尔、苹果电脑、联邦快递等世界一流企业纷纷建立学习型组织。初步统计，美国排名前 25 名的企业，已有 20 家按照学习型组织的模式改造自己，已经成为时代标志的著名的微软公司，其成功的秘诀就是倾力建立学习型组织。1990 年美国麻省理工学院教授彼德·圣吉《第五项修炼》的出版，是学习型组织发展的一个新高度，该书引起了对学习型组织更为广泛的兴趣、研究与实践，圣吉在其学习型组织理论中，完整地提出了组织发展的最高目的，即在个人价值得到体现的同时，也使组织绩效大幅度提高，他开创性地提出的五项修炼组织模型，为学习型组织的研究提供了坚实基础。

企业持续发展的源泉是提高企业的整体竞争优势，提高整体竞争能力。提高整体竞争优势和能力的源泉则是使企业成为善于学习的学习型组织。企业要成为学习型组织，必须完成“培养成员的自我超越的意识”“改善心智模式”“形成共同愿景”“搞好团体学习”及“运用系统思考”五项工作，其中，系统思考是学习型组织理论的核心。

学习型组织的特征：（1）组织成员拥有一个共同的愿景；（2）组织由多个创造性个体组成；（3）善于不断学习；（4）“地方为主”的扁平式结构；（5）自主管理；（6）组

织边界将被重新界定；（7）员工家庭与事业的平衡；（8）领导者的新角色。

目前，从效率型组织到学习型组织的演化主要体现在以下方面：（1）从纵向型结构向横向型结构的转变；（2）从执行常规的职务向承担经充分授权的角色转变；（3）从正式控制的系统向信息高度共享的系统的转变；（4）从竞争性战略向合作性战略的转变；（5）从僵硬型文化向适应型文化的转变。

本章小结

本章主要讲述了组织与组织理论，介绍了组织的概念，组织的特征与类型，传统组织理论、行为科学组织理论、系统管理理论、组织行为学理论新进展等内容。通过本章的学习，学生应该理解组织的概念，掌握组织的构成要素，了解组织理论的发展演变，理解组织的性质和组织的类型。

本章习题

1. 简述组织的概念。
2. 简述组织的要素。
3. 组织的类型有哪些？
4. 从20世纪初开始，组织理论发展大致经历了哪些阶段？
5. 在学习型组织模式下，组织设计的各维度因素要做出哪些改变？

团队练习

通过本章的学习，了解组织理论的构成、内涵及其新进展，同时，掌握不同类型的激励理论及其作用。本练习中，参与者通过案例阅读，结合所学的不同类型组织激励理论，分析组织应该如何进行激励管理，探讨科学的、合理的激励措施会给组织带来什么样的效果。

先阅读下面的案例。

位于北达科他州法戈市的Great Plain Software公司（GPS）是一个成功的案例。公司于1983年成立，现在拥有2 200名员工，销售额为1.95亿美元，最近又从微软获得了10亿美元的订单。管理层把公司的成功归因于“员工第一”的企业战略。

公司首席执行官邓·伯格姆（Doug Burgum）说，企业的成长与成功源于三项指导原则：第一，把公司建设成一个员工不愿意离开的理想工作场所，人们会主动上门来参加工作；第二，给所有水平上的员工工作自主权；第三，让员工成长，包括专业技术方面和个人发展方面。

GPS都做了些什么来发展“员工第一”的企业文化？管理者指出，他们通过组织结构、激励措施、对员工的承诺帮助员工开发自己的技能和领导力。该公司是扁平的组织结构，垂直层级最少，主要以团队为单位完成工作，在这里没有传统的职位配置（如高层管理者的停车位）。激励措施包括员工参股方案、随意的着装标准、儿童入托服务、课外学习课程以及有氧健身、个人理财等。令管理层最骄傲的还是他们对于员工发展的承诺。公司为员工提供了一长串的培训和教育机会，而且都利用工作时间进行，旨在帮助员工提高技能水平。该公司的首推培训方案被称为“随处可以领导”方案，设计它是为了确保公司拥有可以在不断变化的环境中承担新型领导角色的员工。公司强调课堂培训，把员工按部门划分成培训团队，这些团队中的舵手是“团队领导者”，他们的工作是帮助自己的成员培养新思想和参与新项目，他们还提供面对面的工作指导和职业规划建议，几乎所有公司员工都有机会成为团队领导者。

作为对“员工第一”信念的支持证据，GPS的营业收入日益提高，并且成功地保持了员工的满意度。例如，该公司的离职率极低，每年仅为5%，远低于信息产业18%～25%的平均水平。

1. 你认为GPS的成功源于什么因素？

2. 该公司是如何管理影响公司成功的因素的？激励措施有哪些？

3. 该公司的成功经验对于我国企业管理有哪些值得借鉴的地方？

根据上述案例，参与者以4人小组的形式对提出的问题进行深入讨论。

第一步，各小组成员分别讨论案例中提出的3个问题，并根据讨论的结果撰写案例讨论报告。时间控制在20分钟以内。

第二步，各小组派出1名代表（非组长成员）组成评审委员会，同时派出组长陈述3个问题的结论，并展示本组撰写的案例讨论报告。时间控制在10分钟以内。

第三步，评审委员会综合各组的讨论结果和案例讨论报告，经交流后达成一致，推选1名代表口头报告给所有参与者。时间控制在20分钟以内。

本练习旨在通过分析组织激励的重要性以及如何基于成熟的激励理论（如马斯洛的需求层次理论、赫兹伯格的双因素理论等）来科学激励员工，并撰写案例讨论报告，真实反映参与者的分析判断能力、逻辑推理能力、沟通与交流能力、归纳总结能力和文字书面表达能力等。该练习结果可以达成两点目标：一是在讨论案例提出的问题时，团队成员之间的沟通与协作很重要，要尊重每一位成员，让所有人都充分表达自己的观点和看法；二是在撰写案例讨论报告时，要理论联系实际，用科学的理论指导激励实践，践行以人为本的激励理念，有效发挥组织成员的潜力，提升个体工作绩效，推动组织健康发展。

案例分析

案例一

温州某民办学校建立了条块结合的组织结构和管理体系。执行校长主持学校的日常工作，下设两室四部——校长办公室、教科室、小学部、初中部、高中部、后勤部。校长办公室协助执行校长处理日常事务，协调各部室工作；教科室负责学校的教育教学科研工作，为执行校长实施教学管理提供依据和建议；小学部、初中部和高中部协助执行校长主持本部日常教育教学工作；后勤部负责全校的后勤服务工作。各部下设若干处室。该学校认为这种管理方式职责明确、功能具体。

学校自1996年创办至今，制定了80多项规章制度，涉及教职工管理和学生管理的各40余项。该校认为，这些规章制度可以实现职责到人、管理到位、层层监督。

请结合案例回答下列问题：

1. 这个学校的组织结构设置是否科学？为什么？

2. 该学校教职工及学生管理的规章制度数量多不多？应该如何改进？

案例二

约翰·亚历山大是一个能干、有进取心的人，在大学里他学的是企业管理，而且积极参加学校的各类活动。大学四年成绩全是优秀，以优等生的荣誉毕业。毕业后，几家全国性的大公司积极争取他去工作。约翰与他父亲商量了这些公司给的条件。他父亲是一家很大的生产公司的总经理。最后，约翰决定去一家著名但比较小的炼油加工厂接受一个培训职务。他认为这家公司正在发展，很有潜力，这对他来说很重要，因为可以提高能力，而且有机会升职。他想如果他努力工作，并且干出成绩来，他完全有机会在35岁时担任公司副总裁。在到公司的前五年，约翰工作非常努力，他每个星期差不多要花80个小时在办公室工作，公司给他的报酬也很合理，他很快被提升为低层主管经理，他的工资比刚进公司时增加了3倍。

正在这时他恋爱了。他的恋爱对象是公司总经理的女秘书吉尔，在热恋之后，他们结婚了。因为家庭的新责任，约翰不可能像以前那样每个星期工作80个小时，当他看到许多经理都比他有能力，而且起码都是企业管理硕士毕业生时，感到再往上升为中层经理要比最近一次升低层主管经理难得多，许多低层主管经理比他工作更加努力，但这些低层主管经理的离婚率都比较高。当然，他们都有自己的办法对付总经理的压力。一些人的婚姻生活很美满，但就某些方面来说，他们必须牺牲一些自己的工作机会。虽然吉尔从来没有埋怨约翰加班加点工作，而且吉尔告诉过他，她结婚时就知道他工作努力，有雄心壮志，但约翰还是感觉到工作与婚姻家庭之间的矛盾冲突。他不再像从前那样加班加点了，也不指望再升为中层经理了，他似乎已失去竞争力。结婚一周年的这一天，他用所有的积蓄现付购买了一艘中型旅游客船。他向公司老板提交辞职书时解释道："我对我的职位不太满意，我想试试做其他事。我知道这很难，但我对旅游事业有兴趣，我会成功的。我可以肯定这次改行会给我带来幸福。"

请结合案例回答下列问题：

1. 请分析约翰·亚历山大最初对组织的承诺水平如何？

2. 是不是大多数成功的经理都有像约翰这样的行为？影响其组织承诺的因素有哪些？

3. 为了使公司有前途的年轻经理们不要像约翰那样辞职，组织应如何处理这种情况？

延伸阅读

阿里巴巴组织架构再调整

一直以"拥抱变化"著称的阿里巴巴于2015年12月7日公布了新一轮组织调整。拥有3万名员工的阿里巴巴将此前的树状管理模式改为网状，成立整合数据、搜索等技术平台的"中台事业群"，对前台各业务模块进行整合支持。

阿里巴巴集团CEO张勇在2015年12月7日的员工公开信中宣布，阿里巴巴集团2018年中台战略是要构建符合DT（Data Technology）时代的更创新灵活的“大中台、小前台”组织机制和业务机制。

“中台将集合整个集团的运营数据能力、产品技术能力，对各前台业务形成强力支撑”。张勇在公开信中解释称，中台的支撑将使得阿里巴巴的前台一线业务更敏捷，更快速适应瞬息万变的市场。

阿里巴巴集团的电商部门此前大概有一万人的规模，却承担了集团大部分的业务量，“此前集团内多个部门会出现重复劳动的情况，例如共同开发一项技术功能，‘中台’的打通会让内部工作更高效，协同效应更大”，阿里巴巴内部人士表示，集团希望借此推动电商零售平台的全面改革升级。

阿里巴巴集团新设立的中台事业群下辖搜索事业部、共享业务平台、数据技术及产品部。“新的中台事业群有几千人的规模，”阿里巴巴内部人士表示，集团的这次中台事业部整合变动较大，阿里电商事业群将打破树状结构，转变为一批“业务小前台”。

原阿里巴巴中国零售事业群总裁，负责淘宝、天猫和聚划算业务的张建锋将担任“中台事业群”的总裁，直接向张勇汇报，负责共享、数据、搜索以及闲鱼、淘宝头条等创新孵化业务。

张勇在公开信中介绍，张建锋兼具技术和商业背景，是担纲落实集团大中台的最佳人选，他将作为阿里集团和蚂蚁金融服务集团统一中台体系的总架构师，全面负责两大集团中台体系的规划和建设。

张勇还透露，天猫、淘宝和手机淘宝三大核心业务将实施“班委会”集体负责制度，班委由阿里一批年轻业务骨干担当，其中有7位是80后管理者。

阿里妈妈、阿里云、菜鸟网络和B2B四大业务将继续面向市场更为独立地发展，实行总裁负责制。同时，阿里巴巴集团重组商家事业部，提供以大数据为基础的工具和服务；首次组建平台治理部，由集团副CFO郑俊芳兼任，负责电商平台的规则、知识产权保护等事宜。

张勇说：“在大数据和云计算正成为新经济时代的‘石油’和引擎的大背景下，阿里巴巴集团必须着眼于未来进行全面变革。这次组织结构调整，是我们面向未来必须经历的变革，也是年轻一代阿里人全面接棒的开始。”

目前阿里生态拥有近4亿用户，平台接入超过1 000万家各类企业，几乎涵盖了包括零售交易、用户营销管理和供应链管理在内的所有商业场景，形成高效率规模化的技术产品数据平台变得尤为重要。

资料来源：http：//mt.sohu.com/20151207/n430132204.shtml.

第2章 组织结构设计

| 学习目标 |

1.了解组织结构的基本形式、各种组织形式的特征、优缺点和应用范围。

2.理解组织结构设计的内涵、原则和影响因素。

3.掌握组织结构设计的内容和方法。

引导案例

王氏年糕厂的抉择

王小旺本是北京平谷的一位普通农民，他家有一种祖传绝技，烹制一种美味绝伦的年糕——王氏年糕。早在清朝道光年间，王小旺祖上所创的这种美食就远近闻名，王家代代在村口开有一家专卖此种年糕的小饭馆。直到解放初期他的父亲还经营着这家祖传的小饭馆，那时才十来岁的王小旺时常在店前店后帮忙干活。后来他爸病死，饭馆不开了，他成了一名普通的公社社员，别人已不知道他居然还保留了那种绝技。

20 世纪 80 年代，改革之风吹来，王小旺丢了锄把，又办起了"王家饭馆"，他做的年糕绝不亚于他的祖上。由于生意兴隆，他很快发达了。一开始是到邻村去开分店，后来竟把分店开到县城去了。1987 年，不知是他自己还是别人出的主意，他就在本村办起了利平年糕厂，开始生产"老饕"牌袋装和罐装系列年糕食品。由于其独特风味和优良质量，牌子很快打响。不仅在本县，在北京市里也供不应求。王小旺厂长如今管理着这家拥有 100 多名职工的年糕厂和多家经营"王氏年糕"的王家饭馆、小食品店。

王小旺厂长在经营上有自己的想法。他固执地要求保持产品的独特风味与优良质量，如果小食品店服务达不到规定标准，职工的技能培训未达应有水平，宁可不设新点。王小旺强调质量是生命，宁可放慢速度，也决不冒险损害产品质量，不能砸了牌子。

目前，王小旺年糕厂里的主要部门是质量检验科、生产科、销售科和设备维修科，还有一个财会科以及一个小小的开发科。其实这厂的产品很少有什么改变，品种也不多。王小旺坚持生产几种传统产品，服务对象也是老主顾，彼此都很熟悉。厂里质检科要检测进厂的所有原料，保证必须是最优质的。每批产品都一定抽检，要化验成分、甜度、酸碱度，当然最重要的是检控产品的味道，厂里高薪聘有几位品尝师，他们的唯一职责是品尝本厂生产的美食。他们经验丰富，可以尝出与要求的标准的微小偏差。王家美食始终在努力保持着它固有的形象。

不久前，王小旺的表哥周大龙回村探亲。他原在县城念中学，80年代初只身南下去深圳闯天下。大家知道他聪明能干，有文化，敢冒险。他一去十年，只听说他靠两头奶牛起家，如今已是身价千万了。周大龙来访表弟王小旺，对年糕厂的发展称赞一番，还表示想投资入伙。但他指出王小旺的观念太迂腐保守，不敢开拓，他认为牌子已创出，不必固守原有标准，应当大力扩充品种与产量，大力发展北京市场甚至向北京以外扩展。他还指出，目前厂里这种职能型结构太僵化，只适合常规生产，为定型的稳定的顾客服务，适应不了变化与发展，各职能部门眼光只限在本领域内，看不到整体和长远，彼此沟通和协调不畅。他建议王小旺彻底改组本厂结构，按不同产品系列来划分部门，才能适应大发展的新形势，千万别坐失良机。但王小旺听不进去，他说在基本原则上决不动摇。两个人话不投机，语气越发激烈。周大龙说王小旺是“土包子”“死脑筋”“眼看着大财不会赚”，王小旺反唇相讥说：“有大财你去赚得了，我并不想发大财，损害质量和名声的事坚决不做。你走你的阳关道，我过我的独木桥！”周大龙听罢拂袖而去，大家不欢而散。

资料来源：http：//blog.sina.com.cn/s/blog_c0db9aa1010153hs.html.

思考题

本案例反映了组织设计中的哪些问题？企业一定要做大吗？请结合战略与组织设计的关系，谈谈你自己的看法。

第1节 组织结构概述

组织结构是组织的全体成员为实现组织目标，在管理工作中进行分工协作，在职务范围、责任、权力等方面所形成的结构体系。

一、组织结构的概念

组织结构（organizational structure）是指对于工作任务如何进行分工、分组和协调合作。组织结构是表明组织各部分排列顺序、空间位置、聚散状态、联系方式以及各要素之间相互关系的一种模式，是整个管理系统的框架。它是组织的全体成员为实现组织目标，在管理工作中进行分工协作，在职务范围、责任、权力方面所形成的结构体系。它是组织在职、责、权方面的动态结构体系，其本质是为实现组织战略目标而采取的一种分工协作体系，组织结构必须随着组织的重大战略调整而调整。

企业根据生产经营的需要，通常在内部设立多个专业性职能和业务部门。例如，一个生产性企业除了设立多个职能部门（如计划、供应、销售、质量、安全、人事、财务等职能科室）之外，还要根据产品生产工艺的性质和特点，设立若干生产车间或分厂，车间或分厂视规模大小又可进一步划分为若干工段或班组。职能科室和生产班组又是由若干岗位组成的。

二、组织结构的关键要素

合适的组织结构对于一个组织而言非常重要，规范的组织结构降低了组织成员行动因个体差异而产生的不确定性，通过规章制度和职能设计规范了成员的组织行为，保证了组织的正常运转。

组织结构的三个关键要素为：

（1）组织中的正式报告关系（包括职权层级的数目和主管人员的管理幅度）；

（2）组织中个体组合成部门，部门再组合成整个组织的方式；

（3）用以确保跨部门沟通、协作与能力整合的制度设计。

其中，前两个要素在纵向层级上决定了组织的结构框架，第三个要素在横向层级上决定了组织成员之间的相互作用关系。

（一）报告关系

报告关系即指挥链，在组织图中由垂直线来表示。指挥链是一条存在于上下级之间的连续权力线，将组织中所有的成员连接起来。因为指挥链可以划分不同的管理层次，所以指挥链又称为层级链。员工在处理问题中遇到不确定的情况时，信息可以顺着层级链自下而上传递，同样的，反馈的结果与方案也会沿着层级链自上而下传播，这样的垂直权力线在沟通中发挥重要作用。作为指明谁向谁报告工作的指挥链要遵循两个原则。

第一，统一指挥。从以法约尔为代表的古典组织理论学家就开始重视统一指挥的原则，提倡任何一级只能由一个人负责，下级只接受一个上级的命令和指挥，下级只向唯一上级直接负责，不能出现向多个上级汇报的情况。一个下级对应多个上级的一对多关系很容易产生命令执行的冲突和误解，造成资源滥用，降低工作效率。

第二，阶梯原则，或称为“命令链”原则。即组织中的成员因工作内容的差异，所拥有的权力和承担的责任不同。组织中的权力从顶端开始，不间断地授予直至组织的最下端。依照阶梯原则，组织成员要弄明白不同级的管理层次和报告关系，明确自己以及其他成员的责权内容。

（二）部门化

部门确定了特定的工作职责与范围，部门化就是将部门所承担的工作与员工的报告结合起来，形成由相互配合协调的不同岗位员工所组成的工作集合。这样就可以通过合理的分工安排和清晰的责权划分来对工作任务进行分配，以高效完成组织的目标。

部门工作要遵循分工和协作的总原则，包括：

（1）目标原则。所有部门化都应该以实现组织目标为前提，工作所需要的职能都应该涉及并进行详细规范。

（2）精简原则。在能够确保组织目标完成的基础上，部门化注重结构的简约，以尽量少的部门完成工作，降低组织的冗余程度。

（3）弹性原则。由于组织所面临的环境处于不断变化当中，其部门划分也应当适时调整改变，以更好地服务组织目标。

（4）均衡原则。需要考虑到不同部门因职能差异而导致的任务分配问题，在确保工作目标完成的前提下，应注意均衡分配各部门的工作任务，以充分调动员工的积极性。

（5）监督与业务分离原则。监督工作是为了保证更加有效地达成组织目标，为了保持其独立性以更好地发挥作用，需要将监督工作与业务工作进行分离，形成专门的监督部门。

通常部门组合的方式包括职能组合、事业部组合、多重组合、横向组合和虚拟网络组合等，如表 2－1 所示。按职能划分部门，就是按照组织的各项主要业务工作和主要管理职能划分和设置组织的横向部门。例如，把与产品生产相关的活动划归生产部门，与员工管理相关的活动归入人事部门等。这种组合方式能够突出业务活动的重点，实现专业化分工要求，但也存在一定的问题，即各部门各司其职，相互独立，容易形成隔阂，增加协调困难，使组织缺乏灵活性和弹性，又加重了高层领导者的负担。事业部组合方式是指按不同的产品和服务来划分和设置企业组织的横向部门。这一方式适合多样化经营的大型企业。例如，将部门分为 A 产品部、B 产品部、C 产品部等。

以上两种是较为传统的部门组合方式。在现代企业中，仅采用一种方式的企业是较为少见的，大多数企业都采用多重组合方式，即同时采用两种结构组合方式，如矩阵结构或混合结构。还有一些组织按照核心工作流程来组合部门，它们将所有参与统一核心流程的员工组合到一个部门而不是分散于各个不同的部门。组织以流程维度为主干，每一流程由若干子流程和团队组成，例如产品研发、订单履行、销售跟进等，其中，组织价值体系、流程责任体系、流程权力体系和流程利益分配体系的配合是流程化组织有效运行的条件。

虚拟网络组合是一种最新的部门组合方式，采用这一组合方式的组织的部门不需要在空间上聚集在一起，而是运用现代通信方式松散地联结在一起，部门之间通过计算机、网络等工具共享信息、完成任务。

表 2-1 部门组合方式

职能组合	将执行相似的职能或工作过程或提供相似的知识和技能的员工组合在一起
事业部组合	按所生产的产品将人们组合在一起
多重组合	一个组织同时采用两种结构组合方式，即矩阵结构或混合结构
横向组合	员工围绕直接为顾客提供价值的核心工作流程、首尾贯通的工作、信息和物质流来组织，所有参与核心流程工作的员工都组合在一起
虚拟网络组合	部门之间通过电子化方式联结在一起共享信息、完成任务的独立组织

资料来源：Daft R L．Organization Theory and Design．9th edition．South-Western，2007：100-102．

（三）协调机制

协调机制是为了消除部门间的隔阂，为员工之间的沟通协作提供保障。由于组织对部门职权进行了分配，在遇到需要多部门通力合作的问题时就可能会出现分歧，而且因不同部门有不同的分工和利益追求，可能会出现与总的组织目标偏离的问题。因此，组织需要对不同部门进行集中与协调，以推动各部门的合作与目标统一。

三、组织结构的影响因素

任何一个组织的生存都离不开某种具体的环境，组织赖以生存的环境越复杂，影响组织结构的因素就越多，无论何时也无法穷尽可能对组织结构产生影响的因素。此外，各种因素对组织结构产生的影响程度也随时间、空间等的不同而不同。能够对组织结构产生影响的因素有很多，诸如战略、技术、文化、环境、企业规模等。

（一）组织战略

组织战略是组织为了实现其使命和目标而制订的综合性的长期行动计划。

为了更清楚地阐述组织战略与组织结构的关系，美国学者钱德勒描绘了美国工业企业不同历史发展阶段的战略，以及伴随这些战略而形成的组织结构。

1. 数量扩大战略阶段

在工业发展的初期，企业的外部环境比较稳定，此时，企业只要扩大生产数量，提高生产效率，便可获得高额利润。在这种情况下，企业采用的是数量扩大战略，即在一个地区内扩大企业产品或服务的数量。与此相适应，企业的组织结构比较简单，往往只需要设立一个执行生产或销售职能的办公室。

2. 地区扩散战略阶段

随着工业化进一步发展，当一个地区的生产或销售已经不能满足企业发展的需求时，企业要将产品或服务扩散到其他地区去生产和销售，与此相适应，就形成了总部与部门的组织结构，它们共同管理各个地区的经营单位。

3. 纵向一体化战略阶段

在工业增长阶段的后期，竞争压力增大。为了减少竞争压力，企业希望自己拥有一部分原材料的生产能力，或者拥有自己的分销渠道，这就产生了纵向一体化战略。与此相适应，在企业中出现了中心办公室和多部门的组织结构。各部门之间有很强的加工或销售上的依赖性，在生产经营过程中存在着内在联系。

4. 多种经营战略

在工业发展进入成熟期后，企业为了避免投资或经营的风险，持续保持高额利润，往往开发出与企业原有产品毫无关系的新产品系列，甚至兼并生产这类新产品系列的企业，采取的是多种经营战略。与此相适应，企业形成了总公司本部与事业部相结合的组织结构格局。各事业部之间基本上不存在工艺性等方面一体化的联系。

研究表明：经营单位的战略与公司总部给予这些经营单位的自治权，对经营单位的业绩有影响。这些都说明组织结构应当服从于组织战略。

（二）技术

技术是指人们从现实到达理想目标所必须遵循的综合操作方法，包括相关的真理性认知、科学理论、经验、工具、设施、环境等。简单地说，是指用以将组织的投入（原材料、信息、思想等）转换成产出（产品和服务）的各种业务流程、技术、机器和方法。技术是组织的生产过程，是组织实现目标的重要手段。

一般技术分为核心技术和非核心技术。

（1）核心技术，即能够直接影响到组织能否实现组织目标的关键工作方法和流程等。

（2）非核心技术，即对组织而言比较重要的工作方法和过程等级，但并不能对组织能否实现其使命产生决定性影响。

不同的技术对应的组织结构的设计不同，程序化的、常规的技术一般要求高度机械化的组织，非程序化的、非常规技术则要求组织采用有机式的结构。

（三）企业规模

对于企业而言，其规模可以从三个方面来衡量。

1. 组织的成员数量

由于组织是一个社会系统，其规模通常以成员数量来衡量。组织的成员数量代表了组织的人力资源。组织拥有的成员数量越多，组织的人力规模就越大。

2. 组织的资源涵盖力

组织的资源涵盖力既包括组织能够消化多少资源，又包括组织能够获得多少资源。组织的资源涵盖力越大，组织所占有的资源越多，其规模越大。

3. 组织的投入产出能力

组织的投入产出能力可以通过组织的业务量和运行状态进行衡量。投入产出比也可以用来衡量组织的效率。

企业规模对于组织结构具有重要影响。一般而言，大型企业往往比小型企业工作专门化程度更高、部门更多、集权程度更高、规则条例更多。然而，这一影响随着规模的增大而有递减的趋势。

（四）组织环境

组织环境包括组织边界之外的所有因素。组织所赖以生存的环境可分为任务环境、一般环境和国际环境三类。

（1）任务环境。是指与组织直接相互作用，并对组织实现其目标具有直接影响的环境要素，主要包括行业、原材料、市场、人力资源等。

（2）一般环境。是指与组织之间不发生直接作用，但会对组织产生间接影响的各种环境要素，主要包括政府、社会文化、经济形势、社会技术发展水平、金融资源等。

（3）国际环境。随着全球一体化进程的推进，越来越多的组织开始受到国际环境的影响，这也意味着组织的生存环境越来越复杂并具有挑战性。

一般来说，机械式组织在稳定的环境中运作最为有效，有机式组织更适应动态的、不确定的环境。随着环境的不断变化，企业的组织结构也需要做出相应的调整。

（五）组织文化

组织文化（corporate culture 或 organizational culture）是指组织成员共有的一套价值体系，是由一个组织的价值观、信念、仪式、符号、处事方式等组成的特有的文化形象。组织文化既在组织中形成、发展和传承，反过来又对组织产生影响。

第 2 节　组织结构设计的内涵与原则

一、组织结构设计的内涵

组织结构设计是通过对组织资源（如人力资源）的整合和优化，确立企业某一阶段的最合理的管控模式，实现组织资源价值最大化和组织绩效最大化。狭义地、通俗地说，就是在人员有限的状况下通过组织结构设计提高组织的执行力和战斗力。

组织结构设计有三种基本情况：一是新建的企业需要进行组织结构设计；二是原有组织结构出现较大的问题或企业的目标发生变化时，原有组织结构需要进行重新评价和设计；三是组织结构需要进行局部的调整和完善。

企业的组织结构设计是这样的一项工作：在企业中，对构成企业的各要素进行排列组合，明确管理层次，分清各部门、各岗位之间的职责和相互协作关系，使其在实现企业的战略目标过程中获得最佳的工作业绩。

从最新的观念来看，企业的组织结构设计实质上是一个组织变革的过程，它是把企业的任务、流程、权力和责任重新进行有效组合和协调的一种活动。根据时代和市场的变化，进行组织结构设计或组织结构变革（再设计）的结果是大幅度地提高企业的运行效率和经济效益。

二、组织结构设计的原则

企业组织结构的形式多种多样，每个企业都有各不相同的、适合本企业情况和要求的组织结构形式及组织运行机制，而且随着经济和社会的发展，不断产生许多新的组织设计理论和组织结构形式。无论组织结构的形式如何多样，它们都是由企业工作者根据实际需要设计的。因此，可以说，组织设计是企业工作者的一项最重要的工作任务。当然，企业工作者要想使自己设计的组织结构能够有效运行，必须依据一定的组织结构设计理论，必须遵循一些有关组织结构设计的最基本的原则。

（一）任务目标原则

任何组织结构都是为实现特定目标而设置的，没有任务和目标的组织就没有存在的价值。每个组织及其每一个部分，都应当与其特定的任务目标相关联。组织的调整、增加、合并或取消都应以对实现目标是否有利为衡量标准。

根据这一原则，在组织结构设计之前，首先要对企业的目标和发展战略作深入研究，明确企业发展方向和战略部署，这是组织结构设计的大前提。一旦企业战略目标有所改变，组织机构也必须作出相应调整。对于各个机构来说，不仅应该明确职能分工，而且要明确每一时期该机构应达到的目标和应完成的任务，并使该机构编制与其承担的任务量相对应，广泛实行目标管理，反对不顾企业实际需要搞“上下对口”①。

（二）分工协作原则

组织结构设计中要坚持分工与协作的原则，做到分工合理，协作明确。每个部门和每个员工的工作内容、工作范围、相互关系、协作方法等都应有明确规定。

根据这一原则，首先要搞好分工，使分工粗细适当。分工越细，专业化水平越高，责任越明确，效率越高，但也容易出现机构增多，过分强调局部利益，协调工作量增加等问题。分工太粗又可能影响专业化水平，容易产生推诿的现象。要根据企业自身情况，如人员素质、工作性质、管理水平来确定分工，同时要强化协作，在企业中树立整体意识，突破小团体主义的圈子，在必要时应当主动打破分工界限，实行必要“补位”②管理。除了明确规定各部门间的协作方法外，还应赋予主管人员调度权，随时解决协作中出现的问题。

（三）统一领导、权力制衡原则

统一领导是指无论对哪一项工作来说，一个下属只应接受一个上级主管的命令。权力制衡是指权力的运用必须受到监督。在贯彻统一领导原则中，要做到在确定管理层次时，从最高层到最基层之间形成一条连续的等级链；任何一级组织只能有一个人负责；正职领导副职；下级组织只接受一个上级组织的命令和指挥；下级只能向直接上级请示工作，不能越级请示工作；上级也不能越级指挥下级，应维护下级组织的领导权威；职能管理部门一般只能作为同级直线指挥系统的参谋，但无权对下属直线领导者下达命令

① “上下对口”：指上级部门与下级部门在职责、业务和机构等方面相对应。机构“上下对口”的设置模式虽然有利于上级任务的贯彻实施，但往往导致层层干预，造成了机构庞大和臃肿。

② “补位”：是打球比赛中的专业术语，指同队中队友被对手突破后马上有人上前封堵，以化解危机。球赛如此，组织管理工作亦当如此。如果组织机构或岗位职能缺位，分工没有落实好，工作就会等待、停滞，效率降低，甚至会出现更坏的结果。因此，组织管理中的相互“补位”尤为重要。

和指挥。

权力制衡原则要求首先必须在企业高层组织中形成权力制衡机制，设立专门的监督机构，如公司中的股东大会、监事会，国有企业中的员工代表大会、纪检、监察部门等，对行政领导进行监督。另外，企业中的监督机构，如质量监督、财务监督和安全监督等部门，应同生产执行部门分开设置，并在监督的同时搞好对被监督部门的服务工作。

（四）权责对应原则

为了实现组织目标，各项工作必须明确责任。要承担责任，就必须要有相应的权力。无论权大责小还是责大权小都会影响组织目标的顺利实现。有责无权或责大权小，会导致负不了责任；责小权大，甚至有权无责，则会造成权力的滥用。权责不明确容易产生官僚主义或无政府状态，组织系统中易出现摩擦和不必要的争吵、忌妒等。权责不对应对组织效能是十分有害的，有权无责或权大责小很容易产生不负责任的瞎指挥和滥用权力；有责无权或责大权小会束缚管理人员的主动性和创造性，管理组织缺乏应有的活力。

（五）精简及有效跨度原则

精简是指组织机构、人员和管理层次在保证功能有效的前提下，尽量减少办事程序及规章制度，力求简单明了，努力使每个成员都能满负荷高质量地工作，最大限度地提高企业整体效率。

机构精简涉及管理跨度和管理层次问题。管理跨度也叫管理幅度，是指一个管理者直接指挥的下属人员数。管理层次是指从企业最高行政领导到最基层员工之间分级管理的层次，它与管理跨度成反比，即管理跨度越大，层次越少。管理跨度过小会使管理层次太多，造成机构臃肿，沟通困难，反应迟钝，管理成本加大，还会因过度控制而影响下属积极性。管理跨度过大又会由于主管直接指挥的人员过多，精力有限而疏于管理，指导不力。管理跨度与领导者能力和被领导者素质成正比，与部门业务的复杂性和所需协调的工作量成反比。因此，要想提高有效管理跨度就需要调整好上述几个要素。通常认为适中的管理跨度应控制在 10 个人左右。

（六）稳定性与适应性相结合原则

一个企业的管理机构是保证企业正常运行的基础，应保持相对稳定性，避免情况稍有变化就使系统出现混乱而影响正常工作秩序。同时，管理机构又是企业实现经营目标的工具，随着客观条件的不断变化，企业的目标和战略必然会经常作调整，这就要求组织必须随之进行相应的调整，以保持对外部环境和组织目标的适应性。企业领导的责任就是把稳定性和适应性恰当结合起来。企业领导必须懂得，一个一成不变的组织是僵化的组织，一个经常变化而缺乏相对稳定性的组织则是一个难以创造或者保持最佳业绩的组织。

（七）执行和监督分设的原则

监督要公正、客观，必须不直接参与执行，对执行的结果不承担责任。执行与监督合二为一，等同于自我监督，监督的功能消失。执行和监督分设的原则，要求组织中的执行机构和监督机构分开设置，不应合并为一个机构。例如，企业中的质量监督、财务监督、安全监督等部门应当同生产部门分开设置，只有分开设置，才能使监督机构起到应有的监督作用。当然，监督机构分开设置后，必须强调在监督的同时，加强对被监督部门的服务，做到既监督又服务。因为单纯实行监督和制约，不利于监督职能的履行，不利于处理好双方的关系。例如，质量检查人员既要严格把住质量关，当好质量检验员，又要热心为生产服务，当好质量宣传员和技术指导员，帮助生产部门改进和提高产品质量。

（八）正确对待非正式组织的原则

非正式组织是指未经官方规定而自然形成的一种无形组织，是一种非正式的联合体。在设计、研究正式组织时，对于非正式组织也应当给予一定的关注。在实际生活中，一个企业里的师兄弟、同乡、同学、兴趣一致者、老上下级等人之间，存在着交往多、联络密切、感情较深的各种关系。这些关系在企业运行的各方面起着潜移默化的作用，既可产生离心力的作用，又可产生向心力的作用，会对正式组织产生影响。对于这些情况，视而不见、任其发展可能影响企业任务目标的实现，如果热衷于此，“搞团伙”“拉帮派”不利于企业的发展。因此，应当正视非正式组织的客观存在，采取适当的办法，给予正确的引导，把一些可能产生离心力的因素转变为凝聚力，把他们从关注琐碎事情引导到关注组织目标上来。企业领导者正确对待企业中的非正式组织，应包括以下几个方面的内容：（1）合理利用非正式组织为实现企业目标服务；（2）区别对待不同类型的非正式组织；（3）注重非正式组织中的核心人物；（4）合理组织正式组织是削弱非正式组织的重要途径。

在设计组织结构时，除了必须遵循上面所讲的各项基本原则以外，还需要充分注意影响组织效率的各种因素。从企业内部看，这些因素包括企业所有制性质、企业的独立自主程度、企业规模大小、企业的领导体制和人员构成情况、企业的多种经营情况、企业的专业化和联合化程度、企业产品的标准化程度、企业的民主管理和目标管理开展的情况，以及企业管理手段的机械化和自动化程度等。从企业外部看，这些因素包括国家经济管理体制的有关规定或办法、国民经济的方针和政策，企业所在地区的特点，企业供、产、销等环节的组织情况等。对于这些因素，应当从企业实际情况出发，根据实际需要灵活处理。

第3节　组织结构设计的内容

组织结构设计就是对组织的组成要素和它们之间连接方式的设计，它是根据组织目标和组织活动的特点，划分管理层次、确定组织系统、选择合理的组织结构形式的过程，其内容有职能设计、部门设计和层级设计等。

一、职能设计

（一）职能设计的含义

职能设计是指企业的经营职能和管理职能的设计。企业作为一个经营单位，要根据其战略任务设计经营、管理职能。如果企业的有些职能不合理，那就需要进行调整，弱化或取消。

从上述含义中我们可以看出，组织职能是由组织自身的生存和发展及其外部环境的需要决定的，是与组织的战略和目标紧密联系在一起的，具有客观性，不以人的主观意志为转移。因此，人们不能主观随意地对其增减和变动。当然，如果组织所处的内外环境发生了变化，那么组织的战略和目标就需要进行相应的调整，组织的各项职能也应随之改变。

（二）职能设计的目标

职能设计要达到四个目标。

1．列出职能清单

具体来说，就是先将企业中的全部作业归并为由若干不同的管理岗位承担的工作项目，再将若干工作项目归并为若干职能。凡是实现企业战略所必需的职能都要列出，职能的分列应注重逻辑上的严谨，不能交错重复。

2．明确各种职能之间的关系

联系紧密的职能应置于同一个子系统内，分散则不易协调；相互制约的职能不能由同一个部门承担，否则不利于监督控制。

3．分清主要职能与辅助职能

按职能在实现企业战略目标中的重要性划分，包括主要职能与辅助职能。主要职能对组织的生存至关重要，承担主要职能的部门是关键部门，应将其置于组织结构的中心地位。如果颠倒了主要职能与辅助职能的位置，组织结构的设置是不合理的。

4．落实各种职能的职责

尽管在列职能清单的过程中对各种职能的具体职责会有一个大致的考虑，但是作为规范的职能设计，还必须在最后进一步对不同职能的应负职责做出详细规定，进行全面落实，以便指导组织结构设计中的诸如部门设计、职权设计等。

（三）职能设计的内容

职能设计一般包括职能分析、职能整理和职能分解三项基本内容。

1．职能分析

职能分析是职能设计工作的核心、前提、基础和保证。

（1）职能分析的含义。职能分析是根据特定的组织环境和条件，从内容、性质、相互关系和分工等多方面，具体地分析企业的整个管理系统或者个别子系统的全部职能，就建立健全企业职能结构提出具体方案。

（2）职能分析的内容。一般来说，职能分析主要包括基本职能分析、关键职能分析、职能结构基本特点分析、纵向职能结构与横向职能结构分析四个方面。通过职能分析，从总体上对企业职能结构的性质和特点提出明确的要求，做到：①具体确定企业应该具备哪些基本职能；②在全部职能中，确定哪一项或哪几项职能是关键职能；③确定哪一项或哪几项职能是与本企业独具特色的战略相联系的特殊职能；④确定在企业内部纵向各层次、横向各部门如何合理地进行分工，使它们有效地承担各项职能。显然，职能分析的这些内容同职能设计所要达到的目的有直接的、紧密的联系。

2. 职能整理

（1）职能整理的含义。职能整理是在调查了解企业现有的全部管理业务活动和分工的基础上，通过分析归纳，识别职能结构的现状，发现问题，明确改进方向，提出具体改进方案。

（2）职能整理的目的。职能整理是为了发现企业现有职能结构存在的问题，必须将其同职能分析所需要的职能结构相对比。一般来说，通过对比分析，可能发现的问题大体有以下三种类型。

①职能需要增减。企业现有职能不健全，某些应该开展的业务活动还没有开展起来，或者企业承担了某些不应该承担的职能。

②职能的具体内容需要充实。有的职能虽然已经建立，但相对于客观需要还存在缺陷。只有充实其内容，使之强化，才能切实发挥应有的作用。

③职能的地位需要改变。即使企业的各种职能是健全的，内容是完善的，在分析中还可能发现职能的地位需要调整的问题。

以上三种问题，是组织设计人员在对企业进行职能整理时，应该认真思考并给予回答的，即企业职能是否需要增减，应如何增减？职能的具体内容是否需要充实，应如何充实？职能的地位是否需要调整，应如何调整？回答了这三个问题，企业现有的职能结构的改进方向和具体方案也就产生了。

3. 职能分解

（1）职能分解的含义。职能分解是在基本职能设计的基础上，将企业应该具备的各项基本职能细化为独立的、可操作的具体业务活动。通过职能分解，企业的全部职能才能转换为管理人员的具体工作内容，也只有在职能分解的基础上，才能进一步将相关的业务活动归类，有依据地设计各种职位和部门，明确各自的职责。组织设计人员按照上述要求进行职能分解，应该熟悉企业生产经营管理的实际情况，在此基础上，运用组织理论的基本知识，采取逐级分解的方法，完成职能分解的任务。

所谓“逐级分解”，一般可分为三级。职能分析工作所列出的具体职能为一级职能，为完成一级职能而必须开展的几个方面的管理工作为二级职能，将二级职能分解就可具体化为业务活动，这是三级职能。某企业生产管理职能的分解如表 2-2 所示。

表 2－2　生产管理职能的分解（举例）

<table>
<tr><th>一级职能</th><th>二级职能</th><th>三级职能</th></tr>
<tr><td rowspan="7">生产管理</td><td rowspan="3">生产计划</td><td>编制年度生产计划</td></tr>
<tr><td>编制月度生产计划</td></tr>
<tr><td>编制产品生产计划</td></tr>
<tr><td rowspan="2">生产指挥</td><td>生产调度</td></tr>
<tr><td>生产作业统计</td></tr>
<tr><td rowspan="2">生产控制</td><td>仓储盘点</td></tr>
<tr><td>质量控制</td></tr>
</table>

资料来源：朱勇国.组织设计与岗位管理.北京：首都经济贸易大学出版社，2015.

（2）职能分解的基本要求。职能分解必须符合以下基本要求。

①业务活动的独立性。由一项职能分解来的各项业务活动，都应该是性质单一的活动，也就是不能把性质不同的业务活动混合为一项活动。

②业务活动的可操作性。由某一职能分解来的各项业务活动，都应该是可操作的具体活动，不然，职能无法落实，达不到职能分解的目的。

③避免重复和脱节。在职能分解过程中，既要注意避免同一管理业务在各项职能中重复列入，又要注意防止有的管理业务无人负责的情况。

（四）职能设计中的职能分类

（1）按管理层次分类。按管理层次可分为高层、中层和基层职能。高层职能关系到企业全局；中层职能兼有执行上级指令和指导下级工作两个方面；基层职能主要涉及作业层。

（2）按专业性质分类。按专业性质可分为生产管理、技术管理、供销管理、劳动人事管理、财务管理等。每一类还可进一步细分，如技术管理可分为设备管理、工具管理、工艺管理等。

（3）按业务工作特点分类。按业务工作特点可分为专业性、综合性和服务性职能。专业性职能负担企业生产经营某一方面的管理业务，如供应、设备、动力、安全等职能；综合性职能则贯穿于企业生产经营活动全过程，涉及多方面，如计划、劳资、财务等职能；服务性职能是指医疗卫生、宿舍膳食等方面的管理职能。

（4）按制定和贯彻落实企业经营决策的不同作用分类。按制定和贯彻落实企业经营决策的不同作用分类，可分为决策性、执行性和监督保证性职能。决策性职能是制定经营决策与经营计划的职能，执行性职能是落实计划的职能，监督保证性职能是指人事、资金、后勤等保障决策及决策执行过程的职能。

（5）按对生产活动有无直接指挥关系分类。按照对生产活动有无直接指挥关系，可分为直线职能和参谋职能。直线职能承担着直接组织指挥日常生产活动的职责，从企业上层到基层，形成垂直的、逐级指挥的直线系统。参谋职能承担着专业管理工作，协助领导指导和监督下级，但无权直接下达命令。

二、部门设计

（一）部门设计的含义

组织结构设计的实质是按照劳动分工的原则将组织中的活动专业化，劳动分工又要求组织活动保持高度的协调一致性。协调的有效方法就是组织的部门设计。对组织内部各种职能加以分类后所组成的专业化的亚单位称为部门。部门设计是将组织中的工作和人员编制成可管理的单位，目的在于有效分工。组织的部门设计主要是解决组织的横向结构问题。

（二）部门化的内容和方法

1. 职能部门化

（1）职能部门化的内容和方法。职能部门化是以组织的职能为基础进行部门划分，即把具有相同职能的工作岗位放在同一个部门。它是一种传统的、基本的组织形式。职能是互相联系的活动，之所以说互相联系，是因为在进行一种工作时，要求有许多相似的技能，也就是说，在完成一个共同目标时把一级作业任务组编在一起，如图 2-1 所示。

图 2-1　职能部门化示意图

按职能划分部门的方法是基于这样的假设：很少有人能够对各个方面的知识都精通。规模小的公司，业务量小，只需要很少的管理人员，因此，往往是一个人管理许多事情。从某种程序上说，这种管理效率是很高的，因为不要其他的协调方式。在规模较大的公司，管理业务及管理人员都增加了，由于分工的极大优越性，组织管理划分为若干职能部门便是一个必然的趋势。在制造业，通常是按照生产、销售、技术、财务以及人事等划分职能部门。

（2）职能部门化的优缺点。几乎所有的公司都是按职能划分部门，按职能划分部门是首要的、最基本的方法。

按职能划分部门的优点如下：

①在部门中实现规模经济。

②它是一个合乎逻辑的和经过时间考验的方法。

③它遵循了职业专业化的原则，因而简化了职业训练工作。

④在人力的利用上能够显示出更高的效率。

⑤职能专业化减轻了主管部门经理承担最终成果的责任，因而提供了在上层加强控

制的手段。

按职能划分部门的缺点如下：

①职能人员养成了专心一意忠于职守的态度和行为方式，各职能部门会强调自己部门的重要性，它们之间的“墙”是普遍存在的，职能人员的狭隘观点会破坏公司的整体性。正因为这样，职能部门之间的协调就是比较重要但又困难的事情。按职能划分部门，只有总经理才能对公司的全面事务负责，在大企业里，这样的责任放在一个人的肩上是不合适的。

②由于缺乏更多的位置，经理人才的训练受到限制。

2. 产品部门化

（1）产品部门化的内容和方法。产品部门化是指根据产品来设立管理部门、划分管理单位，把同一产品的生产或销售工作集中在一个部门进行，如图 2 – 2 所示。

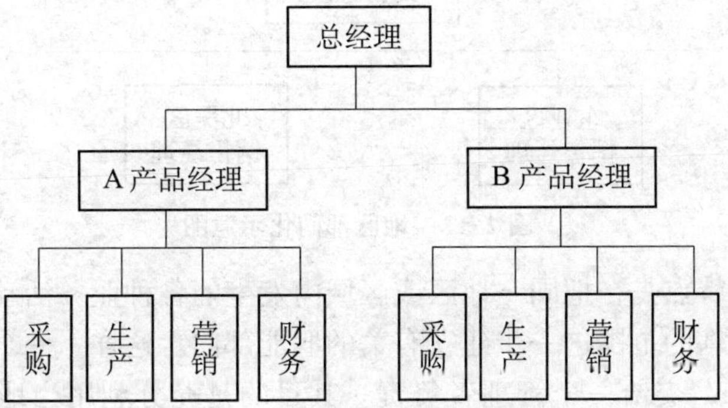

图 2 – 2　产品部门化组织示意图

拥有不同产品系列的公司常常根据产品建立管理单位，按产品划分部门的做法正在被广泛应用，也越来越受到重视。在大型、复杂、多品种经营的公司里，按产品划分部门成为一种通常的准则。

从职能部门化到产品部门化要经历一个发展过程。当组织规模不大、各种产品产量和社会需求还不够多时，企业可能采取职能部门化，随着产品需求量和生产量的增加再采取产品部门化的形式。

（2）产品部门化的优缺点。

按产品划分部门的优点如下：

①使得每个产品分部的注意力及努力放在产品上，这对于激烈竞争的、多变的市场环境是非常重要的。

②按产品划分部门，分部可以形成以利润为目标的责任中心，它承担了总公司的一部分责任，其本身也具有高度的完整性。

③按产品划分部门，容易适应产品与服务的迅速发展与变化，任何一种产品发展到一定程度就可以分化出去，成为一个新的独立分部，这使得每一个分部都能保持一个适当的规模，避免部门的无限制膨胀带来管理的复杂化。

④为总经理提供可测量的训练场所。

按产品划分部门的缺点如下：

①必须有更多的人员具有总经理那样的能力，以保证各产品分部有效经营。

②产品分部存在由于总部和分部业务的重复而增加成本的可能，对经济的集中服务造成困难。

③分部拥有较大的权力，增加了公司总部的控制难度，分权及控制若不当，很可能使得公司的整体性遭到破坏，严重时导致瓦解。

3. 地区部门化

（1）地区部门化的内容和方法。地区部门化又称地域部门化、区域部门化，是指根据地理因素来设立管理部门，经营业务和职责划分给不同部门的经理。这种方法较多用于一些地理位置比较分散的组织，特别适用于规模大的公司，尤其是跨国公司。如图2-3所示。

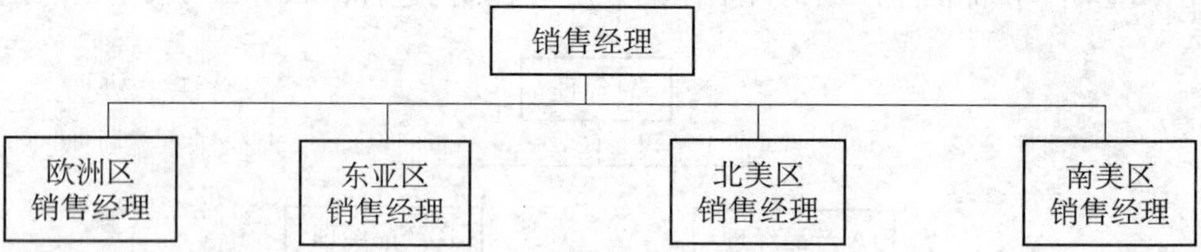

图2-3 地区部门化示意图

地区部门化的特点是，把同一地区或区域内发生的各种业务活动划归同一部门，然后按这一部门所管辖的范围进一步建立有关的职能部门。这样，一个地区或区域的业务活动便被集中起来，交给一个管理者负责。其目的是充分利用当地的人力、物力和财力，以便获取区域经营效益。

（2）地区部门化的优缺点。

地区部门化的优点如下：

①责任到区域，每一个区域是一个利润中心，每一区域部门的主管要负责本地区的经营盈亏。

②放权到区域，每一个区域有其特殊的市场需求与问题，总部放手让区域人员处理，会比较符合实际。

③有利于地区内部协调。

④对区域内顾客比较了解，有利于服务与沟通。

⑤每一个区域主管都要担负一切管理职能的活动，这对培养通才管理人员大有好处。

地区部门化的缺点如下：

①随着地区的增加，需要更多具有全面管理能力的人员，这类人员往往不易得到。

②每一个区域都是一个相对独立的单位，加上时间、空间上的限制，往往是“天高皇帝远”，总部难以控制。

③由于总部与各区域天各一方，难以维持集中的经济服务工作。

4. 顾客部门化

（1）顾客部门化的内容和方法。顾客部门化又称用户部门化，是指根据目标顾客的不同利益需求来划分组织的业务活动。在激烈的市场竞争中，顾客需求导向越来越明显，企业在满足当前市场需求的同时，也要预见顾客的未来需求，顾客部门化顺应了需求发展的这一趋势。

顾客部门化按组织服务的对象类型来划分部门。例如，银行为不同的顾客提供服务，设立了VIP客户部、商业信贷部、农业信贷部和普通消费者信贷部等，如图2－4所示。零售商店可通过建立特设部门来迎合各顾客群体，如十多岁的少年、大学生、新婚夫妇等的需求。一个制造阀门的工业企业则可以这样分配它的推销人员，一部分负责向设备制造企业进行销售，另一部分负责配件市场的销售。

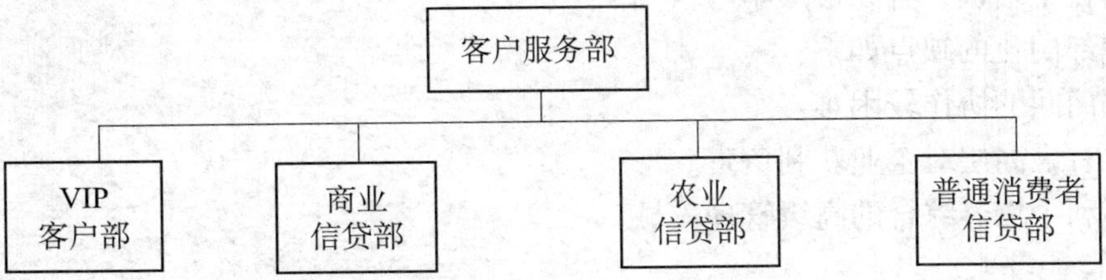

图2－4　顾客部门化组织示意图（银行）

（2）顾客部门化的优缺点。

顾客部门化的优点如下：

①能满足目标顾客各种特殊而广泛的需求，获得用户真诚的意见反馈。

②可有针对性地按需生产、按需促销，发挥自己的核心专长，创新顾客需求，建立持久性竞争优势。

顾客部门化的缺点如下：

①只有顾客达到一定规模时才比较经济。

②增加了与顾客需求不匹配而引发的矛盾和冲突。

③需要更多更好的能妥善处理和协调顾客关系问题的管理人员。

④造成产品或服务结构的不合理，影响对顾客需求的满足。

5. 过程部门化

（1）过程部门化的内容和方法。过程部门化又称流程部门化，是指组织（如加工单位）按生产过程、工艺流程或设备来划分部门。过程就是按工作或业务流程来组织业务活动，人员、材料、设备比较集中或业务流程联系紧密是过程部门化的实现基础。例如，机械类企业划分出铸工车间、锻工车间、机加工车间、装配检验车间等部门。如图2－5所示。

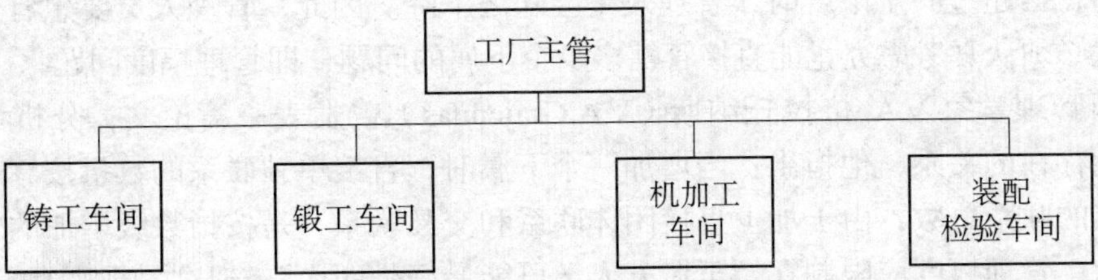

图2－5　过程部门化组织示意图（机械类企业）

生产一种产品的过程或设备可以作为决定工厂一级部门化的基础，这对于现代公司的组织也具有很大意义。例如，将所有铣床组成一个部门，将所有车床安置在另一个部门，就是按设备进行部门化。在其他企业中，生产过程可作为决定有效的部门化的基础，例如，在一个化工厂中，一个过程，如蒸馏，就可成为一个作业单位。

（2）过程部门化的优缺点。

过程部门化的优点如下：

①能取得经济优势。

②充分利用专业技术和技能。

③简化了培训，容易形成学习氛围。

过程部门化的缺点如下：

①部门间的协作较困难。

②只有最高层对企业获利负责。

③不利于培养综合的高级管理人员。

三、层级设计

组织的层级化是指组织在纵向结构设计中需要确定层级数目和有效的管理幅度，需要根据集权化的程度，规定纵向各层级之间的权责关系，最终形成一个能够对内外环境要求做出动态反应的有效组织结构形式。组织的层级设计往往是指对管理层次的设计，管理层次就是在职权等级链上所设置的管理职位的级数。

当组织规模有限时，一个管理者可以直接管理每一位作业人员的活动，这时组织就只存在一个管理层次。当规模扩大使管理工作量超出了一个人所能承担的范围时，为了保证组织正常运转，管理者就必须委托他人来分担自己的一部分管理工作，这使管理层次增到两个层次。随着组织规模进一步扩大，受托者又不得不委托其他人来分担自己的工作，依此类推，形成了组织的等级制或层次性管理结构。

（一）管理幅度与组织的层级化

1. 管理幅度与组织层级的互动性

组织层级化设计的核心内容是确定完成任务需要设定的层级数目，有效的管理幅度是决定组织中层级数目的最基本要素。所谓管理幅度，也称组织幅度，是指组织中上级主管能够直接有效地指挥和领导下属的数量。这些下属的任务是分担上级主管的管理工作，并将组织任务层层分解，然后付诸实施。管理人员所能直接管理或控制的下属数目是有限的，当超过一定限度时，管理效率会随之下降。因此，管理人员要想有效地领导下属，就必须认真考虑究竟能直接管辖多少个下属的问题，即管理幅度问题。

法国管理学家 V.A. 格拉丘纳斯（V.A.Graicunas）曾发表一篇论文，分析了上下级之间可能存在的关系，他指出：当增加一个下属时，直接单独联系的数量按算术级数增加，相应的联系总数，由于加上直接团体联系和交叉联系，是按指数级增加的。格拉丘纳斯认为，管理幅度应限制在“至多五人，可能最好是四人”。但这一规则有一个例外，即在组织的基层从事例行工作时，员工相对于其他部门的人而言接触人员较少，监督工作不太复杂，则可以有一个较宽的管理幅度。组织的较上层却与此大不一样。

格拉丘纳斯提出了一个用来计算在任何管理幅度下可能存在的人际关系数的数学模型。他的理论把上下级关系分为三种类型。

（1）直接的单一关系。指上级直接地、个别地与其直属下级发生联系。

（2）直接的组合关系。存在于上级与其下属的各种可能组合的联系。

（3）交叉关系。即下属彼此打交道的联系。

通过对这三种上下级关系的分析，格拉丘纳斯认为，在管理幅度以算术级数增加时，主管人员和下属间可能存在的互相交往的人际关系数几乎以指数级增加。据此，他提出了一个可以用在任何管理幅度下计算上下级关系数目的经验公式：

$$C = n[2^{n-1} + (n-1)]$$

式中：C——人员之间的关系数；

n——管理幅度。

当 n=1 时，C=1；n=2 时，C=6；n=3 时，C=18；n=10 时，C=5 210。

由此可见，随着管理幅度的增加，上下级之间的相互关系数量也在急剧上升，这说明管理较多下属的复杂性，因此管理人员在增加下属人数前一定要三思而行。

需要指出的是，格拉丘纳斯的这个公式没有涉及上下级关系发生的频次和密度，因而它的实用性受到了一定的限制。对一个管理人员来说，相互关系和关系发生的频次和密度（可用所需时间来计算）应是确定管理幅度时考虑的重要因素。

总之，管理幅度受多方面因素的影响，这也决定了管理幅度具有很大的弹性。

2．组织结构的形态

显然，当组织规模一定时，管理层次和管理幅度之间存在着一种反比例的关系。管理幅度越大，管理层次就越少；反之，管理幅度越小，管理层次就越多。这两种情况对应着两种类型的组织结构形态，前者称为扁平型结构，后者则称为锥（或高耸）型结构。一般来说，传统的企业结构倾向于锥型，偏重于控制和效率，比较僵硬；扁平型结构则被认为比较灵活，容易适应环境，组织成员的参与程度也相对较高。近年来，企业组织结构出现了一种锥型向扁平型演化的趋势。

（二）管理幅度的设计

1．管理幅度设计应考虑的因素

对企业来说，确定管理幅度需要考虑以下因素。

（1）计划制订的完善程度。事先有良好、完整的计划，工作人员都明确各自的目标和任务，清楚自己应从事的业务活动，则管理人员就不必花费过多的精力和时间进行指导和纠正偏差，那么管理人员的管理幅度就可以大一些，管理幅度大，管理层次就相对少一些；反之，计划不明确、不具体，就会限制一个管理人员的管辖范围，管理幅度就相对较小。

（2）工作任务的复杂程度。若管理人员经常面临较复杂的任务，解决起来困难，并对企业活动具有较大影响，则他直接管辖的人数不宜过多；反之，可增大管理幅度。

（3）企业员工的经验和知识水平。当管理人员的自身素质较高，管理经验丰富，在不降低效率的前提下，可适当增加其工作量，加大管理幅度；同样，下属人员训练有素，工作自觉性高，也可采用较大的管理幅度，让他们在更大程度上实行自主管理，发挥创造性。

（4）完成工作任务需要的协调程度。如工作任务要求各部门或一个部门内部协调的程度高，则应减少管理幅度，以较为高耸的结构为宜。

（5）企业信息沟通渠道的状况。当企业沟通渠道畅通，通信手段先进，信息传递及时，可加大管理幅度。

2．管理幅度设计应把握的关系

综合和发扬两种基本组织形态的优点，要求确定合理的管理层次和管理幅度。由于管理层次的多少取决于管理幅度的大小，后者便成了矛盾的主要方面。在具体确立组织的管理幅度和管理层次时，有以下几个关系需要我们把握。

（1）在被管理人员确定的情况下，管理幅度与管理层次成反比，即管理幅度越大，则管理层次越少；反过来，管理幅度越小，则管理层次越多。

（2）管理幅度与管理的事务难易程度和规范程度有关。管理的事务越难，越不规范，则要求管理幅度要小些；如管理的事务较容易，且规范、稳定，变化小，不需要创造性，则管理幅度可大些。

（3）管理幅度与管理者的水平和管理手段的先进程度有关。管理者水平高，管理手段先进，则管理幅度可大些；否则，就可小些。

（4）管理幅度与被管理对象有关。被管理人员素质高、责任心强，能独立胜任工作且忠于组织，则管理幅度可大些；否则，可小些。

（5）不同的管理层次和工作性质，管理幅度也应有差别。

（6）管理幅度与组织法规健全与否有关。对于一个法规、程序健全的组织，管理幅度就可大些。

管理幅度与管理层次适度还要求尽量减少幅度和层次，这样既可避免政出多门，又可简化办事程序，从而提高行政效能。管理幅度和管理层次有较大的弹性，对于公共行政组织来说，应尽量保持相对稳定，并用法规形式固定下来，这样才能防止机构和人员不断膨胀、部门之间扯皮和职责不清等现象发生。

第 4 节　组织结构模式

组织结构需要根据企业总目标，把组织管理要素配置在一定的方位上，确定其活动条件，规定其活动范围，形成相对稳定的科学的管理体系。

没有组织结构的企业将是一盘散沙，组织结构不合理会严重阻碍企业的正常运作，甚至导致企业经营的彻底失败。相反，适宜、高效的组织架构能够最大限度地释放企业的能量，使组织更好地发挥协同效应，达到“1+1>2”的合理运营状态。

一、传统的企业组织结构模式

企业的组织结构承担着企业的决策支持、决策实施及业务控制等项任务。在企业发展的历史上，企业的组织结构出现过直线制、职能制、直线职能制、事业部制等多种传统模式。

（一）直线制

直线制又称军队式结构，它是一种最简单的集权式组织结构形式。其领导关系按垂直系统建立，不设立专门的职能机构，自上而下形成垂直领导与被领导关系。如图2-6所示。

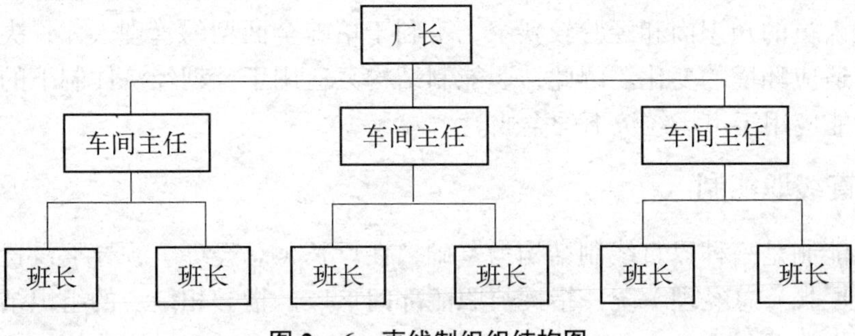

图2-6　直线制组织结构图

直线制结构的优点是：结构简单，指挥系统清晰、统一；责权关系明确；横向联系少，内部协调容易；信息沟通迅速，解决问题及时，管理效率高。直线制结构的缺点是：组织结构缺乏弹性；组织内部缺乏横向交流；缺乏专业化分工，不利于管理水平的提高；经营管理事务仅依赖少数几个人，要求企业领导人必须是经营管理全才，但这是很难做到的，尤其是在企业规模扩大时，管理工作会超过个人能力所能承受的限度，不利于集中精力研究企业管理的重大问题。因此，直线制组织结构适用于那些规模较小或业务活动简单、稳定的企业。

（二）职能制

职能制又称多线制，它是指按照专业分工设置相应的职能管理部门，实行专业分工管理的组织结构形式，即在总经理下面设置职能部门，各部门在其业务分工范围内都有权向下级下达命令和指示，直接指挥下属单位，下属既服从直线领导的指挥，又服从上级各职能部门的指挥。如图2-7所示。

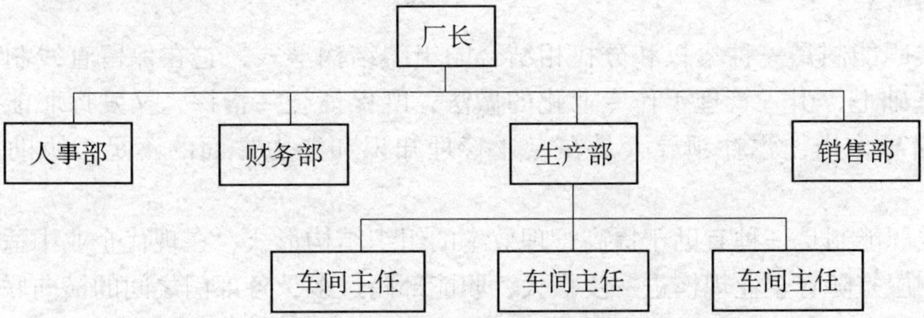

图2-7　职能制组织结构图

职能制结构的优点是：提高了企业管理的专业化程度和专业化水平；由于每个职能部门只负责一方面工作，可充分发挥专家的作用，对下级的工作提供详细的业务指导；由于吸收专家参与管理，减轻了直线领导的工作负担，使其有更多的时间和精力考虑组织的重大战略问题；有利于提高各职能专家自身的业务水平；有利于各职能管理者的选拔、培训和考核。

职能制结构的缺点是：多头领导，政出多门，不利于集中领导和统一指挥，造成管理混乱，下属无所适从；直线人员和职能部门责权不清，易产生意见分歧，互相争名夺利，争功诿过，难以协调，最终必然导致功过不明，赏罚不公，责、权、利不能很好地统一起来，机构复杂，增加管理费用，加重企业负担；由于过分强调按职能进行专业分工，各职能人员的知识面和经验较狭窄，不利于培养全面型的管理人才；决策慢，不够灵活，难以适应环境的变化。因此，职能制结构只适用于计划经济体制下的企业，必须经过改造才能应用于市场经济下的企业。

（三）直线职能制

直线职能制是一种以直线制结构为基础，在厂长（总经理）领导下设置相应的职能部门，实行厂长（总经理）统一指挥与职能部门参谋、指导相结合的组织结构形式。如图 2－8 所示。

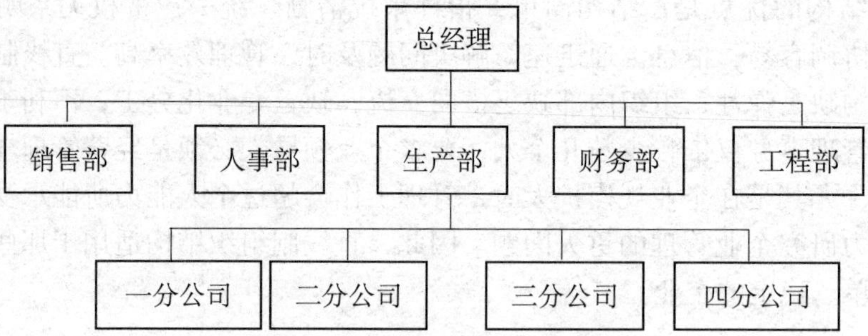

图 2－8　直线职能制组织结构图

直线职能制的主要特点是：厂长（总经理）对业务和职能部门均实行垂直式领导，各级直线管理人员在职权范围内对直接下属有指挥和命令的权力，并对此承担全部责任；职能管理部门是厂长（总经理）的参谋和助手，没有直接指挥权，其职能是向上级提供信息和建议，并对业务部门提供指挥和监督，它与业务部门的关系只是一种指导关系而非领导关系。

直线职能制是一种集权和分权相结合的组织结构形式，它在保留直线制统一指挥优点的基础上，引入管理工作专业化的做法，既保证统一指挥，又发挥职能管理部门的参谋指导作用，弥补领导人员在专业管理知识和能力方面的不足，协助领导人员决策。

直线职能制是一种有助于提高管理效率的组织结构形式，在现代企业中适用范围比较广泛，但是随着企业规模进一步扩大，职能部门过多，各部门之间的横向联系和协作变得更加复杂和困难，各业务部门和职能部门都要向厂长（总经理）请示、汇报，使其无法将精力集中于企业管理的重大问题。当设立管理委员会，制定完善的协调制度等改良措施都无法解决这些问题时，企业组织结构就面临着改革问题。

（四）事业部制

事业部制也称分权制结构，是一种在直线职能制基础上演变而来的现代企业组织结构形式。它遵循“集中决策，分散经营”的总原则，实行集中决策指导下的分散经营，按产品、地区和顾客等标志将企业划分为若干相对独立的经营单位，分别组成事业部。各事业部在经营管理方面拥有较大的自主权，实行独立核算、自负盈亏，并可根据经营需要设置相应的职能部门。总公司主要负责研究和制定重大方针、政策，掌握投资、重要人员任免、价格幅度和经营监督等方面的大权，并通过利润指标对事业部实施控制。如图2－9所示。

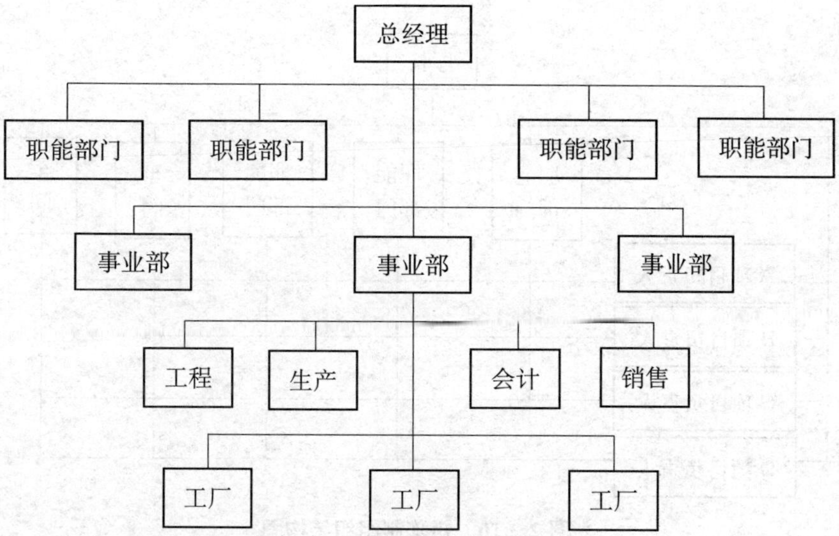

图2－9　事业部制组织结构图

事业部制结构主要具有以下几个方面的优势：

（1）权力下放，有利于最高管理层摆脱日常行政事务，集中精力于外部环境的研究，制定长远的全局性的发展战略规划，使其成为强有力的决策中心。

（2）各事业部主管摆脱了事事请示汇报的规定，能自主处理日常工作，有助于增强事业部管理者的责任感，发挥他们搞好经营管理活动的主动性和创造性，提高企业适应能力。

（3）各事业部可集中力量从事某一方面的经营活动，实现高度专业化，整个企业可以容纳若干经营特点迥异的事业部，形成大型联合企业。

（4）各事业部经营责任和权限明确，物质利益与经营状况紧密挂钩。

事业部制结构的主要不足是：容易造成组织机构重叠，管理人员膨胀；各事业部独立性强，考虑问题时容易忽视企业整体利益。因此，事业部制结构适合那些经营规模大、生产经营业务多元化、市场环境差异大、要求较强适应性的企业。

（五）矩阵制

矩阵制的组织结构亦称规划－目标结构、非长期固定性或项目性组织结构。矩阵制组织形式是在直线职能制垂直形态组织系统的基础上，再增加一种横向的管理系统。这是一种横纵两套系统交叉形成的复合组织结构。纵向是职能系统，横向是为完成某项专门任务而组成的项目系统。项目系统没有固定的工作人员，而是随着任务的进度，根据工作的需要，从各职能部门抽人参加，这些人员完成了与自己有关的工作后，仍回到原来的职能部门。实际上，各个小组成员处在双重领导下，一方面受成员本身所在机构行政首长的领导，另一方面受专门项目小组管理者的领导。因此，对同一名员工来说，他既同原职能部门保持组织与业务上的联系，又参加产品或项目小组的工作。

总之，矩阵制组织结构是由职能部门系列和为完成某一临时任务而组建的项目小组系列组成的，具有双道命令系统。如图 2－10 所示。

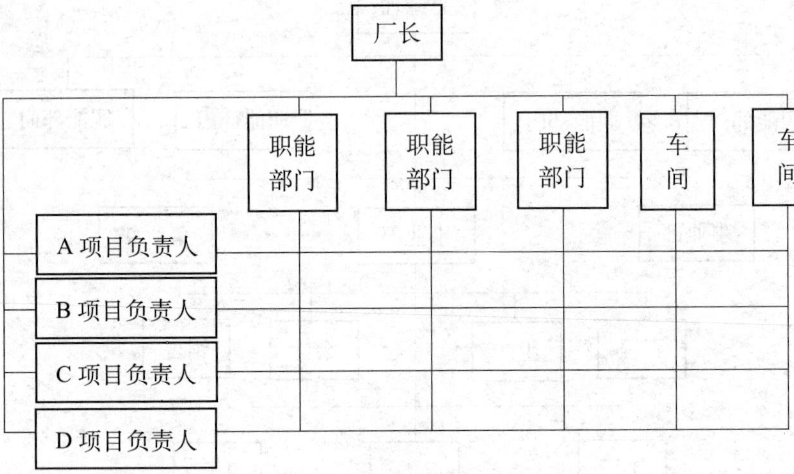

图 2－10　矩阵制组织结构图

矩阵制组织结构的优点是：将企业横向联系和纵向联系较好地结合起来，有利于加强各职能部门之间的沟通、协作和配合，及时解决问题；提高了组织的灵活性，可以随时组建、重建和解散团队，能在不增加机构设置和人员编制的前提下，充分利用组织的人力资源；将不同部门的专业人员集中在一起，使员工有机会学到更多的技能；能较好地解决组织结构相对稳定和管理任务多变之间的矛盾，使执行一些临时性的跨部门工作变得不再困难；为企业综合管理与专业管理的结合提供了一种新组织结构形式，对于高层管理者而言，矩阵制是一种有效的分权工具；由于项目团队成员享有较高的决策权，其激励和对组织的承诺水平较高。

矩阵制组织结构的缺点是：组织关系比较复杂，由于人员受双重领导，对来自两个上级的指令有时无所适从，不易分清责任；由于项目组成员来自各个职能部门，当任务完成后仍要回原单位，因而容易产生临时观念，导致责任心不强；项目小组负责人既可能出现个人权力过大，一个人说了算，又可能陷入过度妥协，出现指挥混乱，影响决策效率。

二、新型的企业组织结构模式

从企业组织发展历史来看，在20世纪30年代以前，主要经历了直线制、职能制、直线职能制乃至事业部制的发展演变过程，进入20世纪60年代以后，则出现了以下几种新型的组织结构模式。

(一)超事业部制

超事业部制又称执行部制，是在20世纪70年代中期美国、日本的一些大公司中出现的一种新的在事业部制基础上演变而来的现代企业组织结构模式。它首先按产品、地区和顾客等标志将企业划分为若干相对独立的经营单位，分别组成事业部，然后将产品（服务）种类相近，地理位置相对集中，或顾客对象相同的事业部组合在一起形成超事业部，即在公司总经理与各个事业部之间增加一级管理机构。各事业部在经营管理方面拥有较大的自主权，实行独立核算、自负盈亏，并可根据经营需要设置相应的职能部门；各超事业部负责管理和协调下属各个事业部的活动；总公司主要负责研究和制定重大方针、政策，掌握投资、重要人员任免、价格幅度和经营监督等方面的大权，并通过利润指标对超事业部和事业部实施控制。如图2－11所示。

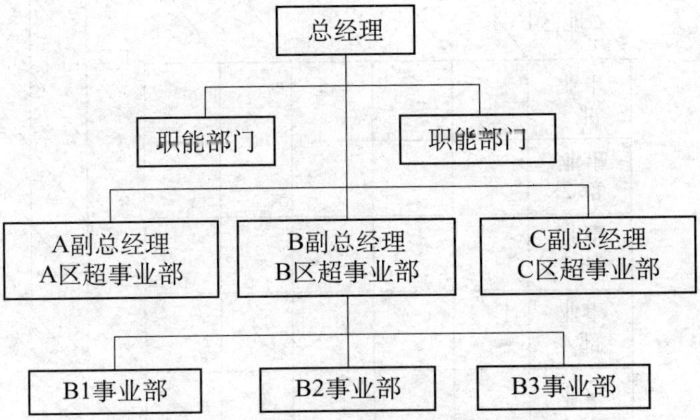

图2－11　超事业部制组织结构示意图

超事业部制的主要优点是：

（1）可利用几个事业部的力量联合开发新产品，加快新产品的研制开发进度，以更快地形成新产品的拳头优势。

（2）超事业部的主要功能是协调各事业部的生产经营活动方向，大大增强企业的灵活性和适应性。

（3）能够使公司总经理从繁重的日常事务中解脱出来，将主要时间和精力集中在企业重大战略性决策上。

（4）有利于为最高领导层培养出色的接班人。

超事业部制的缺点是：超事业部制增加了管理层次，会加大企业内部的横向、纵向的协调与沟通的工作量，降低决策与执行的效率；还会带来增加管理人员和管理成本等一些新的问题。

采用超事业部制这种极为复杂的管理体制时，一般应同时满足下列条件：企业规模特别巨大；产品品种较多且能形成大批量生产；所涉及的业务领域及市场分布很广；所设立的事业部很多；最高领导者深感有适当集权的需要，否则无法有效地协调、控制众多的事业部。总之，超事业部制主要适用于规模巨大、产品（服务）种类较多的企业。

（二）多维立体组织

多维立体组织又称多维组织、立体组织、多维立体矩阵制等，它是矩阵组织的进一步发展，它把矩阵组织结构形式与事业部制组织结构形式有机地结合在一起，形成了一种全新的管理组织结构模式。如图 2－12 所示。

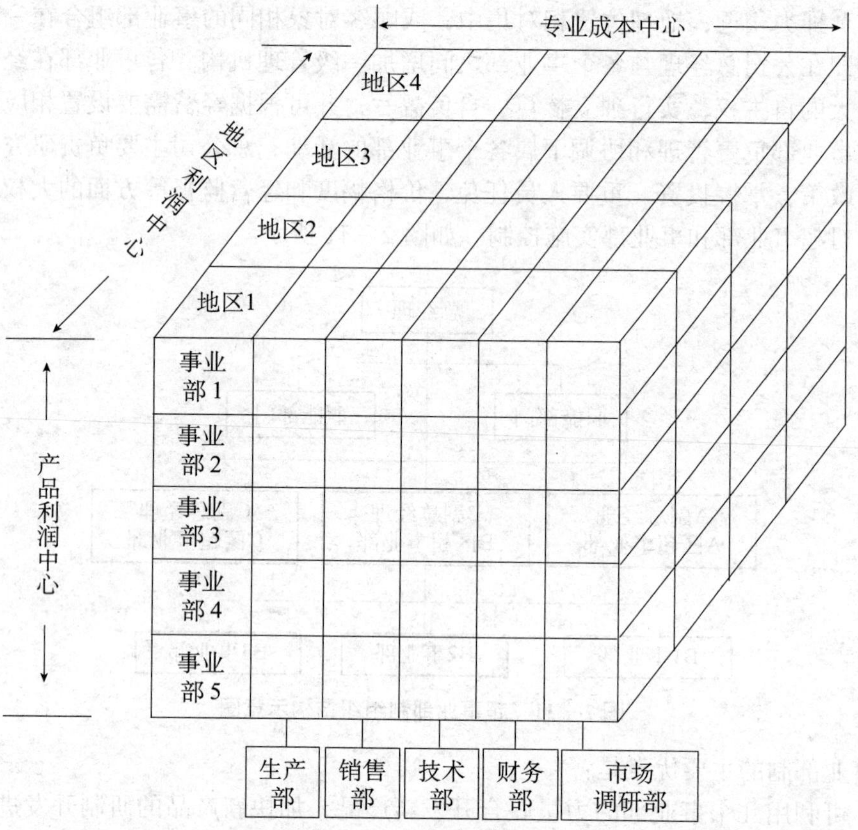

图 2－12　多维立体组织结构示意图

多维立体组织是由美国道－科宁化学工业公司在 1967 年率先建立的。该公司运用该组织结构模式取得了显著的经济效益，在 1967—1976 年的 10 年间，该公司的营业额平均每年递增率一直保持在 15% 左右。

多维立体组织结构综合考虑了产品、地区与职能参谋机构，形成了三类主要的管理组织机构系统：一是按产品划分的事业部，即产品利润中心；二是按职能（如市场研究、生产、调查、财务、人事、质量控制等）划分的专业参谋机构，即专业成本中心；三是按地区划分的管理机构，即地区利润中心。这种组织结构模式把产品事业部经理、地区经理和总公司专业职能参谋部门很好地统一和协调起来，由三方代表共同组成产品事业委员会，对各类产品的生产与销售进行领导。三方中的任何一方都不能单独作出决定，必须通过协调才能采取统一行动。

多维立体组织结构的优点是：

（1）使产品事业部、地区事业部与专业参谋部门三方面都能从组织全局考虑问题，减少部门间的摩擦，互通信息，集思广益，共同决策。

（2）能最大限度地满足客户的要求。

（3）在分权的基础上能够确保职能目标的实现。

（4）使人力资源在多种产品线之间灵活共享。

（5）能适应不确定性环境的变化，进行复杂决策。

（6）主要应用于跨国公司和规模巨大的跨地区公司。

多维立体组织结构的缺点是：

（1）员工面临三重职权关系，经常无所适从。

（2）员工需要接受高强度的训练，具有良好人际关系等多种专业技能。

（3）部门之间的横向协调困难，必须付出很大努力实现权力的平衡。

（4）需要频繁召开会议协调关系，讨论解决冲突的方案，这增加了管理成本，影响决策效率。

（三）模拟分权组织

模拟分权组织亦称模拟分权制或模拟分散管理组织。20世纪80年代以来，我国一些化学工业企业、大型钢铁联合企业、铝业企业及某些原材料工业企业，在吸取国外企业组织结构设计有益经验的基础上，所采取的一种新型的组织结构模式。这类企业由于生产过程具有高度的连续性，整个企业生产经营活动的整体性很强，因此，不可能把企业的各个组成部分划分为若干完全独立的自治单位，即不宜采用高度分权的事业部制，但这些企业的生产经营规模又过于庞大，如果继续采用高度集权型的直线职能制组织形式，显然难以管好搞活，厂长或总经理经常显得力不从心。于是，在事业部制与直线职能制之间就产生了一种新的组织形式，即模拟分权管理组织结构模式。如图2－13所示。

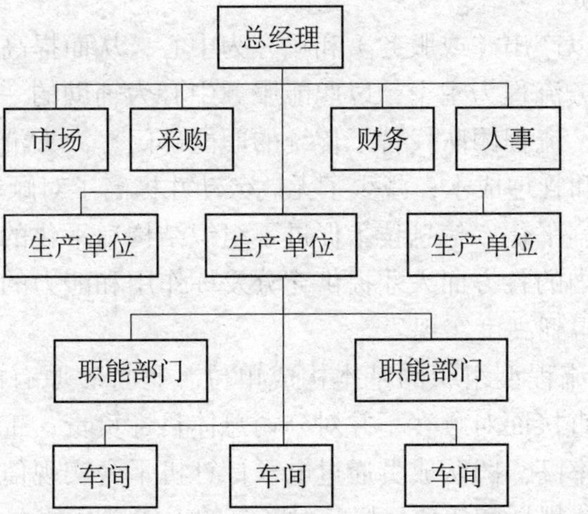

图2－13　模拟分权制组织结构示意图

模拟分权制的主要优点是：

（1）该组织结构模式具有较广的适用范围，它不但适用于生产经营活动连续性很强的大型联合企业，如大型钢铁、化工、铝业等原材料加工企业，而且适用于不宜完全实行事业部制的中型企业，不管这种企业的生产连续性是强还是不强都可以采用。

（2）有利于深化国有企业的内部改革，加速老企业经营机制的转换。

（3）有利于增强企业活力，调动分厂或车间的生产经营积极性，大幅度提高劳动生产率。

（4）有利于使责、权、利相结合，强化责任感，激发员工的参与意识，努力降低成本，提高质量，提高效益。

模拟分权制的主要缺点是：内部的价格体系不易完全理顺；各专业分公司的生产经营计划的目标和生产任务难以确定；对各单位任务完成情况的考核比较困难且复杂；企业内部的信息交流较差；组织内横向协调的难度大。

（四）流程型组织结构

流程型组织结构模式是20世纪90年代，随着信息科学技术的发展，为了适应竞争激烈、变化急速的市场需要而出现的一种全新的以业务流程为中心的组织模式。其主要特点是：（1）以提高对顾客需求的反应速度与效率，降低产品或服务供应成本为目标；（2）管理者的职权很大，业务流程较长，实行全程式管理。在组织内部，提供一种产品或服务所需要的所有职能人员安排在同一个部门，这个部门通常由一个“流程负责人”来管理；（3）纵向管理链较短，横向管理链较长。与传统的职能型组织结构相比，流程型组织结构更加强调组织各要素之间的横向关系。简而言之，流程型组织结构是以系统、整合理论为指导，按照业务流程为主、职能服务为辅的原则进行设计的一种组织结构模式。如图2－14所示。

从图2－14可以看出，流程型组织结构和传统型组织结构相比较具有以下优点：

（1）以顾客或市场为导向。流程型组织把顾客的需求作为企业制定战略的出发点和归宿，改变了传统职能组织对任务、对上司、对局部负责的局面，而是对整个流程、对最终目标、对顾客负责。

（2）业务流程是以产出（或服务）和顾客为中心，从而提高了组织的运行效率。基于流程的组织是以业务流程为主干，以职能服务中心为辅助的一种扁平化的组织，在以流程为中心的组织中，流程团队代替了传统的职能部门，大大消除了原有各部门间的摩擦，降低了管理费用和管理成本，减少了无效劳动并提高了对顾客的反应速度。

（3）组织结构的扁平化。信息技术促进了组织结构扁平化的实现。扁平化组织有利于为包括基层员工在内的各方面人才提供充分发挥作用和能力的空间，使员工的潜能得到释放，使个人价值得到高度实现。

（4）流程团队是流程型组织的基本构成单位。它打破原有的职能边界，将员工以流程为中心组合起来直接面对顾客，并对公司总体目标负责，工作团队具有充分的自主权，规模小，工作效率高。团队成员通过电子计算机平台实现信息共享，每一个员工都能及时了解企业的整体规划和任务目标，对各自的工作进行独立分析、判断和决策。

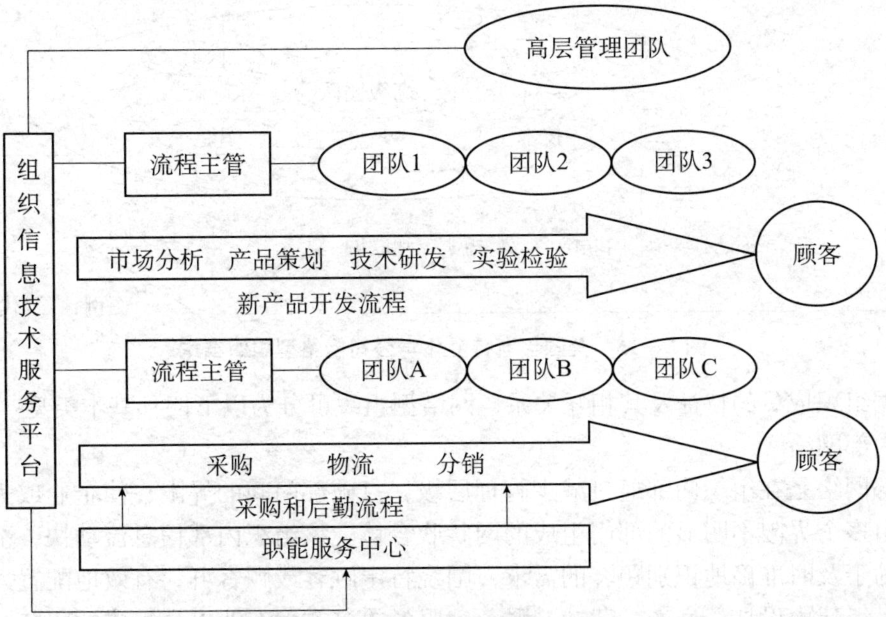

图 2－14　流程型组织结构示意图

（5）为了适应不断变化的市场环境，从集权层级制到分权层级制再到扁平化的流程组织，企业组织结构的灵活性和适应性不断增强。

该组织结构的缺点是：确定核心流程较为困难；需要对组织文化、管理体制、人事财务、信息管理等系统进行配套性变革；需要加强员工培训开发，提高其综合素质，逐步适应流程型团队工作的环境等。

（五）网络型组织结构

网络型组织结构亦称虚拟组织结构，它是以信息、通信技术为基础，依靠高度发达的网络，将供应、生产、销售和客户乃至竞争对手等独立的企业或个体连接而成的经济联合体。例如，美国伊斯特曼化学公司是一个由 800 多个相互关联的团队组成的巨大组织系统，在该组织中包括供应、生产、销售商和客户，跨越了公司的边界。1994 年，该公司的市值达到 50 亿美元，成为拥有 17 500 名员工，生产包括塑料、饮料、容器、轮胎、地毯和牛仔裤在内的 400 种产品的全球性企业。为了适应遍布全球客户的需要，建立了网络型组织结构。公司期望员工采用水平沟通的形式而不是垂直沟通。该组织由四个向量组成：（1）业务，如涂布、染料和树脂等；（2）区域，如北美、欧洲和东亚等；（3）技术，如聚合物技术；（4）职能，如制造、销售等。公司总部的主要任务是在制定健康、安全、环境规划的同时，制定特殊的支援计划。总之，网络型组织结构是 20 世纪 90 年代以来，在信息系统、网络和通信技术高速发展的大环境之下，伴随着网络型企业①的产生而出现的一种新型的组织结构模式。如图 2－15 所示。

---

①　网络型企业是一种企业间动态联盟的暂时组织形式，是指企业在组织上突破有形的界限，虽有生产、营销、设计、财务、人事等功能，但企业内没有完整的执行这些功能的组织，仅仅保留最关键的功能，其他功能虚化，通过各种方式借助外力进行整合弥补，在竞争中最大限度地发挥企业有限的资源，其目的在于共享技术、共担费用、联合开发。

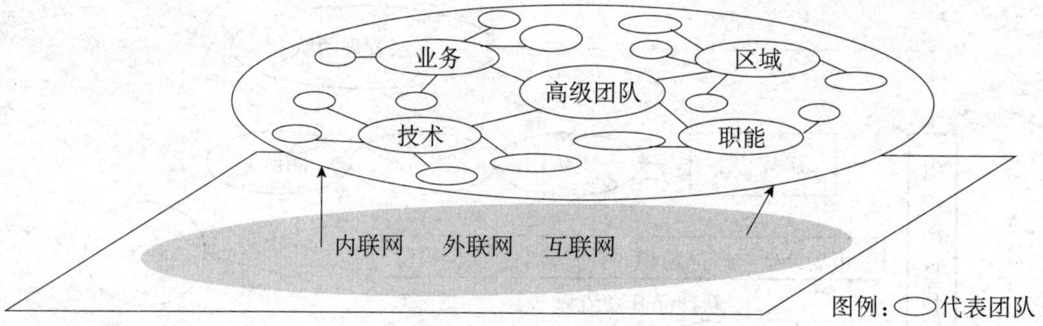

图 2－15 美国伊斯特曼化学公司网络型组织结构

根据组织成员的特征及其相互关系，网络型组织可分为以下四种基本类型[①]：

1. 内部网络

内部网络是在组织内部通过减少管理层级，打破部门间的界限，使企业成为一个扁平的、由多个界限不明显的部门组成的网状联合体。该组织内部信息流动快，部门摩擦少，有助于及时准确地识别顾客的需求，围绕特定顾客或顾客群，有效地配置人力和物力资源，组建由设计、生产、营销、财务、服务等多方面专业人员组成的团队，为顾客提供全方位、定制化的服务。

2. 垂直网络

垂直网络是在特定行业中由处于价值链不同环节的企业共同组成的企业之间的网络型组织。在该组织中，原材料供应商、零部件供应商、生产商、经销商等上下游企业之间不仅进行产品和资金的交换，还进行技术、信息等其他要素的交换和转移。连接垂直网络中各个企业的纽带是实现最终顾客价值这一共同使命。垂直网络的组织职能往往是由价值链中创造核心价值的企业来履行的，网络内企业通过紧密合作实现服务或产品的供应和生产，大大提高了工作效率、降低了生产和销售成本。

3. 市场网络

市场网络是指代表不同市场的企业之间的联系，这些企业之间发生着业务往来，在一定程度上相互依存。

4. 机会网络

机会网络是现代网络型组织中最先进的一种，它是由不同的组织为了实现一个共同目标暂时组成一个联合体，目标实现后，这种网络结构也就随之解体。

组织的网络化有两个层次：一个是一般企业内部组织的网络化；一个是多个企业之间关系的网络化。一般企业组织内部的网络化是以特定的项目或任务为导向而结成的任务团队，也就是流程组织中的动态流程团队。团队的成员来自同一企业的不同部门或同一企业集团的下属分公司。当项目结束或任务完成时，团队自动解体。这样的虚拟组织应用于多个企业之间则构成企业之间关系的网络化。由此可见，网络化组织突破了企业组织的有形边界，寻求利益相关者作为企业边界，强调通过对企业外部资源的有效整合，迎合快速出现的市场机遇。

---

① 任浩．现代企业组织设计．北京：清华大学出版社，2005.

网络型组织与一般流程型组织相比，具有以下特点：（1）具有更大的灵活性，是一种市场驱动型组织；（2）组织结构扁平化；（3）流程的动态化特征更为明显，能够实现对市场的敏捷响应；（4）具有突出企业自身的核心能力；（5）工作地点分散化，能够充分利用外部人力、物力、财力资源，实现成本共担，降低生产成本；（6）企业之间是为了完成一定的目标而结成的一种短暂的动态联盟；（7）各企业的核心能力得到最大限度的发挥，从而拥有得天独厚的竞争优势；（8）企业规模小型化趋势更为明显；（9）要求有更为完善的网络技术。

网络型组织结构的优点是：能够促进组织对顾客的变化做出灵活而快速的反应；能够实现企业间的优势互补，实现组织资源的优化配置；促进组织成员伙伴关系的建立，使企业将资源转向顾客和市场；能够降低企业管理成本，使中小型企业迅速成长；能够促进组织中的每个成员提高核心竞争力；有利于促进员工注重团队工作和合作。

网络型组织结构的缺点是：由于企业边界的不确定性容易使企业丧失控制权；不同企业的组织文化及其发展目标的差异性，将使企业之间的相互关系难以协调；容易使企业的潜在对手急速增加；容易暴露组织成员的专有技术，其知识产权被侵占；企业成员的专业领域狭窄，相互依存性增强，信用问题成为企业合作的主要问题。

三、企业组织结构的发展趋势

（一）企业组织结构的演变规律

从企业组织发展的历史来看，企业组织结构的演变本身就是一个不断创新、不断发展的过程，先后出现了直线制、矩阵制、事业部制等组织结构形式。当前，金字塔式的层级结构已不能适应现代社会特别是知识经济时代的要求。企业发展已经呈现出竞争全球化、顾客主导化和员工知识化等特点。故而，企业组织形式必须是弹性的和分权化的。现代企业十分推崇流程再造、组织重构，以客户的需求和满意度为目标，对企业现有的业务流程进行根本性的再思考和彻底重建，利用先进的制造技术、信息技术以及现代化的管理手段，最大限度地实现技术上的功能集成和管理上的职能集成，打破传统的职能型组织结构，建立全新的过程型组织结构，从而实现企业经营成本、质量、服务和效率的巨大改善，以更好地适应以顾客、竞争、变化为特征的现代企业经营环境。

（二）企业组织结构的发展趋势和新型组织结构形态

从在美国考察的实际情况来看，企业组织结构发展呈现出新的趋势，其特点是：（1）重心两极化；（2）外形扁平化；（3）运作柔性化；（4）结构动态化。

团队组织、动态联盟、虚拟企业等新型的组织结构形式相继出现，具体来说，具有这些特点的新型组织结构形态有：

第一，横向型组织。横向型的组织结构弱化了纵向的层级，打破刻板的部门边界，注重横向的合作与协调。其特点是：（1）组织结构是围绕工作流程而不是围绕部门职能建立起来的，传统的部门界限被打破；（2）减少了纵向的组织层级，使组织结构扁平化；（3）管理者更多的是授权给较低层级的员工，重视运用自我管理的团队形式；（4）体现顾客和市场导向，围绕顾客和市场的需求组织工作流程，建立相应的横向联系。

第二，无边界组织。这种组织结构寻求的是削减命令链，成员的等级秩序降到最低，拥有无限的控制跨度，取消各种职能部门，取而代之的是得到授权的工作团队。无边界是指打破企业内部和外部边界：打破企业内部边界，主要是在企业内部形成多功能团队，代替传统上割裂开来的职能部门；打破企业外部边界，则是与外部的供应商、客户包括竞争对手进行战略合作，建立合作联盟。

第三，组织的网络化和虚拟化。无边界组织和虚拟组织是组织网络化和虚拟化的具体形式，组织的虚拟化，既可以是虚拟经营，又可以是虚拟的办公空间。

本章小结

本章系统地介绍了组织结构和组织设计的基本原理和基本方法。第 1 节主要介绍了组织结构的概念，组织结构的关键要素，包括报告关系、部门化和协调机制；阐述了组织结构的影响因素，包括：组织战略、技术、企业规模、组织环境和文化等因素。第 2 节主要介绍了组织结构设计的内涵与基本原则。第 3 节主要介绍了组织结构设计的内容，包括：职能设计、部门设计、层级设计的内容和方法。第 4 节介绍组织结构模式，包括传统的、新型的企业组织结构模式以及企业组织结构的发展趋势。

本章习题

1. 组织结构设计的内容有哪些？
2. 组织结构设计的原则有哪些？
3. 简述职能设计的目标、内容和方法。
4. 部门设计的基本原则是什么？简述部门化的内容和方法。
5. 简述管理幅度设计应考虑的因素。
6. 简述组织结构的影响因素。
7. 简述矩阵制组织结构的优缺点。
8. 简述多维立体组织结构的优缺点。
9. 简述流程型组织结构的主要特点。
10. 简述网络型组织结构的特点及优缺点。
11. 试比较扁平型组织结构与锥型组织结构的优缺点。
12. 论述组织结构设计要遵循的原则。

13. 论述有效的管理幅度的影响因素。

团队练习

4人组成一个小组，每个小组选择一个感兴趣的企业或企业的某个分支机构或者按照创业项目设计一个虚拟企业，根据企业任务确定所需岗位，形成职能部门，并描绘出组织结构图。组织结构图描述了企业中各项工作的关系，同时也是对管理体制和管理模式的反映。

制作组织结构图时应考虑以下几个问题：

（1）组织结构图的主题。确定组织结构图的框架，是一个系统、一个部门、一个地区，还是整个公司的组织结构图。

（2）简洁明了。尽量使图简洁清楚，强调主要机构。

（3）名称。用职务名称来描述工作水平和职能，如“主管”是不明确的，要尽可能说明，如“行政主管”；含义较明确的，不必进一步阐明，如“总经理”或“秘书”。

（4）次序。不要先写组织中的人员名称，首先要确定职能，然后将负有相应责任的人名填上去。

（5）职务。在一个矩形框里描述组织各部门的职务。

（6）等级。用垂直线描述不同等级的相关工作，用水平线描述相似等级的工作。

（7）职权。用水平直线或垂直线表示直接权力，用点线表示间接权力。

在一个有活力的组织里，组织结构图会非常复杂，因为可能会存在双重的关系。例如，一个设计工程师也许既要向工程经理汇报，又要向负责审核和管理的首席工程师汇报，这种类型的组织叫做矩阵组织。现在有越来越多的企业使用这种组织结构，尤其在工程施工和高科技行业里。

本练习旨在通过企业、企业分支机构的选择或虚拟企业的设计，按组织职能描绘出组织结构图，通过小组讨论，真实反映参与者的分析判断能力、沟通能力、口头表达能力、归纳总结能力、书面表达能力等。练习的结果可以达成两点：一是在团队练习中，小组协作很重要，应尊重每一位成员，让所有人都充分表达自己的观点；二是通过研讨，掌握组织结构设计和描绘的技巧。

案例分析

案例一

某公司的组织结构见图2-16。总经理直接负责财务部和办公室的工作，并直接管理家电产品部、电信产品部及机械控制产品部3个部门的生产工作。下设2名副总经理，其中1名副总经理负责企业的行政部、人力资源部的工作，另一名副总经理负责研发部、销售部的工作。随着企业不断发展壮大，高层管理者日益感到现行的组织结构的制约，许多新的问题开始显露，如产品无法满足客户的需求，产品销售出现下滑趋势；管理人员人浮于事比较严重；各部门之间，尤其是生产部门与职能部门之间的矛盾与冲突时有发生。在管理咨询专家的建议下，企业领导决定按照事业部的方式对组织结构进行调整和变革，以达到提高管理效率，增强企业竞争力的目的。

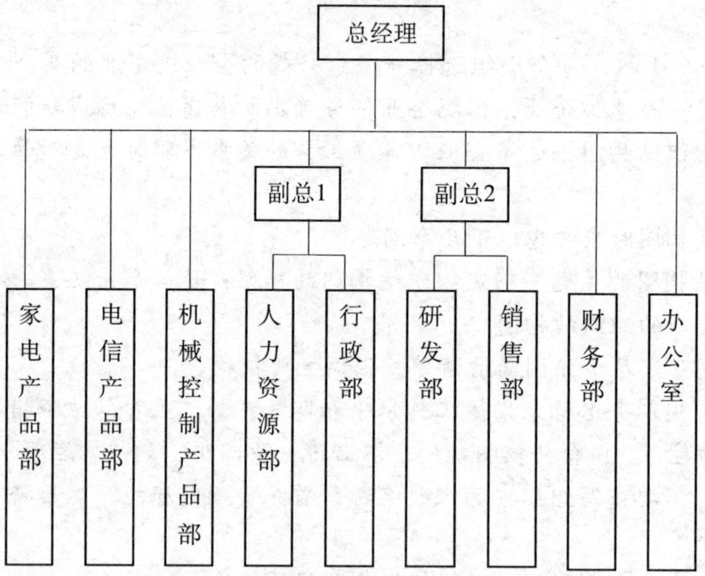

图 2-16　某公司组织结构图

请结合案例回答下列问题：

1. 请描述原有组织结构的主要问题。
2. 该公司组织结构应该如何进行调整？

案例二

上海某化工生产企业（以下用“M 企业”代称）是一个年产值 3.4 亿元的企业，下面有 5 个事业部（实际上是以车间为主体的小业务部）。1996 年前，M 企业有 6 个职能部门和 7 个车间，其中市场部是企业的龙头部门，全厂 1 000 多名职工全靠市场部的 10 多个人拿订单吃饭。随着市场竞争的加剧，市场部的订单不能满足生产的需要，于是个别车间依靠自己的力量在市场上拉零活。渐渐地统一的经营体制被打破，车间逐渐成为经营性主体，因为订单主要是由各车间自己争取来的，总部在生产及质量管理等方面逐渐失去实际控制。在这种变化的过程中，总部相关部门和车间之间经常发生管理冲突——本质上是集权与分权之间的冲突。到 1996 年，M 企业对业务部门进行了重组，并重新设计了组织结构：将 7 个车间重组为 5 个独立的产品部门，分别称为事业部；取消了市场部、生产管理部、技术质量部，相应工作和权力下放给各事业部，总部仅保留了原办公室、人事部和财务部，并增设综合管理部，负责一般性的协调和统计工作。事业部自主经营、自我发展，总部仅从其业务收入中提存 15%。

南京某安全和环保工程公司（以下用“Y 企业”代称）原有 10 个二级业务部门，在经营上采取双重经营的模式，即以公司层面的经营为主，以各业务部门的经营参与为辅。在双重经营模式下，公司和业务部门处于一种暂时的集 / 分权平衡，但是随着业务部门在经营中的贡献逐渐增大，公司层面的经营逐渐失去地位，业务部门和公司层面的有关职能部门之间的管理冲突开始出现，到2003年，冲突已相当严重。此时，恰逢国家进一步要求企业改制，Y企业又是国资退出的对象，于是Y企业没有继续演化为“业务部门类公司管理”的强分权模式，而是直接对业务部门进行改制，把业务部门分别改制为子公司。Y公司的10个主要业务部门经重组后，改为7个子公司。总部赋予子公司独立经营、生产自主权，总部的相应功能一次性弱化，相关部门撤并。

请结合案例回答下列问题：

1. 案例中的两个企业原先采用的是什么样的组织结构形式？

2. M企业和Y企业为什么要进行组织结构调整，调整后的组织结构形式有哪些优势和不足？

3. 企业在进行组织结构设计时应注意哪些问题？

延伸阅读

美国科技公司的组织结构图

2012年6月27日，Web设计师马努·科尼特（Manu Cornet）在自己的博客上画了一组美国科技公司的组织结构图。在他笔下，亚马逊等级森严且有序；谷歌结构清晰，产品和部门之间却相互交错且混乱；脸书（Facebook）架构分散，就像一张撒开的网；微软内部各自占山为王，军阀作风深入骨髓；苹果一个人说了算，那个人路人皆知；庞大的甲骨文，臃肿的法务部显然要比工程部门更加重要。

这是一组有趣的图，它很快风靡网络。传入中国后，在新浪微博上被转发了一万多次。

1. 脸书组织结构分析

脸书是全球知名的社交平台，就连英国女王伊丽莎白、美国前总统奥巴马都成为其会员。创始人扎克伯格以低调的行事风格博得了大众的好感，脸书的组织结构特立独行，是一个网状结构，我们无法从其组织结构中找到谁是领导者、谁是员工。其组织结构典型的特征就是模糊的上级和下级界限，开放式，去中心化，如图2–17所示。

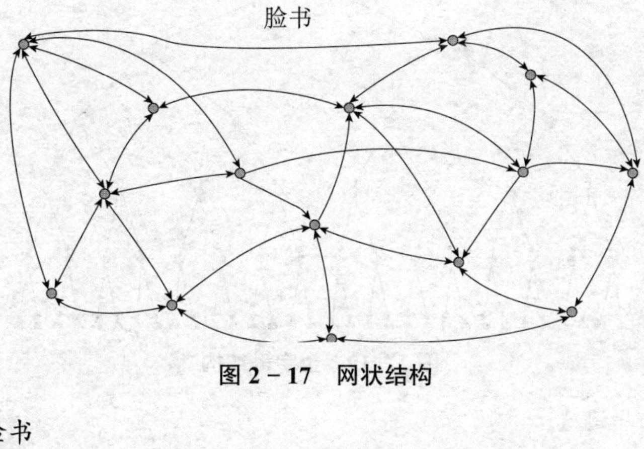

图2－17 网状结构

代表企业：脸书

特点：模糊上级和下级的界限，去中心化，开放式延展。

2. 微软组织结构分析

微软的创始人就是家喻户晓的世界首富——比尔·盖茨。作为连续 13 年的全球首富的比尔·盖茨目前已处于退休状态，比尔·盖茨将其个人资产 580 亿美元捐赠给由自己创办的基金会，他在遗嘱中宣布捐出其中 98% 用于研究艾滋病和疟疾的疫苗，并为世界贫穷国家提供援助。微软的组织结构被称为“军阀”结构，即战略事业部模式，如图 2–18 所示，适合大批量生产的企业。

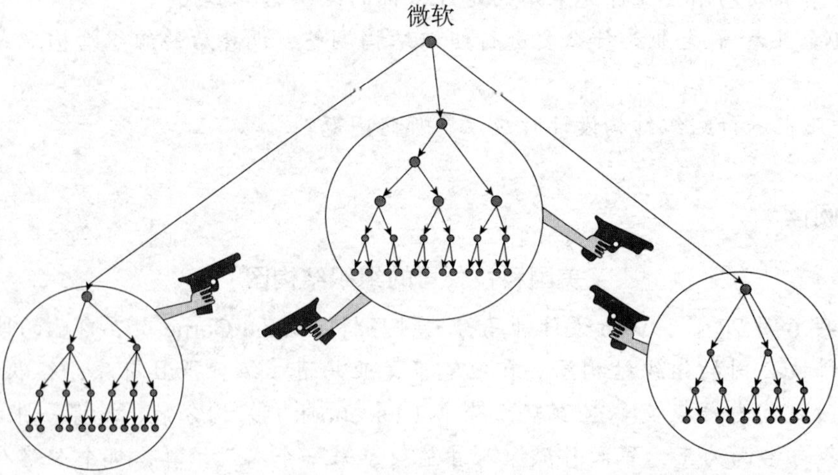

图 2－18 “军阀”结构

代表企业：微软

特点：战略事业部模式，适合大批量生产型企业，容易形成部门争斗。

3. 亚马逊组织结构分析

亚马逊作为全球第一大电商品牌，其组织结构就显得比较中规中矩，受到很多中国企业的青睐和借鉴。亚马逊是典型的金字塔结构，符合官本位的传统，如图 2–19 所示。

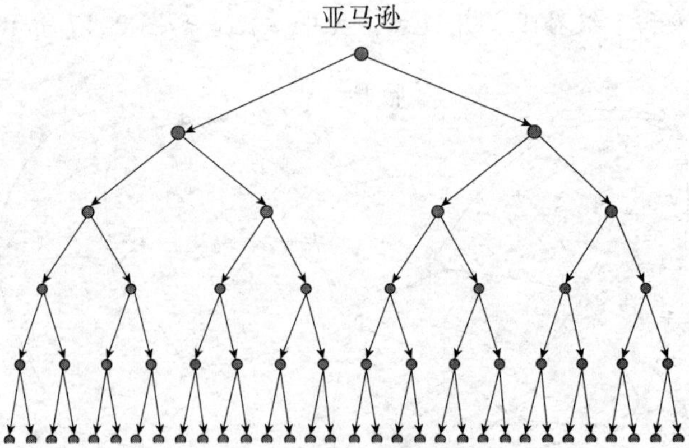

图 2－19 金字塔结构

代表企业：亚马逊

特点：典型的金字塔结构，符合官本位的传统，中规中矩。

4. 谷歌组织结构分析

谷歌的组织结构给人一种眼花缭乱的感觉，很繁杂，我们称之为鸟巢结构，是典型的扁平化结构。扁平化最大的特点就是组织层级减少，组织管理幅度加大，如图 2–20 所示。

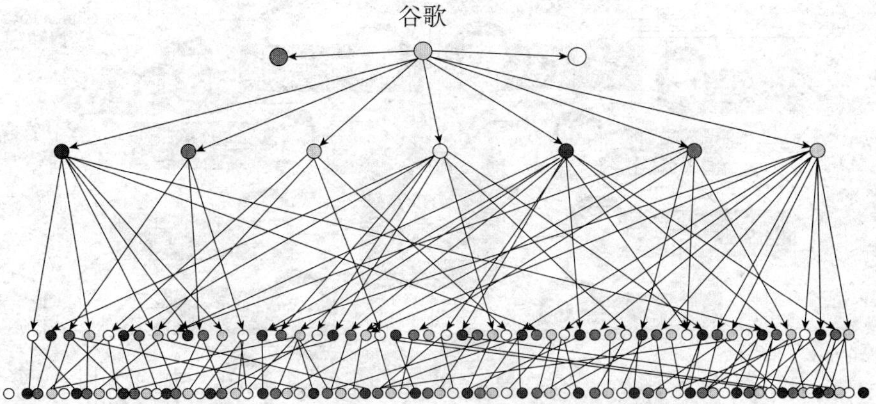

图 2－20　鸟巢结构

代表企业：谷歌

特点：组织层次减少，组织管理幅度加大，是扁平化的代表。

乍看之下，鸟巢结构像是金字塔型的树状结构，但仔细一看又有如蜘蛛网状结构。其实这是因为鸟巢结构在传统组织架构之外，又分出次层级的工作小组，这些依照任务而分出的工作小组中，在某些传统架构上为主管的人，可能在小组中是组员。打破了传统官僚体系的思维而采用开放式的管理。

5. 苹果组织结构分析

苹果公司的创始人乔布斯可谓掀起了一场手机革命，把我们带入了智能手机的时代。苹果公司的品牌标志经历了三次改变，最早以苹果树下的牛顿为原型，之后慢慢演变为现在的样子。苹果公司的组织结构也非常特别，被形象地称为“帮主结构”，一人独大，高度集权，如图 2–21 所示。图 2–22 为苹果公司权力谱系。

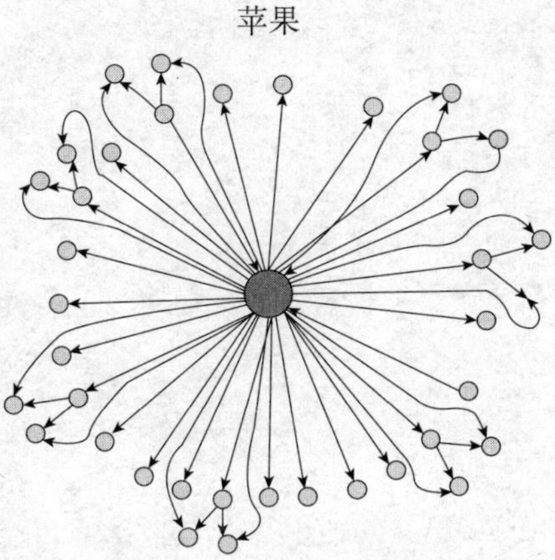

图 2－21　帮主结构

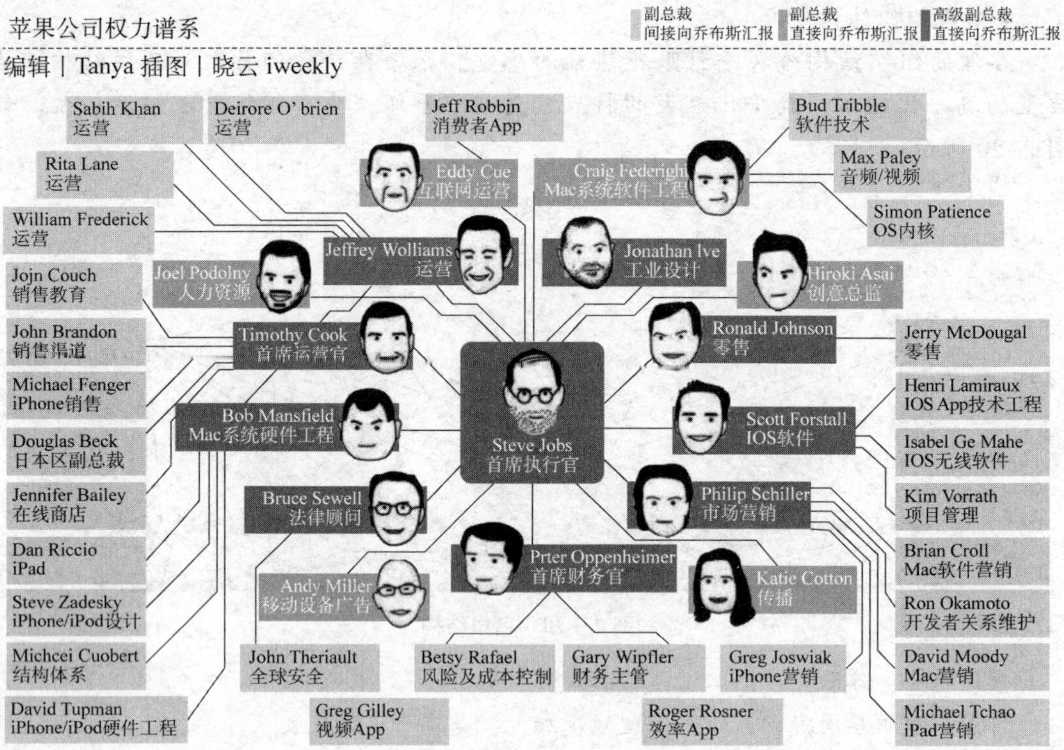

图 2-22　苹果公司权力谱系

代表企业：苹果

特点：一人独大，高度集权。

第3章 组织变革

| 学习目标 |

1.了解在当前中国经济转型背景下组织变革的意义、动因和特点。

2.理解组织变革的阻力及其产生原因、组织变革的时机选择、组织变革与组织结构设计及岗位设计的关系。

3.掌握降低组织变革阻力的方法、组织变革的过程和程序。

引导案例

变革是好事还是坏事

某制造企业连续几年业绩斐然，为了发展需要，公司决策层决定与某跨国公司实施合资经营，中外方共同管理。消息传出后，公司上下议论纷纷，大部分人听到这个事情很高兴，也有不满意、困惑、悲观的，有人开始学习外语准备好好干一场，也有人开始琢磨自己的出路。说归说，人们还是按部就班地上班、忙碌、加班。几个月过去了，不管人们的反应怎样，合资的事情在稳步推进，将要进入启动和运作阶段。公司的一切工作都在持续进行中，并没有停止，原先习惯的流程也没有宣布要改变，人事安排也没有变化，甚至传出虽然合资了，但是原班人马将继续留用，不会大规模裁员和整顿的说法。慢慢地，人们适应了“合资”这个提法，对它不敏感了，只是对挂牌的新公司有着期待。挂牌的日子接近，大家也在忙碌中期待着新的开始。

思考题

组织变革给该企业带来了什么样的变化？

第1节 组织变革概述

在过去的40多年间，得益于中国经济整体高速增长，虽然不少企业的成长方式尚属粗放，管理上也存在诸多问题，但较为良好的营收和盈利表现，让这些问题都还仅处于潜伏期。但随着经济形势的变化，这样粗放的增长模式将越来越举步维艰，不再可行。

对企业而言，大环境的剧烈变化既对企业进行改变提出要求，又在一定程度上为变革减少了阻力、摩擦力。在一个相对稳定的时期内，企业进行组织变革或用工调整等遇到的阻力可能很大。2020年在突如其来的新冠肺炎疫情的影响之下，大家都在思考如何在危机中活下来且活得更好，这形成了一种共识和大趋势。这种情况可谓非常好的企业变革时机，因为这时阻力会小很多。

企业的发展离不开组织变革，内外部环境的变化，企业资源的不断整合与变动，都给企业带来了机遇与挑战，这就要求企业关注组织变革。

一、组织变革的内涵与意义

（一）组织变革的内涵

组织变革是指运用行为科学和相关管理方法，对组织的权力结构、组织规模、沟通渠道、角色设定、与其他组织之间的关系，对组织成员的观念、态度和行为以及成员之间的合作精神等进行有目的的、系统的调整和革新，以适应组织所处的内外环境、技术特征和组织任务等方面的变化，提高组织效能。

企业组织变革是适应外部环境变化而进行的，以改善和提高组织效能为根本目的的管理活动。外部环境的变化是企业组织变革的最大诱因。

运用系统环境互塑共生原理可分析企业组织变革的发生。按照这一原理，环境对系统有两种输入：资源和压力；系统对环境有两种输出：功能和污染。

环境的输入直接塑造企业组织，这种输入的变化直接引发企业组织变革。对企业组织而言，环境对其资源输入主要包括人力资源、资本和自然资源；环境对其压力输入主要来自要素市场和商品（服务）市场上的竞争。如果企业所处的环境资源丰富，或者是资本充裕，或者是劳动力资源丰富，那么企业就应当选择资源密集型的，或是资本密集型的，或是劳动力密集型的组织模式。当环境发生变化时，企业就需要相应地变革组织模式。同时，环境的压力也影响着企业组织模式的选择。如果在要素市场上存在着激烈的竞争，那么企业的组织结构必须比竞争者具有更高的要素利用效率。如果在产品（服务）市场上竞争激烈，那么企业必须具备能够生产出更加符合市场需求的产品的组织结构。

从系统科学的角度来讲，企业的输出同样对环境有塑造作用。当企业的输出对环境产生影响时，环境的变化进而会对企业产生新的输入，从而引发企业组织变革。

企业的主要功能是向市场提供产品和服务，增加所有者权益以及向国家上缴税收。如果企业为市场提供了优质的产品和服务，企业市场占有率提高，那么就能够增强竞争优势，减轻竞争压力。如果企业是政府的税收大户，那么就能够从政府那里得到更多的支持和优惠。如果企业能够持续给企业所有者带来较高的投资回报率，那么就更容易吸引更多的资本。企业的功能输出有利于改善经营环境，进而减轻组织外部压力，促进企业组织的健康发展。相反，企业的污染输出则会恶化自身的经营环境。对自然环境的污染，我们已有足够的认识。此外，还有其他类型的污染。企业不尊重员工，甚至侵害员工的安全和利益，那么将没有人到该企业工作，可以说企业污染了自身的人力资源环境。企业投资决策不合理，经营管理不善，不能实现资产的保值增值，就会失信于广大的投资者，企业将很难再获得更多的资金，可以说企业恶化了自身的融资环境。恶化的环境会对企业产生新的压力，从而要求变革企业组织。

概括起来，环境对企业的资源输入决定企业组织形式；环境对企业的压力输入制约企业组织的选择；企业的功能输出有利于改善经营环境；企业的污染输出会恶化企业的经营环境。

（二）组织变革的意义

组织变革的含义表明，变革是组织实现动态平衡的发展阶段。组织原有的稳定和平衡不能适应形势变化的要求了，就要通过变革来打破它们，但打破原有的稳定和平衡不是目的，目的是建立适应新形势的新的稳定和平衡，应当把组织的变动性和稳定性有机地结合起来。

卡斯特（Custer）和罗森茨韦克（Rosenzweig）指出，一个组织的动态平衡包括下列几个方面：①足够的稳定性，以利于达到目前的目标；②足够的持续性，以保证在目标或方法上进行有秩序的变革；③足够的适应性，以对外部的机会和要求以及内部的变化作出反应；④足够的革新性，以使组织在条件适宜时富于主动性（实行变革）。现代组织，尤其是企业组织都是开放的社会技术系统，组织的运行即是与多重环境发生动态的相互影响的过程。每个组织都有一个多层次、多因素、复杂多变的背景，组织想要维持和发展，必须不断调整与完善自身的结构和功能，提高在变化的背景下生存、维持和发展的灵活性和适应能力，即不断地对组织进行变革。企业不是孤立存在的封闭性组织，它是与周围环境有着密切联系的开放性系统。客观环境在不断变化，企业需要不断变革才能适应新的情况和要求。组织变革的目标主要在于实现组织结构的完善、组织功能的优化和组织成员满意度的提高。

二、组织变革的动因

现代市场环境变化迅速，以往企业所面临的环境正发生着巨大的变化，传统的组织结构已经不能满足现代企业制度的需要，必须进行组织结构变革。企业组织变革的动因大致可分为外部动因和内部动因两部分。

（一）外部动因

1．全球经济一体化

当今世界，贸易壁垒减少、运输成本和通信成本进一步降低，跨国投资金额巨大，国际分工进一步深化，整个世界经济逐渐整合成一个不可分割的整体。全球化带来了空前的机遇，同时也包含着巨大的风险，因此，企业在设计组织时应具有全球化的战略眼光。

2．客户

随着社会的发展，客户变得逐渐成熟，进而对产品和服务的要求也不断提高。要在激烈的竞争中生存，企业就要研究这些客户变化，不断提高客户满意度，这样就会建立起以客户为导向的组织结构和工作流程。

3．资源供应者

任何企业都不是孤立存在的。企业的经营离不开资金资源、原材料资源、人力资源、信息资讯等基本资源要素，企业的生产经营活动必须能得到资源供应者的有效协助才能顺利开展。因此，资源供应者如风险投资商、银行、供应商等组织或政策等的变动都会导致企业的组织调整，特别是对资源供应者依赖性很强的企业。例如，一家依靠电信运营商生存的服务提供商（Service Provider，SP），就很可能因为电信运营商的重组和业务调整而改变自己的组织。

4．竞争者

企业从创建的那一天起就意味着必须面对竞争，竞争环境的变化、主要竞争者的战略调整、竞争举动的改变等都要引起企业的重视。为了在竞争中求得胜利，企业很可能通过组织变革来应对挑战。

5．技术

科技进步引起产品升级换代，技术革新和信息技术的应用都会导致产业结构的变化，这就要求企业必须做出相应的组织调整。

6．政府及其他社会利益代表

由政府、行业协会等组织出台的一些新法规、新政策等都会直接导致企业进行组织调整。

（二）内部动因

1．员工和组织文化的改变

企业员工结构的改变，员工素质及理念的改变，如学历、经验、技能、工作态度、作风、期望值、价值观等发生变化，人员数量、规模的增减等都会是组织变革的动因。

2．决策层的变化

推行现代企业制度的法人治理结构，决策层的人事变动及企业股权结构的变更导致管理方式的改变。新的决策者为了实现自己的利益，势必会对组织进行调整。

3．信息技术在管理中的应用和升级

为了适应信息技术在企业管理中的应用与升级，企业就必须调整组织结构，优化业务处理流程。

4．战略需求

企业战略调整和新战略目标的实现，都需要有与之相适应的组织结构。正所谓战略决定结构。

5．企业自身成长的需要

根据企业生命周期理论，企业在创建后由于外部及本身的原因，必然要争取成长壮大。企业成长的过程就是企业生命周期的变迁过程，企业处在不同的生命周期需要不同的组织结构与之相配套。

三、中国文化背景下组织变革的特点

1．被动变革居多，主动变革很少

中国各类组织所实行的变革，大多数是被动的而不是主动的。企业往往是在受到外部环境威胁、生存危机凸显时，被动地进行组织结构、战略等的变革，很少有企业能够敏锐地察觉外部环境将会变化以及发生什么样的变化，进而做出主动性的变革。中国的很多国有企业，在由计划经济向市场经济转变的过程中，缺乏变革的主动性，往往是被动地接受这种转变，从而导致企业陷入困境。

2．系统性不强

中国企业在进行组织变革时往往缺乏整体的、系统的规划，基本上是以头痛医头、脚痛医脚的思维和心态来处理组织中的种种弊端。这种欠系统性的变革方式造成了组织变革的阶段性，也往往使组织处于一种不稳定状态。因为组织的弊端有很多，如果采用这种非系统性的、发现一个处理一个的变革方式，组织将会有大量的人力、物力和财力被所谓的变革套住，无法投入到创造企业价值的其他活动中，同时，也使企业无法做出有效的战略规划来指导企业的发展。

3．组织变革的动力源较少

组织变革大都是自上而下发生的，是由于组织高层的更换引起的。自下而上的变革，也就是来自中层、基层的变革建议很少，甚至为零。中国企业组织变革的动力不足，主要在于变革动力源较少。究其原因，一方面与那种不在其位不谋其政的中国文化有很大的关系；另一方面与事不关己高高挂起的心态有着密不可分的联系。

4．突破式变革较多，继承式变革较少，变革缺乏连续性

中国企业的组织变革往往是为了实现某一特定目的而进行的，是突破式的，而且现任领导实施的变革很少能够被下届领导继承，人为割断了组织发展的连续性。例如，科龙公司的变革基本上是换一个领导，就换一种经营方式，换一种发展方向，前后两任领导之间在变革上基本没有一贯性，这使得科龙的经营方针、发展战略等缺乏有效衔接。

5．组织变革更多是以人的变换为标志

受内耗的影响，很多中国企业的组织变革往往以领导的更换为标志，但是有效的变革应该是各种要素的重新组合而不仅仅是人员的更替，因为人力资源仅仅是企业众多资源要素中的一种。资源基础理论认为，“企业不仅仅是管理单位，还是资源的集合

体”。因此，从资源的角度看，企业的变革应该全方位统筹资源，并在此基础上进行重新组合。

6. 组织变革深受面子、人情等中国文化的影响

在中国人的人际交往中，我们往往以对方给不给自己面子，给自己多少面子来判断对方对自己的接纳和认可程度，并凭此对双方关系进行认知和评价。面子也是中国人的内在人格特征，是中国人的“自我意识”和“自我观”。在组织变革中，面子形成的阻力和危害都很大。

第 2 节　组织变革的阻力

我国改革开放 40 多年来，GDP 以年均 9% 以上的速度增长，2018 年 GDP 增长率下降为 6.6%，2019 年则下降为 6.1%，2020 年受到全球新冠肺炎疫情的影响，GDP 增长率为 2.3%。根据经济学家的预测，显著放缓的 GDP 增长将会成为新常态，经济增长将长期呈 L 型。在此大环境下，未来几年必将是组织变革的高发期，经济转型给企业变革带来了时机。

组织变革意味着淘汰落后，打破旧的框框。对于落后的调整，代价是非常大的，但变革就是要把旧的东西抛弃，然后引入新的要素，因而组织变革必然会遇到阻力。

一、组织变革的阻力

现代市场经济中越来越多的诸如持续改进、企业再造、战略联盟、虚拟制造、外包策略、缩小规模，甚至裁员并购、重组等，无不牵涉到各种各样的组织变革。组织变革的复杂程度、覆盖范围及变革力度越来越大，对企业经营的影响也愈加强烈。不幸的是，大部分组织变革均以失败告终。阿克（Acher）1998 年调查发现，高达 80% 的组织变革最终没有达到预期目标。另一项调查发现只有 1/5 的组织变革项目是成功的。在影响组织变革的诸因素中，组织变革遭到抵制是其失败的首要原因。因此，系统分析组织变革所面临的各种阻力，有针对性地采取消除措施，已成为企业成功变革的关键。

有变革就会有阻力。事实上，对组织变革的抵制现象是不可避免的，变革会使人们产生忧虑，因为人们害怕与之相关的经济利益的损失、不方便性、不确定性和对通常模式的破除。常见的组织变革阻力有如下三种。

（一）个体因素

任何一场变革都不可避免地要涉及人。不同个体对组织变革的结果的接纳性及风险意识不同，对变革的态度就会不同，人的因素是组织变革的核心问题，甚至直接关系到企业变革的成败。变革中个体的阻力主要来自基本的人类特征，如知觉、个性和需要，具体有以下几个方面。

1．变革导致个人对未来产生不安全感和恐惧感

组织变革是改变企业现状以达到预期未来状态的过程，这就意味着组织变革本身充满不确定性。人们一旦从熟悉、稳定和具有安全感的工作状态进入不确定性较高的变革之中，处在不确定的环境之中，其“职业认同感”将受到影响，就会对未来产生不安全感和恐惧感，自然产生抵制变革的情绪与行为。

2．变革与个人以往的习惯、价值观发生冲突

变革与个人以往的习惯、价值观发生冲突时，也会引起人们对组织变革的抵制。个人的习惯和价值观是长期形成、相对稳定的心理结构，改变起来相对困难。一旦组织变革冲击到个人以往的习惯和价值观，抵制变革的阻力便会产生。

3．能力或资源不足产生的阻力

变革往往伴随着新的业务流程、新工作方法的导入，当员工的能力不足以完成工作任务时阻力便随之产生。另外，在变革过程中，企业如果忽略给员工提供足够的资源支持，其后果也是不言而喻的。

4．对变革倡导者的不满或变革倡导者的个人能力不足

企业推行的变革如果不能令人心悦诚服，将招致其他管理者和员工的反对。如果企业强制推行变革，更容易引发人们的逆反心理，人们产生的抵抗行为也就更大、更明显。

5．性格因素

性格是个人对现实的稳定态度和习惯化的行为方式。在外界现实的作用下，通过个人的认知和实践活动，人们对现实产生了各种态度，构成态度系统，并决定着个体的行为表现，逐渐形成个体特有的行为方式。在组织变革中那些倾向于安稳、不愿意冒险的员工更容易抱怨组织变革，进而对组织变革产生一定阻力。

（二）群体因素

组织变革的阻力还会来自群体方面，对组织变革形成阻力的群体因素主要有群体规范、对专业知识的威胁及对原有资源分配的威胁等。

1．群体规范

群体往往有自己的行为规范，即使个体想改变他们的行为，群体规范也会成为约束力。例如，工会成员可能乐于接受资方提出的对其工作的变革，但如果工会条例要求抵制资方做出的任何单方面变革，他就可能会抵制。

2．对专业知识的威胁

组织变革可能会威胁到专业群体的专业技术知识。20 世纪 80 年代初分散化个人计算机的引进就是一个例子。这种计算机可以使管理者直接从公司的主要部门获得信息，但这遭到信息系统部门的反对。原因就在于分散化计算机终端的使用对集中化的信息系统部门所掌握的专门技术构成了威胁。

3．对原有资源分配的威胁

任何决策权的重新分配都会威胁到组织长期以来已有的权力关系。组织中控制一定数量资源的群体，尤其是那些最能从现有资源分配中获利的群体常常视变革为威胁，他

们倾向于对事情的原本状态感到满足。在变革中，部分曾经有特权和地位的人的处境将有变化，收入和个人利益也会相应减少，这部分人可能不惜代价抵制变革。

（三）组织因素

在组织变革中，组织内部体制、决策程序、组织文化和奖励制度等组织因素以及变革的时机也会影响组织变革的进程。

1. 领导班子没有达成共识、班子缺乏强势作风及紧抓不懈

领导者没有达成共识，就会对组织中的其他人造成灾难性的影响。员工会很快地结成小团体、小派别，尾随在某一领导之后并与其他人相斗，领导者缺乏强势作风和紧抓不懈则很快使变革恢复原状。

2. 管理层不积极参与

管理层对组织变革的积极参与是组织变革成功的关键。一方面，管理层本身观念陈旧，缺乏活力，不愿意改革，或者对组织变革的前景没有信心时，会有意无意地阻碍变革；另一方面，在组织变革中，管理层的利益不明确，是挫伤他们积极参与变革的一个重要原因。

3. 没有与变革相适应的组织结构或管理制度

在变革中，一定要注意一切配套措施、制度一定要迎合变革。例如，为了鼓励利于变革的员工行为，人力资源管理体制，如薪酬、考核、员工发展，就要做相应的调整。

4. 忽视了文化的重塑，没有将变革根植于企业文化

企业文化是企业在长期发展过程中逐渐形成的所有员工共同的价值观，它能指导员工的行为，对员工的观念和行为都会产生深远影响。但是相当一部分企业在变革过程中未能充分发挥企业文化的作用。在变革过程中，注重企业文化的重塑，变革的阻力会少很多。通过规划共同愿景，建立一种支持变革的组织文化，并注重将新的变革根植于组织文化中，变革的果实才会巩固。

二、组织变革阻力产生的根源

1. 员工在个人利益和整体利益上难以取舍

一般而言，组织变革的目标就是要追求企业整体利益的最大化，这与组织内各个利益主体的根本利益是一致的。但是，组织利益最大化的实现需要各利益主体的有效组合，这样就必然会对组织内的各个主体的权力和利益进行重新分配，一些群体和个人的既得利益就会有所损失。这就要求企业的员工要有一种舍小家顾大家的全局意识，从组织的整体利益和全局利益去看待变革。然而，在现实中，一些领导和员工只顾自己的个人利益和短期利益，盲目地抵制变革，使企业变革难以有效实施。

2. 员工不明变革意义，对发动者缺乏信心

在组织变革过程中，一些员工对企业变革的紧迫性认识不足，认为变革没有必要，企业推动变革是多此一举，会对自己的利益造成损害。更有甚者，为了维护个人利益，捏造事实，散布谣言。还有一些员工认为变革很有必要，但对变革发动者的变革动机和

实施变革的能力产生怀疑，他们有的认为变革是发动者为了获得私利而施行的伎俩，有的认为发动者的知识和能力不足以实现既定的目标。

3．员工对变革的后果不确定

在实施变革的过程中，一些员工虽然认识到了变革的迫切性，但不能准确地把握变革实施的结果，他们常常会对变革产生各种猜疑，认为变革有可能达不到预期效果，很可能会对组织、个人的利益产生损害，这类人常常认为变革是在冒风险。因此，在变革的过程中，他们常常依附于群体的态度倾向，有的甚至公开抵制既定的目标。

4．员工对自己的能力产生怀疑，认为变革是对自己的一种威胁

企业变革常常伴随着技术变革、人员变革，每一次变革都对员工提出了更高的要求。先进生产线的引进，办公自动化，新技术的应用都要求员工不断提高自己的知识和能力，以适应企业变革的需要。一些员工担心自己的技术过时，一旦企业发生变革，自己就会被淘汰或地位遭到挑战，因此，他们宁愿维持现状。这类人常常是那些墨守成规、进取心较低的员工或是企业中的高龄员工。

三、排除或降低组织变革阻力的方法

1．采用正确的变革战略

戴维（R . David）认为采用什么样的变革战略，对变革的阻力和变革的成果至关重要。一般来说，组织实施变革时可以采用三种主要战略，即强制变革战略、教育变革战略和自利变革战略。强制变革战略指依靠发出强制执行命令来实施变革，这种战略的优越性是执行迅速，缺陷是低责任心和高阻力。教育变革战略是通报信息使人们确信变革的必要性。这种战略的缺点是实施缓慢而困难，但比起强制变革战略，它可以激发更强的责任感并减少阻力。理性或自利变革战略是使人们确信变革会对他们个人有利。如果这一战略成功，变革的实施将会相对容易，因而理性或自利变革战略往往被视为最理想的变革战略。

2．建立推动变革的组织团队

（1）领导能力就是影响力。首先，要形成一个强有力的领导联盟。美国通用电气前首席执行官杰克 · 韦尔奇说："当我在任首席执行官时，75% 的时间都花在挑选、评估、鼓励我的团队上。"其次，每一个领导者必须知道其目的，而且每一个追随者最好相信自己正跟随一个知道他正在干什么的人。在整个变革过程中，领导者必须确定某种长期持有并被公认的观念作为快速变化过程中的稳定剂，否则，组织结构和程序就会混乱无序。再次，有能力的领导者并非简单地命令变革，而是能够采取有效措施来推动、实施变革。

（2）组织领导应全身心地投入变革。组织变革过程中需要一批人尤其是高层管理者坚定地拥护组织变革，支持组织变革的管理者权力越大，组织变革的可能性也就越大。只有组织的高层领导才能最清楚地告诉员工组织变革的重要性和必要性。最高领导层不仅要确定组织变革将要达到的目标，为了实现组织变革的目标，他们还应该规划并管理变革的过程。只有这样，才能实现变革目标和变革过程的协调统一。

（3）组织公正。依据社会交换理论，组织的公正性会激发员工的信任感，在信任的前提下，员工较易从事对组织有益的工作行为——组织公民行为。领导者有能力且组织在分配、程序、互动等方面公正性强的组织变革，遭遇的阻力就会小。

3. 有步骤地实施变革

通过精心设计变革过程，管理者可以降低变革的阻力，提高变革成功的可能性。理想的变革过程应该包括以下几个方面的内容。

（1）邀请员工参加变革和具体的转变过程。事实证明人们对事件的参与程度越大，就越会承担工作责任推动工作进程。因此，当有关人员能够参与变革的设计讨论时，承诺的机会就会多，抵制变革的情况就显著减少。如果能让变革有关的人尤其是持反对意见的人吸纳到决策过程中来，他们就不容易形成阻力，甚至主动加入变革中，利用自己的专长为决策做出贡献。参与和投入的方法在管理人员所得信息不充分或者岗位权力较弱时使用更为有效。

（2）建立激励机制。提高员工士气，肯定并奖励参与改进的员工，建立有效的业绩管理体系，是促进企业变革成功最重要的活动。在组织变革中，必须让员工感到自己是有价值的，帮助他们找到归属感。

（3）有效的传播和沟通。为使人们了解变革的目的，需要进行传播和沟通。决策层、管理层、员工层及各层之间都要加强沟通。加强沟通是克服组织变革阻力的有效途径。通过沟通，分享情报资料，不仅能达成相同的认识，而且在群体成员中形成一种责任感，一起克服变革中遇到的困难。同时，在组织变革中加强信息交流，决策者能够及时发现变革中产生的新问题、新情况，获得有效的反馈。

（4）争取群体促进和支持。许多管理心理学家提出，运用“变革的群体动力学”可以推动组织变革。包括创造强烈的群体归属感，设置群体共同目标，培养群体规范，建立关键成员威信，改变成员态度、价值观和行为等。这种方法在人们由于心理调整不良而产生抵制时比较有效。

（5）把握组织变革的时间和进程。任何变革都需要时间来完成，员工需要时间去适应新的制度，排除障碍。领导必须有耐心，适时适度推行变革，否则容易导致员工的抵制。首先，处理好成果和速度的关系。过分追求阶段性成果而忽视改变的速度，会使变革失去意义；片面追求速度而忽视阶段性成果即“摘取最低的果实”，又容易导致整体变革的失败。因此，企业必须辩证处理好速度和成果的关系。其次，变革的路径选择也需要领导人精心考量，因为这往往关系到变革的成败。最后，在现实中的变革常常不会给领导人很长的时间，因此，在变革的早期，迅速取得一些局部的成果，对把变革继续推行下去至关重要。

4. 塑造变革文化

让变革因子扎根企业，建立鼓励创新、勇于变革的企业文化是保障变革成功的关键，我们必须让变革融入企业文化。正如管理大师汤姆·彼得斯所说：“适应日趋白热化的竞争，我们必须学会深刻地喜欢变革，就像我们以前曾深刻地憎恨它一样。热衷变革，甚至热衷变革中的混沌，是企业生存乃至成功的前提条件。”

5．多管齐下，果断消除变革阻力

（1）操纵、收买与合作。操纵、收买与合作可采取的措施有“歪曲事实”，使事件显得更有吸引力，封锁不受欢迎的信息，制造谣言使员工接受变革等。收买是一种包括了操纵与合作的形式，它通过让某个变革阻力群体的领导者在变革决策中承担重要角色来收买他们。之所以征求这些领导者的意见，并不是为寻求更完善的决策，而是为了取得他们的允诺。相对而言，操纵和收买的成本都较低，并且易于获得反对派的支持。但如果收买对象意识到自己被欺骗和被利用时，这种策略会产生适得其反的效果，一旦被识破，变革推动者会因此信誉扫地。

（2）谈判与协商。当变革的阻力非常强大时，谈判与协商可能是一种必要的策略，通过与受变革影响的人进行协商，以某种有价值的东西来换取阻力的降低或换取他们对变革的认同与参与。这种策略的优点是能够避免激烈的对抗，缺点是容易引起受变革影响的人的效仿，变革成本加大。

（3）强制。当改革势在必行而上述方法又不奏效时，管理者就不得不直接对反对者使用威胁和控制来强迫实施变革，如改换工种、开除、降低薪酬、不给予提升机会等。强制的优点是快速，能够克服各种抵制，缺点是放任人员对倡导者的愤怒，影响公司运营。

第3节 组织变革的类型和内容

研究发现，危机往往会加速变革，全球性危机会大大加速整个社会的变革并成为企业的战略拐点。当企业面临战略拐点，也正是企业抓住组织红利的关键时期。2020年的新冠肺炎疫情成为分水岭，直接决定了很多企业的生死存亡。许多企业，不乏头部企业，因为疫情而关厂、倒闭、大裁员。疫情像一面镜子，让企业原本存在的问题清晰地显露。后疫情时期，企业希望能继续向前走，却往往忽略了向里走。只有内生增长，打造组织“新基建”，个人、团队、组织才能抓住组织红利。要想成功实施组织变革，必须要了解组织变革的类型和组织变革的内容。

一、组织变革的类型

依据不同划分标准，组织变革有不同的类型。

（一）按组织变革的侧重方向划分

1．战略性变革

战略性变革是指组织对其长期发展战略或使命所做的变革。

2．结构性变革

结构性变革是指组织需要根据环境的变化适时对组织的结构进行变革，并重新在组织中进行权力和责任的分配，使组织更为柔性灵活、易于合作。

3．流程主导性变革

流程主导性变革是指组织紧紧围绕其关键目标和核心能力，充分利用现代信息技术对业务流程进行重新构造。这种变革会使组织结构、组织文化、用户服务、质量、成本等各个方面产生重大的改变。

4．以人为中心的变革

以人为中心的变革是指组织必须通过对员工的培训、教育等，使他们在观念、态度和行为方面与组织保持一致。

（二）按组织变革的程度与速度划分

对于企业组织变革的必要性，有这样一种流行的认识：企业要么实施变革，要么就会灭亡。然而事实并非总是如此，有些企业进行了变革，反而加速灭亡。这就涉及组织变革模式的选择问题。这里将比较两种典型的组织变革模式：激进式变革和渐进式变革。激进式变革力求在短时间内对企业进行大幅度的全面调整，以求彻底打破初态组织模式并迅速建立目的状态组织模式。渐进式变革则是通过对组织进行小幅度的局部调整，力求通过一个渐进的过程，实现初态组织模式向目的状态组织模式的转变。

1．激进式变革

激进式变革能够以较快的速度达到目的状态，这种变革对组织进行的调整是大幅度的、全面的，所以变革过程会较快。同时，这种大幅度变革可能会导致组织的平衡性差，严重时会导致组织崩溃。这就是为什么许多企业的组织变革反而加速了企业灭亡。激进式变革的一个典型实践是“全员下岗、竞争上岗”。改革开放以来，为适应市场经济的要求，许多国内企业进行了大量的管理创新和组织创新。“全员下岗、竞争上岗”的实践即是其中之一。一些企业在组织实践中采取全员下岗，继而再竞争上岗的变革方式。这种方式有些极端，但体现了深刻的变革思维。

稳定性对于企业至关重要，但是当企业领导超前意识差、员工安于现状而使企业陷于超稳定结构时，企业将趋于僵化、保守，会影响企业的发展。此时，小扰动不足以打破初态的稳定性，也很难达到变革的目的。“不过正不足以矫枉”，只有通过全员下岗，粉碎长期形成的关系网和利益格局，摆脱原有的吸引力，才能彻底打破初态的稳定性。再通过竞争上岗，激发企业员工的工作热情和对企业的关心，只要竞争是公平、公正、公开的，就有助于形成新的吸引力，把企业引向新的稳定状态。此类变革如能成功，就具有彻底性。

在这个过程中关键是建立新的吸引力，如新的经营目标、新的市场定位、新的激励约束机制等。如果打破原有的组织稳定性之后，不能尽快建立新的吸引力，那么组织将陷于混乱甚至毁灭。

2．渐进式变革

渐进式变革是通过局部的修补和调整来实现变革。渐进式变革依靠持续的、小幅度变革来达到变革的目的，即变革幅度小，但波动次数多，变革持续的时间长，这样有利于维持组织的稳定性。美国一家飞机制造公司的原有产品仅包括四种类型的直升机，每一种直升机有专门的用途。从技术上来看，没有任何两架飞机是完全相同的，即产品差异化程度大，标准化程度低。在激烈的市场竞争下，这种方式不利于实现规模经济。为了赢得竞争优势，该公司决定变革组织模式，其具体措施是对各部门进行调整组合。首先，由原来各种机型的设计人员共同设计一种基本机型，使之能够与各种附件（如枪、炸弹发射器、电子控制装置等）灵活组合，以满足不同客户的需求。然后将各分厂拥有批量生产经验的员工集中起来从事基本机型的生产。原来从事各种机型特殊部件生产的员工，根据新的设计仍旧进行各种附件的专业化生产。这样，通过内部调整，既有利于实现大批量生产，也能够满足市场的多样化需求。这种方式的变革对组织生产的震动较小，而且能经常性地、局部地进行调整，直至达到目的。这种变革方式的不利之处在于容易产生路径依赖，导致企业长期不能摆脱旧机制的束缚。

从长远来说，企业要发展，就可能会改变其战略。约翰逊（Johnson）和什莱斯（Shlaes）在1989年指出，这种变化是渐进的。从企业的角度来说，渐进式变革易于管理，对企业体制运作的滋扰程度比激进式变化要小。渐进式变革的过程分为四个阶段，如图3－1所示。

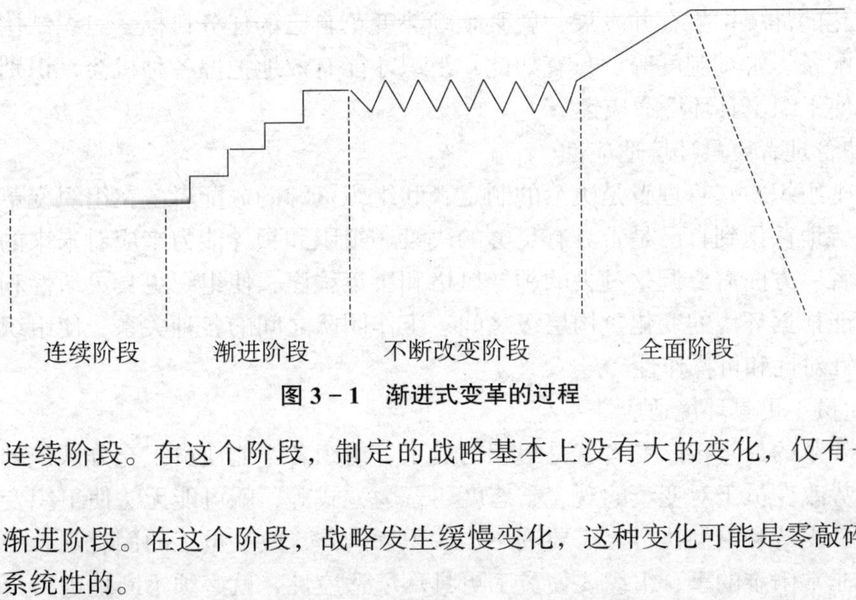

图3－1　渐进式变革的过程

（1）连续阶段。在这个阶段，制定的战略基本上没有大的变化，仅有一些小的修正。

（2）渐进阶段。在这个阶段，战略发生缓慢变化，这种变化可能是零敲碎打性的，也可能是系统性的。

（3）不断改变阶段。在这个阶段，战略变化呈现无方向或无重心的特点。

（4）全面阶段。在这个阶段，企业战略是在一个较短的时间内发生革命性或转化性的变化。

如果一家企业的战略经常发生质变，那么这家企业是无法正常运转的。事实上，企业所处的环境不可能变化得这么快。然而，约翰逊和什莱斯告诫人们，环境的变化不一定缓慢，企业的渐进式变革有可能赶不上环境的变化。因此，如果渐进阶段落在了环境变化的后面，那么企业可能适应不了环境，结果不得不进行激进式的战略变革。

两种模式各有利弊，也都有丰富的实践，企业应当根据组织的承受能力来选择变革模式，在实践中加以综合利用。在企业内外部环境发生重大变化时，企业有必要采取激进式变革以适应环境的变化，但是激进式变革不宜过于频繁，否则会影响企业的稳定性，甚至导致企业的毁灭。因此，在两次激进式变革之间，在更长的时间里，组织应当进行渐进式变革。渐进式变革与激进式变革的区别见表 3－1。

表 3－1　渐进式变革与激进式变革的区别

渐进式变革	激进式变革
在企业生命周期中常常发生	在企业生命周期中较少发生
稳定地推进变化	全面转化
影响企业体系的某些部分	影响整个企业体系

二、组织变革的目标

组织变革应该有基本的目标，总的来看，应包括以下三个。

1. 使组织更具环境适应性

环境因素具有不可控性，组织要想阻止或控制环境的变化只能是一厢情愿。组织要想在变化的环境中生存并发展，就必须顺势变革自己的任务目标、组织结构、决策程序、人员配备、管理制度等。只有如此，组织才能有效地把握各种机会，识别并应对各种威胁，使组织更具环境适应性。

2. 使管理者更具环境适应性

在一个组织中，管理者是决策的制定者和组织资源的分配者。在组织变革中，管理者必须清醒地认识到自己是否具有足够的决策、组织和领导能力来应对未来的挑战。因此，管理者一方面需要调整过去的领导风格和决策程序，使组织更具灵活性和柔性；另一方面要能根据环境的变化重构层级之间、工作团队之间的各种关系，使组织变革的实施更具有针对性和可操作性。

3. 使员工更具环境适应性

组织变革的最直接感受者就是组织的员工。组织若不能使员工充分认识到变革的重要性，顺势改变员工对变革的观念、态度、行为方式等，就可能无法使组织变革得到员工的认同、支持和贯彻执行。需要进一步认识到的是，改变员工的固有观念、态度和行为是一件非常困难的事，组织要使员工更具环境适应性，就必须不断地进行再教育和再培训，重视员工的参与和授权，要能根据环境的变化改造和更新整个组织文化。

三、组织变革的时机选择

对于管理者而言，正确把握维护组织稳定或促进组织变革的时机非常重要。一般来说，如果在管理中发生了如下几种情况，就应当认真思考组织的变革问题。

1. 频繁的决策失误

决策失误从表面上来看是由各种原因造成的，经过研究发现，决策失误的根源是组织问题。例如，决策失误可能是因为信息不灵，信息不灵可能是组织自身的问题，也可能是外部环境造成的。既然信息对管理决策有重大意义，那么环境的障碍又怎么能够成为托词呢？因此，归根到底还是组织自身的问题。再如，决策失误可能是主管人员的主观原因造成的，组织为什么没有在结构上、体制上给予决策以客观保证呢？从这种意义上来讲，一切决策失误都是组织的原因，如组织结构不合理、职权委任不合适、职责含糊、命令链混乱等，都会造成企业频繁的决策失误。但是，偶然的决策失误并不是变革组织的理由。在变革之前，应当认真权衡变革成本、组织目前的效率和决策失误的后果，才能做出是否进行组织变革的决定。

2. 组织成员间沟通不畅

一个企业的运作成功与否，在很大程度上依赖于其成员间的沟通是否畅通有效，有效的沟通可以使成员间的分工与协作都处在高效状态。不可否认的是，组织成员间的沟通取决于组织的状况。例如，命令链或信息链混乱，或者所采用的传递信息手段不恰当，就会造成沟通不畅；由于管理幅度过宽，主管人员与下属之间难以有效沟通，管理层次过多增加了命令和信息失真的可能性，这种状况会破坏成员间主动协调和配合，导致不必要的冲突、摩擦和误会。

3. 管理业绩长期不理想

组织结构合理、职责分明、行动有序、信息沟通顺畅的组织，必然有较好的管理效益，反之，管理系统中长期存在士气不高、经营不善、业绩不理想，以至于管理目标总不能实现，那么就必须考虑对组织进行变革。一般情况下，组织业绩不理想在企业管理中是最容易被发现的。例如，一个企业生产部门的进度太慢、成本过高、质量不符合要求，销售部门的顾客减少或销售增长未能如期实现，财务部门的资金周转不灵，人事部门在职责、职权或报酬、待遇上安排不当引起纠纷等，这些问题只要有一个存在而且比较严重，就必须要对组织进行变革前的全面审查。

即使一个管理系统处在正常的运行状况下，如果长期没有创新，也需要进行一次变革。例如，一个企业虽然尚未遇到严重的问题，但在产品的品种、质量和数量方面长期保持在一个水平上，那就表明这个企业很快就会面临困境。这是因为任何一个管理系统都处在与环境的互动关系中而不是孤立的。我们知道，环境是不断变化的，假如企业在变化的环境中保持不动，很快就会僵化、萎缩和丧失生命力。一个企业或组织只有不断地拥有突破性的战略预见、超前性的行动措施和创造性的新成果，才能有旺盛的生命力，否则就会落后于形势。所以说，企业在缺乏创新的情况下也应进行组织变革。

除此之外，组织内部官僚主义盛行、组织纪律涣散、组织成员缺乏工作热情、工作效率低、人浮于事、奖惩不明或奖惩得不到执行以及职能部门频频出现问题（如人事部门任人唯亲、财务部门违反财务纪律、生产部门总是出现产品质量问题）等也是变革的先兆。

四、组织变革的内容

组织变革具有互动性和系统性，组织中任何一个因素改变，都会导致其他因素的变化。就某一阶段而言，由于环境情况各不相同，变革的内容和侧重点也有所不同。综合而言，组织变革的主要变量包括人员、结构、技术与任务，具体内容如下。

1．人员的变革

人员的变革是指员工在态度、技能、期望、认知和行为上的改变。组织中人是最主要的因素，人既可能推动变革，也可能反对变革。变革的主要任务是组织成员之间在权力和利益等资源方面的重新分配。要想顺利实现这种分配，组织必须注重员工的参与，注重改善人际关系并提高实际沟通的质量。

2．结构的变革

结构的变革包括权力关系、协调机制、集权程度、职务与工作再设计等结构参数的变化。管理者的任务就是要对如何选择组织设计模式、如何制订工作计划、如何授予权力以及授权程度等做出决策。现实中，固化的结构设计往往不具有可操作性，需要随着环境条件的变化而变化，管理者应该根据实际情况灵活改变其中的某些组成要素。

3．技术与任务的变革

技术与任务的变革包括对作业流程与方法的重新设计、修正和组合，包括更换机器设备，采用新工艺、新技术和新方法等。由于产业竞争的加剧和科技的不断创新，管理者应注重在流程再造中利用最先进的技术进行一系列的技术改造。同时，组织还需要对各个部门或各个层级的工作任务进行重新组合，如工作任务的丰富化、工作范围的扩大化等。

第4节　组织变革的模式与程序

当前，中国众多企业掀起向华为、海尔等优秀企业学习“以客户为中心”的理念的热潮，但真正能做到的没有几家。组织模式、组织能力没跟上，组织红利没有得到释放，“以客户为中心”只能是一句口号。要成功实施组织变革，必须正确选择合适的组织变革模式，遵循组织变革的程序。

一、组织变革的模式

为使组织变革顺利进行，达到预期效果，必须先对组织变革的过程有一个全面的认识，然后按照科学的程序组织实施。组织变革的过程有多种模式，下面逐一进行介绍。

（一）卢因变革模式

组织变革模式中最具影响力的也许是卢因（Lewin）变革模式。卢因（1951）提出一个包含解冻、变革、再冻结三个步骤的有计划组织变革模式，用以解释和指导如何发动、管理和稳定变革过程。

1．解冻阶段

解冻阶段的焦点在于创设变革的动机。鼓励员工改变原有的行为模式和工作态度，采取新的适应组织战略发展的行为与态度。为了做到这一点，一方面，需要对旧的行为与态度加以否定；另一方面，要使员工认识到变革的紧迫性。可以采用比较和评估的办法，把本单位的总体情况、经营指标和业绩水平与其他优秀单位或竞争对手一一比较，找出差距和解冻的依据，帮助员工“解冻”现有态度和行为，迫切要求变革，愿意接受新的工作模式。此外，应注意创造一种开放的氛围和心理上的安全感，减少变革的心理障碍，提高变革成功的信心。

2．变革阶段

变革是一个学习过程，需要给员工提供新信息、新行为模式和新的视角，指明变革方向，实施变革，进而形成新的行为和态度。这一阶段中应该注意为新的工作态度和行为树立榜样，采用角色模范、导师指导、专家演讲、群体培训等多种途径。卢因认为变革是个认知的过程，它通过获得新概念和信息得以完成。

3．再冻结阶段

在再冻结阶段，利用必要的强化手段使新的态度与行为固定下来，使组织变革处于稳定状态。为了确保组织变革的稳定性，需要让员工有机会尝试和检验新的态度与行为并及时给予强化；同时，加强群体变革行为的稳定性，促使形成稳定持久的群体行为规范。

（二）系统变革模式

系统变革模式是在更大范围里解释组织变革过程中各种变量之间的相互联系和相互影响。这个模式包括输入、变革目标元素和输出三个部分。如图 3－2 所示。

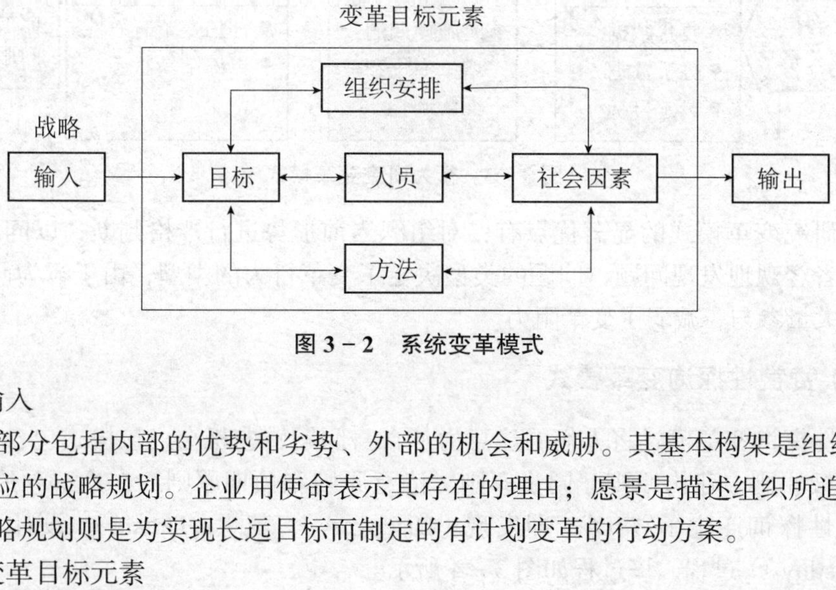

图 3－2　系统变革模式

1．输入

输入部分包括内部的优势和劣势、外部的机会和威胁。其基本构架是组织的使命、愿景和相应的战略规划。企业用使命表示其存在的理由；愿景是描述组织所追求的长远目标；战略规划则是为实现长远目标而制定的有计划变革的行动方案。

2．变革目标元素

变革目标元素有五个：人员、目标、组织安排、社会因素和方法。这些元素以人员为核心，相互制约和相互影响。人员主要包括人的知识、能力、态度、动机和行为。目标主要包括要达到的最终结果、优先考虑的事项、标准、资源、贯穿整个组织的联系。组织安排主要包括政策、程序、角色、结构、奖励和物资条件。社会因素主要包括组织文化、群体过程、人际关系、沟通和领导。方法主要包括工序、工作流程、工作设计和技术。

3. 输出

输出部分包括变革的结果。根据组织战略规划，从组织、部门群体、个体三个层面增强组织整体效能。

（三）卡斯特的组织变革过程模式

弗里蒙特·卡斯特（Fremont Karst）提出了组织变革过程的六个步骤。

（1）审视状态。对组织内外环境现状进行回顾、反省、评价、研究。

（2）觉察问题。识别组织中存在的问题，确定组织变革需要。

（3）辨明差距。找出现状与所希望状态之间的差距，分析存在的问题。

（4）设计方法。提出和评定多种备择方法，经过讨论和绩效测量，做出选择。

（5）实行变革。根据所选方法及行动方案，实施变革行动。

（6）反馈效果。评价效果，实行反馈。若有问题，再次循环此过程。

（四）行为研究变革模式

行为研究变革模式诊断变革的必要性，引入干预，评估变革方案和固化所需的变革行为，该模式的主要阶段如图 3－3 所示。

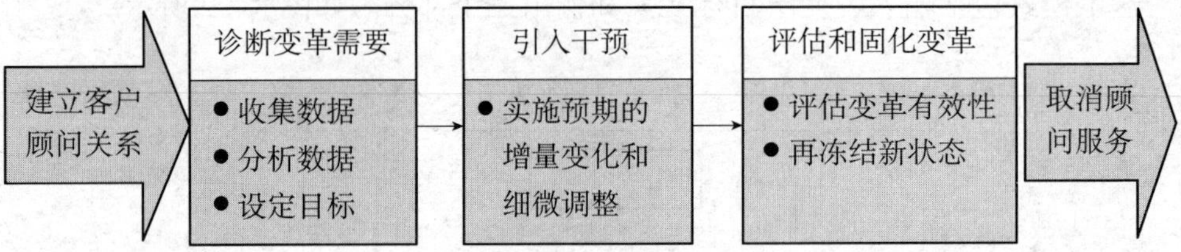

图 3－3　行为研究变革模式

行为研究变革模式的显著优点有：对组织当前形势进行严格判断；以问题为中心，变革推动者客观地发现问题，问题的类型决定了变革行为的类型；由于行为研究中包括了员工的大量参与，减弱了变革阻力。

（五）赞赏性探询变革模式

赞赏性探询变革模式将人们的注意力从自身问题转向机会。该模式包含五种原则，分别是积极原则、建构原则、同步原则、诗意原则和预期原则。在这五项原则基础之上，赞赏性探询产生了“4D”（即发现（Discovery）、梦想（Dream）、设计（Design）、传递（Destiny））过程，该过程如图 3－4 所示。

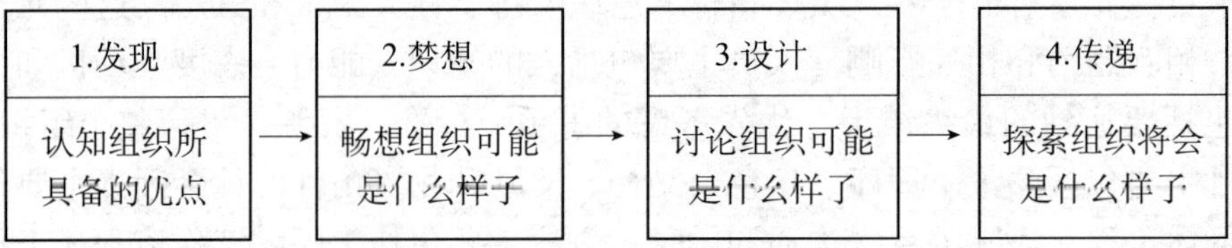

图 3－4　赞赏性探询变革模式

赞赏性探询变革模式需要参与者放弃问题导向思维，要求领导者能够接受低结构化的过程。此外，我们并不知道在什么条件下赞赏性探询是一个有用的组织变革方法以及在什么条件下可能会失效。总体而言，赞赏性探询对于组织变革富有价值，但是它的潜力和局限性仍要探索和发现。

（六）计划性变革模式

计划性变革模式认为，企业作为一个经济实体，经常会遇到来自内外部的各种压力，这些压力迫使组织进行变革。一般组织变革过程都要经过一定的步骤，有其逻辑发展顺序，可以通过周密的计划和严格的逻辑步骤有效地进行。据此，吉普森（J.L.Gibsun）提出了组织计划性发展和变革模式，较好地综合了多种组织变革过程模式，如图 3－5 所示。

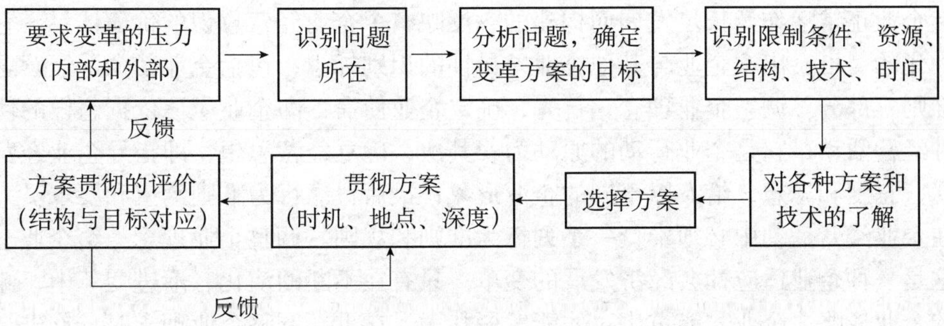

图 3－5　计划性变革模式

二、组织变革的程序

组织变革程序可以分为以下几个步骤。

1．通过组织诊断发现变革先兆

组织变革的第一步就是要对现有的组织进行全面的诊断。这种诊断必须要有针对性，对组织的职能系统、工作流程系统、决策系统及内在关系等进行全面诊断。组织除了要从外部信息中发现对自己有利或不利的因素外，更主要的是能够从各种内在征兆中找出导致组织或部门绩效差的具体原因，并确定需要进行整改的具体部门和人员。

2．分析变革因素，制定改革方案

组织诊断任务完成之后，就要对组织变革的具体因素进行分析，如职能设置是否合理，决策中的分权程度如何，员工参与改革的积极性怎样，流程中的业务衔接是否紧密，各管理层级间或职能结构间的关系是否易于协调等。在此基础上制定几个可行的改革方案，以供选择。

3．选择正确方案，实施变革计划

制定变革方案的任务完成之后，组织需要选择正确的实施方案，然后制定具体的改革计划并贯彻实施。推进变革的方式有多种，组织在选择具体方案时要充分考虑到变革的深度和难度、变革的影响程度、变革速度以及员工的可接受程度和参与程度等，做到有计划、有步骤、有控制地进行。当变革出现某些偏差时，要有备用的纠偏措施及时纠正。

4．评价变革效果，及时进行反馈

组织变革是一个包括众多复杂变量的转换过程，再好的改革计划也不能保证取得理想效果。因此，变革结束之后，管理者必须对改革的结果进行总结和评价，及时反馈新的信息。对于没有取得理想效果的变革措施，应当给予必要的分析和评价，然后做出取舍。

三、组织变革的方法

1．调整企业理念

企业战略变革首选的理念是得到社会普遍认同的、体现企业自身个性特征的、促使并保持企业正常运作及长足发展而构建的、反映整个企业经营意识的价值体系。它是企业统一化的、可突出本企业与其他企业差异性的识别标志，包括企业使命、经营思想和行为准则三部分。调整企业理念，首先，确定企业使命，即企业应该依据怎样的使命开展各种经营活动，它是企业行动的原动力；其次，确立经营思想，即指导企业经营活动的观念、态度和思想，给人以不同的企业形象；最后，靠行为准则约束和要求员工，让他们在企业经营活动中必须奉行一系列行为准则和规则。调整企业理念，给企业全新定位，这是一种企业适应社会经济发展的变革。只有在不断的演化、渐进变革中，才能构建新的企业战略，企业才能重生，才能发展壮大。在重新调整企业理念时，首先与行业特征相吻合，其次在充分挖掘原有企业理念的基础上赋予其时代特色，最后企业理念和竞争对手的要有所区别。

2．重新定位企业战略

如何实施战略定位是战略变革的重要内容，根据迈克尔·波特的观点，帮助企业获得竞争优势而进行的战略定位实际上就是在价值链配置系统中，从产品范围、市场范围和企业价值系统范围三方面进行定位的过程。产品的重新定位，对于“明星”产品而言，由于产品竞争力和市场吸引力强，也是高速成长的市场领先者，要多投资，促进其发展，扩大市场份额；对于“金牛”产品，由于其具有规模经济和高利润优势，对其维持市场份额，尽可能多地榨取市场利润；对于“问题”产品，虽然产品市场吸引力强，但由于要加大投资，因此主要考虑在尽可能短的时间内收回成本；对于“瘦狗”产品，企业的对策就是尽快地售出剩余产品然后转产。对于市场和企业价值系统的重新定位，由于企业是一个独立的组织，其竞争优势来源于研发、生产、营销和服务等过程，来源于企业的价值链配置系统，就是这个系统在市场与企业之间不断地传递有关价格、质量、创新和价值的信息，从而为企业营造和保持新的竞争优势。

3．重新设计组织结构

在进行组织结构设计时，要围绕战略目标实现的路径来确定不同层级的管理幅度。适当的管理幅度并没有一定的法则，一般是 3～15 人，可依据管理层级的不同、人员的素质、沟通的渠道、职务的内容及企业文化等因素进行设置。在设计组织结构时，还要充分考虑企业各部门顺利完成各自目标的可能性，以及在此基础上的合作协调性、分工的平衡性、权责明确性、企业指挥的统一性、企业应变的弹性、企业成长的稳定性和效率性及企业的持续成长性。通过重新设计企业的组织结构，理清各部门的管理职责，改变指挥混乱和权责不对等的现象，提高管理效率。

第5节　组织变革与岗位设计

一、组织变革与组织结构设计的关系

组织结构设计实质上是一个组织变革的过程，它是把组织的任务、流程、权力和责任等重新进行有效组合和协调的一种活动。根据时代和环境的变化，进行组织结构设计或组织结构变革（再设计）的结果是大幅度地提高组织的运行效率和经济效益。

组织结构设计一般根据企业外部环境与内部条件、适应企业任务与发展战略的要求，对企业组织结构及其运行设计出一整套方案。该定义可以得出一个自然的推论：组织结构设计是组织变革的一个必要前提。换言之，组织在选择自己当下最优生存方式时，必须先设计出来，然后执行下去。

这里涉及前面所说的组织变革的两种方式：一为渐进式变革；一为激进式变革。约翰逊和什莱斯关于组织变革的划分有助于我们更全面地理解组织结构设计和组织变革的关系。渐进式变革是一种有计划的变革。这是一个经过深思熟虑的、有意识的以某种方法改进组织或用更深层次的、更基本的方法对系统进行决策。正是基于这点，渐进式变革要求组织结构设计必须在组织变革进入实施阶段之前完成。激进式变革属于一种无计划的变革，主要是指组织对某种不可预料的外部变化做出反应，例如，一种全新技术的产生。就像瑞士手表制造商面对数字表的出现做出的反应。这种反应往往是适应性的且是自发的。该类型的组织结构设计与组织变革，在概念和内涵上基本上融合为一体。

当然，在组织结构设计与组织变革领域不同的观念还有许多。如哈罗德·孔茨认为组织工作是一个过程，有其基本的逻辑，有具体的六大步骤。他认为，进行组织结构设计和组织变革不能一开始就搞机构设置，要先弄清楚设置各种组织机构的原因。更有甚者，认为组织结构设计是组织变革的最后一步，即结构是对变革思想的集中具体的体现。

通过对两种概念的研究，可以对之作简单的区别：组织结构设计的焦点在于组织机构；组织变革主要集中在组织结构基础上，焦点在于战略、文化、制度等，主要强调变革方式与组织结构的匹配；通过组织结构设计和组织变革使组织这个生命体不但有坚强的骨骼（组织机构，构成“体”），而且有血有肉（组织变革需要的软性设计，构成“制”）。

二、组织变革对岗位设计的影响

组织变革与创新是成功的组织生存和成长、发展和壮大的重要驱动力，是不以人们

的意志为转移的客观规律。组织变革与创新必然会对组织的岗位设计产生根本性的作用和影响，需要管理者对现存的工作岗位进行再设计、再改进。

组织变革与创新对工作岗位的影响主要表现在两个方面。

1. 对工作岗位的纵向联系产生一定的影响

组织变革的有形性和无形性都将对岗位的纵向联系产生影响，组织变革所引发的组织结构的再设计应当有助于各个单位、部门与其下属各个层级岗位员工之间的沟通和交流。这里所谓的“联系”是指岗位之间的沟通与协调的程度，所谓“纵向”是自上而下不同层级岗位之间的指挥与被指挥、所施的监督与所受的监督、直接上级的目标与下级的具体落实的种种关系。岗位的纵向联系揭示了不同层级岗位设计的科学化、合理化程度。岗位纵向联系的设计应当切实保证组织中的上层与下层岗位之间的协调性，保证上级对下级的有效监督和控制，使上级岗位下达的指令、计划在下级岗位中逐层逐级得到贯彻落实。

组织变革以及结构的调整必然导致岗位纵向联系的改变，一般来说，可采用以下三种措施对岗位的纵向联系进行修补或调整。

（1）确立层级的命令链，切实保证上下各个层级岗位之间沟通渠道的畅通。上情下达，下情上达。当下一级岗位出现难以解决的困难和问题时，通过命令链及时反映到上一级岗位，问题得到解决后，上级将结果及时反馈到下级。

（2）总结变革创新后组织结构中出现的各种问题，包括岗位任务、责任、权限等方面发生变化的实际情况，在明确命令链的前提下，重新设计出体现岗位层级关系的新制度、新规范、新标准，要求各个层级的岗位按照新的规章制度或规范标准听从指挥和命令，根据上级岗位的授权行使本岗位的职责权限，在职权范围内发挥员工的自主权。此外，还应当完善对本部门内各层级岗位的计划管理，规章制度、规范和标准是各个层级岗位员工的工作准则和行动指南。对岗位员工来说，计划、预算等措施更是一种稳定的信息资源，有了精心设计的预算计划，较低层级岗位的员工便可以有效运用其享有的计划信息资源，按部就班地独立完成本职工作。

（3）构建以计算机软件为依托的纵向信息系统。这个系统可以容纳上下各个层级岗位产生的各种重要指令、数据、资料、往来文件、报告、信件、纪要、工作进度等多方面信息，从而使岗位纵向联系得到进一步加强。

2. 对工作岗位的横向联系产生重要的影响

组织的变革与创新不但会对原有组织中各个岗位的纵向联系产生有形或无形的作用和影响，对岗位的横向联系也将产生巨大的影响。岗位的横向联系是指同一层级各个岗位之间、所属单位部门之间的横向协调和沟通的程度。岗位的横向联系的协同性和一致性有利于消除岗位之间的障碍，协调各个岗位员工的工作行为，促进大家齐心协力，共同奋斗，最终实现本单位、本部门的预定目标。

本章小结

本章系统地介绍了组织变革的基本原理和基本方法。第 1 节主要介绍了组织变革的发生、意义、组织变革在中国文化背景下的特点；第 2 节介绍了组织变革的动因、阻力及降低组织变革阻力的办法；第 3 节介绍了进行组织变革的类型、目标，组织变革的时机选择和组织变革的内容；第 4 节主要介绍了组织变革的过程和程序，包括：卢因变革模式、系统变革模式、卡斯特变革模式等，并介绍了组织变革的方法；第 5 节介绍组织变革与岗位设计的关系。

本章习题

1. 简述组织变革的目的和意义。
2. 组织变革的动因有哪些？
3. 中国文化背景下组织变革有哪些特点？
4. 常见的组织变革阻力有哪些？如何降低组织变革阻力？
5. 请阐述组织变革阻力产生的根源。
6. 简述组织变革的类型。
7. 如何把握组织变革的时机？
8. 简述组织变革的过程。
9. 简述组织变革的程序。
10. 简述组织变革与岗位设计的关系。

团队练习

通过本章内容的学习，对组织变革的动因、阻力、内容和方法有了一定的掌握。在这个练习中，参与者按照 4 人组成一个小组，每个小组选择一个感兴趣的企业，对其成立至今的组织变革过程进行梳理总结，分析每一个阶段的特点，对其变革过程可能产生的阻力进行分析，介绍其解决方案并提出自己的建议。

第一步，组建小组并分工。根据成员自愿的原则，组建 4 人小组，分配每位小组成员任务。

第二步，企业调查。每个小组成员根据分工对所选企业进行调研（可以从网上、报刊收集所需资料），调研信息涉及该企业从成立至今所经历的组织变革过程，包括组织结构变革、人员变革等内容。

第三步，各小组分析讨论所调查企业的组织变革过程中遇到的阻力及原因，提出该企业可以采取的组织变革策略，形成小组报告。

第四步，各小组选派组长按照指定的顺序和汇报要求，汇报本组的企业组织变革报告，每个小组的汇报时间控制在 10 分钟以内。其他小组选派代表对展示小组的报告进行评价，可以提出修改意见与建议。

第五步，各小组根据其他小组的意见与建议进行修改，形成最终报告，呈交给指导者。

本练习旨在通过选择案例企业，调查了解其组织及人员变革历程，分析企业的组织变革阻力及其影响因素等，以调查研究、小组讨论及撰写报告的形式，真实反映参与者的分析判断能力、沟通能力、口头表达能力、归纳总结能力、书面表达能力等。练习的结果可以达成两点目标：一是在团队练习中，成员协作很重要，应尊重每一位成员，让所有人都充分表达自己的观点；二是通过调查研究，掌握组织发展中组织变革的动因、阻力、影响因素及变革模式的选择。

案例分析

案例一

变革的目的就是要多产粮食（销售收入、利润、优质交付、提升效率、账实相符、五个一……），以及增加土地肥力（战略贡献、客户满意、有效管理风险），不能对这两个目的直接和间接做出贡献的流程制度都要逐步简化。这样才能在以客户为中心的奋斗目标下，持续保持竞争优势。

我们在变革中，要避免画蛇添足，使流程烦琐。变革的目的要始终围绕为客户创造价值，不能为客户直接和间接创造价值的部门为多余部门、流程为多余的流程、人为多余的人。我们要紧紧围绕价值创造，来简化我们的组织与流程。

在一些稳定的流程中，要逐步标准化、简单化，提高及时服务的能力，降低期间成本和管理成本。将一些不确定的问题，转交由主管部门处理。

未来5～10年，我们将从中央集权式的管理逐步迈向让听得见炮声的人来呼唤炮火。当前正在进行的管理从以功能部门为中心，转向以项目为中心的过渡试验，就是对这种模式的探索。若5～10年后，我们能实现管理权力下沉，后方支持的服务质量上升，那么我们及时满足客户需求的能力及速度就会提高，我们就能在大流量的汹涌澎湃中存活下来。

一、变革的方向

1. 人力资源政策变革

为了实现这些目标，人力资源的金字塔模型要进行一些异化。在实行分享制的基础上，我们探索按多产粮食来确定薪酬包、奖励……同时对干部在合规运营、网络安全、隐私保护、风险管理等方面要综合评价；按对战略贡献来提拔专家、干部……这样就能不断地自我激励。这种方式一定会加大收入的差距，我们要习惯并接受。我们要加强对骨干员工的评价和选拔，使他们能在最佳的角色上、在最佳的时间段，做出最佳的贡献并得到合理的报酬，这些与他们的年龄、资历、学历……无关。我们要适应评价的多元化。“天地之间有杆秤”，但刘罗锅只有一个秤砣。我们在对人力资源岗位称重时，要多用几个秤砣，分类应用，对标电子工程师只是一个秤砣。

我们要理解做出大贡献的员工，通过分享制，要比别人拿到手的多一些，或者多得多。工作努力的一般性员工的薪酬也应比社会上的高20%～30%，当然工作效率也要高20%～30%。我们要注意发现优秀种子，给予他们成长的机会。在互联网时代，学习能力很强大，只要自己多努力，多践行，努力奋斗的人，总会进步快一些，我们要创造一些机会让他去艰苦地区、艰苦岗位、艰难的项目去放射光芒。那些在安逸小窝中的小鸟，终归不能成为鲲鹏的。

人的工作生命周期很短，我们要让他在最佳时段放射光芒。允许一部分“自由电子”“中子”冲击内核，会激活核能，产生更大的能量，没有什么不可以，也不会不可控的。人的生命是短暂的，我们要让一些优秀人员，在最佳时段上，走上最佳的岗位，做出最大的贡献。激活组织，焕发个人潜力，充满最大能量。各级组织对不善于学习的人，使用时要慎之又慎。

公司的一些功能部门以及一些服务部门的员工，他们的工作特征是以过程为主，他们更需要经验的积累，资历对他们是重要的，针对他们的人力资源政策应以稳定为主，淘汰别太快了。

我们在吸引社会高端人才的同时，更要关注干部、专家的内生成长，不要这个看不顺眼，那个看不顺眼，对做出贡献的员工，放手让他们发挥作用。我们要接受缺陷。没有缺陷是假的。

2. 分层分级授权

让听得到炮声的人来呼唤炮火，一定要大道至简，一定要分层分级授权。使管理标准化、简单化。一定要减少会议、简化考核、减少考试，不能用学生式的管理方式进行管理，更不能按考试得分影响薪酬。主要精力要集中在产粮食上，按贡献评价人。

我们要形成一个奋斗者喷薄而出的态势。国家可以“遍地英雄下夕烟”“六亿神州尽舜尧”。为什么不能大多数人是英雄、模范呢？任何一个岗位，都能产生做出贡献的英雄、模范，人人都可以有作为。

3. 拥抱变化，持续创新

未来20～30年传统社会一定会演进为信息社会，虽然实现形式我们并不明白，但趋势已经明显。这是人类社会千百年来最重要的转折，充满了时代的期盼与使命，我们一定要在信息的传送、处理与存储上做出贡献。为满足这样的社会需要，网络一定会发生巨大变化。我们要站在全局的视角上，对未来信息传送的思想、理论、架构做出贡献。未来的网络结构一定是标准化、简单化、易用化。

我们一定不要用在高速公路上扔一个小石子的办法形成自己的独特优势。要像大禹治水一样，胸怀宽广地疏导。我们不能只关注竞争能力以及盈利增长，更要关注合作创造，共建一个世界统一标准的网络。要接受20世纪火车所谓宽轨、米轨、标准轨距的教训，要使信息在全球快速、无碍流动。我们一定要坚信信息化应是一个全球统一的标准，网络的核心价值是互联互通，信息的核心价值在于有序地流通和共享。这不是一两家公司能创造的，必须与全球的优势企业合作。

面对未来网络的变化，我们要持续创新。为世界进步而创新，为价值贡献而创新。在坚持持续创新的同时，要容忍不同意见和不同创新。创新要有边界，我们要继续发扬针尖战略，用大压强原则，在大数据时代领先突破。要坚持不在非战略机会点上消耗太多的战略竞争力量。

面对未来大数据的潮流，技术的进步赶不上需求的增长是可能的，我们一定要走在需求的前头。除了力量聚焦外，我们没有别的出路。尽管有一些产品不能形成技术优势，但要在标准化、简单化、免维护化上下功夫，也要在商业模式上、管理模式上、人的奋斗精神、能力与责任心上，构建合理的优势，形成差别，以获取胜利的喜悦。我们决不走低价格、低成本、低质量的道路。如果那样，将会摧毁我们20年后的战略竞争力。

我们不仅仅要在技术、市场、服务上取得优势，更要关注质量体系的建设，未来网络容量越来越大，安全稳定越来越困难，质量是我们的生命。这些年我们的技术战略路线在聚焦上有了不少进步，才使今天的效益显著增长。要明白我们不是万能的，大象踩死一只蚂蚁是必然可能的，没有什么稀奇的，在主航道外，争做鸡头的方法是不好的。

我们15万员工，历时20多年，努力划桨，终于把华为这只航母划到了时代的起跑线上，而且在这条起跑线上的大船并不多，为什么我们不继续努力在信息领域为人类社会做出大的贡献呢？

前期的成功，也许会使我们的自信心膨胀。这种膨胀不合乎我们的真实情况与需求。我们还不知道未来的信息社会是什么样子，怎么知道我们能领导主潮流。

我们在管理上，永远要朝着以客户为中心，聚焦价值创造，不断简化管理，缩小期间费用而努力。任何多余的花絮，都要由客户承担，越来越多的装饰，只会让客户远离我们。因此，我们明确任何变革都要看近期、远期能否增产粮食。

二、胜利的基础

我们持续成功的三个要素。

（1）必须有一个坚强、有力的领导集团，这个核心集团必须听得进去批评。

（2）应该有一个严格有序的规则、制度，这个规则、制度是进取的。这个规则、制度的重要特性就是确定性，这是我们对市场规律和公司运作规律的认识，规律的变化是缓慢的，所以，我们是以确定性来应对任何不确定性。

（3）要拥有一个庞大的、勤劳的、勇敢的奋斗群体。这个群体的特征是善于学习。

三、长期战略利益与短期效益之间的关系

上面说了长期战略问题，但得活到那个时候，才会看见长期战略的价值。没有短期的成功，就没有长期战略的基础。没有长期战略的远见，没有清晰的目光，短期努力就会像几千年的农民种地一样，日复一日。

持续有效的增长，当期看财务指标；中期看财务指标背后的能力提升；长期看格局，以及商业生态环境的健康、产业的可持续发展等。商业成功永远是我们生命全流程应研究的问题。管理要权衡的基本问题是现在和未来、短期和长期。如果眼前的利益是以损害企业的长期利益，甚至危及企业的生存为代价而获得的，那就不能认为管理决策做出了正确的权衡和取舍，这种管理决策就是不负责任的。

商业活动的基本规律是等价交换，如果我们能够为客户提供及时、准确、优质、低成本的服务，我们也必然会获取合理的回报，这些回报有些表现为当期商业利益，有些表现为中长期商业利益，但最终都必须体现在公司的收入、利润、现金流等经营结果上。那些持续亏损的商业活动，是偏离和曲解了以客户为中心的。

长寿企业与一般企业在平衡长期利益与短期利益时有不同的原则，而不同的原则来源于对企业目的的认识。企业的目的是为客户创造价值。

资料来源：摘录自任正非2015年1月15日在市场工作会议上的讲话。

请结合案例回答下列问题：

1. 华为变革的目的是什么?

2. 华为的变革方向、成功的基础和处理长期战略利益与短期效益的辩证关系对我国企业变革有何启示?

案例二

德邦物流成立于1996年，在行业发展的高峰时期，德邦的年增长速率一度达到60%以上，最高峰值接近85%。近年来，早已坐稳了国内零担物流行业老大宝座的德邦物流保持着每年20%以上的复合增长率。2014年，德邦营业收入约为112亿元，净利润约为5亿元，同年上马的德邦快递业务收入约5.3亿元，月平均净增长率达30%以上。

德邦一直很低调，在高速发展的几年中，创始人崔维星仅有几次公开的露面。这种姿态与其业绩的高速成长形成了鲜明的反差，也让外界对这个神秘的企业充满了好奇，不断猜测它成功背后的"大招"。其实，正如崔维星所言，面对未来，没有人是先知。德邦的模式是在经历了无数次的试错之后，一年一年建立起来的。

一、垂直化管理的困惑

德邦以垂直化管理打造出零担物流市场的标准化服务，在行业里杀出一条血路，没想到，这竟然成了制约其未来发展的短板。

崔维星的决策风格很简单，"专注看准的领域，苦练内功，持续发力"。他始终坚信零担物流是一个空间巨大的蓝海，因此在很长一段时间内，眼见同行们对大客户趋之若鹜，也能耐得住寂寞，经得起诱惑。

物流服务是一种链条式的服务，在初创阶段，标准化就是德邦最好的武器。与标准化业务模式相对应的，是以垂直化管理为主的组织形态。德邦当时的专业极度细分，经营、运营、人事、财务等不同的管理职能自成系统，从总部一级级下沉到区域，形成一条封闭、垂直的汇报链条。这样的组织模式在快速发展的最初十年，为德邦提供了强大的执行力，确保了客户体验，更方便了德邦在大幅度扩张网络时按照标准快速复制德邦服务。

但是，随着德邦的快速发展，这种边界明确的组织模式很快暴露出了问题。从横向边界（专业分工）上看，由于各个系统考核的KPI导向不同，横向协同成了大问题。例如，经营部门偏重收入，恨不得全天24小时收货，但运营部门偏重质量、安全，需要考虑收货之后能不能及时中转和运输的问题，他们希望限制收货的时间，因此矛盾时有发生。另外，德邦每个专业系统内部都设有研究部门，但"研究"有时单从各自的角度出发，很难推广到跨部门应用上，白白浪费了资源。

从纵向边界（管理层级）上看，总部决策、基层执行的问题也不小。分解指标之后，总部身上扛着指标，却无法直接指挥、调动一线部门资源；一线部门身上扛着指标，却只能执行总部的标准，更别提根据市场变化及时调整应对行动。一线越来越认为总部的标准过于僵化，不适应市场；总部则认为一线执行不力。双方指标完不成，都会扯皮到对方身上。市场和总部之间的"隔热墙"问题愈发严重，使得德邦在迅速响应客户需求方面逐渐被动，导致客户满意率迅速下降，纵向边界导致市场和决策中心（总部）之间的"隔热墙"问题也越来越严重。

这种有边界的组织模式还带来了一个严重的问题——人才整体实力提升缓慢。在德邦，管理人员分为两类：一类是“草根”，即创业初期的低学历元老；另一类是“新手”，即2006年开始通过校园招聘的应届大学生。这批人的优点是具有创业热情，不计代价地投入。事实上，也正是这群人使得德邦在初生期能够快速发展，但随着企业的壮大，大公司经验和现代化管理理念越来越重要，德邦的这两类人却是“没吃过猪肉，也没见过猪跑”（德邦内部语）。

为何不选“空降兵”？崔维星有自己的理念，他异常重视德邦文化的纯洁性，认为外部人很容易破坏这种珍贵的文化，而且如果外部人带来的成熟知识不能内化为德邦管理系统上的知识，也无法发挥出作用。事实上，德邦曾经尝试在稀缺领域（如IT）招入“空降兵”，但是最后都离开了。

在垂直化管理的组织模式下，人才发展的速度却让管理层担忧。垂直化管理是一种封闭系统，无法实现对外的知识交互，也大大限制了内部的知识交互。在这个系统里，每个人都向上寻找知识，知识在向下传递的过程中，层层衰减，只能沉淀下一些“干燥的标准”。久而久之，尽管能够促进基于业务标准的专业化深耕（以至于德邦人才成为行业标准），但人才也容易变得只会执行而忘记了思考。

2008年前后是德邦发展最快的一个阶段，发展的盛景一时掩盖了内力的不足。但是，德邦的管理层在“惶者生存”的文化下开始了思考：组织模式相对僵化，人才又无法快速成长，如何破局？德邦开始从组织模式和管理能力两个角度寻找突破。

改革的有趣规律是“从改良到改革”，也就是说，建立强大帝国的人最初总是不信“只有改革才能拯救”，直至改良无效后才会决心改革。德邦也不例外，2008年它拒绝了一家国际咨询公司的组织模式调整建议，开始了改良的自我探索。

二、三次改良运动

最初，德邦管理层希望通过各种形式调动员工的创新积极性。从2007年开始，创新管理小组、V-up（Value-up）、总裁专题会陆续被引入了企业。这类方法在收集员工创意上的确起到了作用，但是零散的创意似乎很难有效改进企业的整体管理水平，到了后来，员工在创意汇报时的表演与争夺晋升的机会主义倾向、创意采纳决策的时间过短等问题开始暴露，这些手段在风靡一时之后被放弃。

与此同时，德邦希望通过培训引入外部知识提升管理人员素质。2009年开始，一方面，对于有明确学习需求的管理人员，培训部门会协助联络市场上最好的标杆实践者，安排交流学习；另一方面，对于没有明确学习需求的管理人员，培训部门会甄选市场上优质的培训机构，列出课程清单让管理人员自行选择。

但培训学习毕竟过于零散，不成体系。2010年，德邦又想到引入体系化的课程——惠普商学院的《惠普管理之道》，但体系化的课程并没能带来想象中的效果，培训这条“救赎之路”再次被放弃。

于是，德邦又开始了对标管理的运动。2009年9月，专职的对标部门——对标小组成立。这个部门除了重点研究UPS等国际物流公司的管理实践外，还营造全公司的对标氛围，帮助和督促各部门实施对标项目。每个部门要确定自己的内部对标对象，没有达到全国前三的相关部门，要派专人去驻点学习，甚至还要求事业部总裁亲自去。对标的确带来了管理细节的改善，也更加系统，但由于对标的是“形”而不是“神”，很难说提升了整体管理水平。

一番改良之后，德邦的管理层明白了两个道理：第一，无论是寻找内部的“街头智慧”，或是引入外部的培训机构、标杆实践，都是“以我为主”的学习，用自己的视角审视外部知识，并没有形成知识的交互。第二，组织是一个系统，在对组织模式没有转型的前提下进行局部调整，改良的力量无法形成一个合力（甚至是内耗的）。

三、借力咨询

崔维星最欣赏的企业之一是华为，在德邦的对标运动中，华为也成了重点对标对象。2011 年 4 月，德邦痛定思痛，开始引入咨询外脑，启动第一个企业级咨询项目——“德邦物流战略咨询项目”，主要是基于对德邦现状的盘点，厘清管理优化的整体方向。2011 年 9 月，组织构架设计项目和流程优化项目同时上马。

从组织构架上，这次改革可以归纳为两点：第一，经营与运营合并，成为利润中心。这样就能够由同一个决策者平衡经营和运营指标，一线也被赋予更多的决策权限。第二，将总部转型为专业化后台，成为规划中心和服务中心。

从流程优化上，这次改革一共梳理出基于价值链的 1 级流程 12 个，发现流程问题 386 个，输出流程图 149 个。至此，德邦基于价值创造构建了一个业务系统，减少了不必要的非增值环节，确保每一个业务环节都有相应的标准。每一个人都能明确自己应该做什么，怎么做，做到什么程度。

在此基础上，德邦继续上马了战略绩效项目，力图解决战略目标不能逐级下沉、落实不到部门和个人的问题。在以前那种垂直化的组织模式中，总部向下发布标准，力图让标准不走样，绩效目标则是由下向上报送，总部仅仅是汇总目标，对于战略目标毫无掌控，绩效管理系统根本就是一团混乱：仅以实施该项目当年来计算，需要由秘书处跟踪的任务就有 100 多项，员工对这类任务的重视远远超过指标考核；九大战略指标占所有考核项的数量和权重都只有 30%，剩下的全是事务性工作；各部门指标变动过于频繁，平均变动率为 60%，最高的部门达到 100%。

显然，彼时的德邦并没有一个系统来将员工的投入形成合力。为解决这一问题，德邦建立了目标分解、过程监控和结果考核的制度，还搭建了几个阶段的沟通平台，确保能够调动各类资源，实现既定战略目标。

这种组织模式可以称为混合式管理：一方面，其授权基层形成了若干有一定决策权限的业务单元，是在向市场化靠拢；另一方面，并没有赋予完全的决策权限，依然保留了科层化。

与此同时，德邦开始搭建能够让人才快速发展的规范平台。在这个平台上，德邦员工以“贴身战术”围绕在咨询顾问身旁。崔维星的目标很明确，德邦不仅要向咨询师学现代化的管理理念和管理工具，更要让他们在转型过程中帮助德邦带团队，让年轻的员工学会大公司的工作模式。在这个阶段，德邦人进步飞快，甚至成为行业标准，更加遭到行业对手的疯狂挖角。从表面上看，是最开始储备的大学生的优势厚积薄发；从深层次看，光有大学生也无济于事，引入了“好老师”，搭建了“好道场”才是原因！

有了企业发展办公室靠实权建立的“网状目标结构”和“项目协作机制”，德邦正式开始了过渡为无边界组织的进程。

四、让一线直接呼唤炮火

原来的德邦依靠其他竞争者无法提供的标准化服务，风光无限。用德邦人的话来说，“货多的时候，人家排着队等发货”。那个时候的德邦用“聚焦中小零担客户”的姿态拒绝掉了不少业务，拒绝大客户、标准化操作、大货不送、易碎品不送……

但是，2014 年德邦在零担领域的差异化产品优势开始消失，其他竞争对手愿意提供更加贴近用户的增值服务。例如，德邦只提供运输服务，在家具运输上，有的物流公司还提供货到后的安装服务。崔维星和管理层嗅到了浓烈的火药味。“以客户为中心”“让一线直接呼唤炮火（华为语录）”成为大会小会上说得最多的话。

此时，混合式管理的组织模式难以适应差异化竞争的需求了。在纵向边界上，职能部门在回收战略控制权的同时，日益成为真正的决策中心，一线部门尽管合并了经营、运营，成为独立的责任主体，却依然只拥有执行权。同时，横向边界在调整之后越来越强大，尽管通过总部的统一规划各司其职，避免了内耗，但也让临时的协同变得找不到方向。

五、企发办催动无边界协作

德邦开始了新一轮的组织转型。再次进化是从一个部门开始的，即企业发展办公室。这个被简称为“企发办”的部门成立于 2011 年 3 月，即在咨询公司进驻提供混合式组织模式之前，德邦已经感觉到需要一个整体思考企业战略方向的部门。随着协调越来越多，企发办开始承担越来越多的其他职能。

最初，企发办成立的功能设计是从目标分解上搭建协作机制。以前，无论是垂直化管理还是混合式管理，目标都是逐级往下分解，所有承接目标的部门都是背对背完成任务，但是临时的客户需求往往需要部门协同回应。

此时，各部门间该如何合作呢？手握资源分配权的企发办开始发力，将逐级分解的线条式目标结构变成了网状目标结构。换句话说，某个部门的目标不一定是来自直线上级，也有可能来自其他汇报线的上级，甚至来自平级。部门变得“你中有我，我中有你”，你要想获得别人的协助，就必须首先帮助别人。

有了沟通的意愿，企发办开始搭建正式的沟通平台，一个个主题委员会开始成立起来，如收入管理委员会、客户管理委员会、质量管理委员会、安全管理委员会……在这些委员会中，不仅有总部的职能部门，而且有基层部门，后者不仅要列席参加，还要参与决策。

2012 年，企发办又成立了项目管理办公室（PMO）。PMO 的主要负责从日常的目标分解中识别出“项目性需求”。简单来说，就是有的目标分解下来，依靠现有的管理体系是无法达成的，此时，就需要发动各相关部门一起去寻找一些新的关键举措。

通过以上两种机制，企发办似乎将自己的功能定位于服务和支持，开始带领总部从“标准控制、目标分解”向“平台搭建”转型。2014 年的一个事件进一步展示了其直接干预管理的强大力量。2014 年 1 月，由于货物爆发式增长，长沙外场出现爆仓，货物积压，卸不下来也运不出去。

事件一发生，企发办开始牵头进行协调：一方面，将监控流量的周期由以前的每月变成了每天；另一方面，设计了针对高流量涌入的应急措施。在这种应急措施中，每个职能部门和一线部门都需要配给资源来疏导流量。

企发办为何具有如此强大的协调能力？因为它手握实权。最初的企发办相当于一个战略规划部，只能想问题，分解目标，看似重要，实则务虚。为了取得调动各部门协作的“抓手”，企发办纳入了财务部的预算职能和人力资源部的绩效考核职能。也就是说，各部门必须按照企发办的游戏规则来行动，否则，不仅得不到相应的资源，还会在绩效考核中被罚。

有了企发办靠实权建立的网状目标结构和项目协作机制，德邦正式开始了过渡为无边界组织的进程。从横向边界上看，任何部门都可以随时发起协作，资源之间可以随时互联，横向边界造成的“部门墙”已经被打破。从纵向边界上看，基层既扛指标，又参与决策，资源补给，责权对等，完不成指标则变成自己的问题，无处推诿。于是，组织的纵向边界被打破了。

资料来源：环球人力资源智库，http：//www.ghrlib.com/（经重新整理）。

请结合案例回答下列问题：

1. 改良与改革的区别是什么？

2. 新形势下组织变革的方向和途径是什么？

延伸阅读

数字化时代管理者如何带领组织共生变革

共生是未来组织进化的路径。共生合作让组织得以在巨变的大环境中保持良好的成长姿态，但组织对共生的探索和实践并不是一帆风顺的，其中不乏共生的未知结果带来的慌乱、复杂的合作关系引发的冲突以及不可避免的失败。

一、变革势必带来阻力

共生意味着改变，改变就代表着动荡，代表着组织原有的状态、习惯等都会进行调整。在这个过程中，组织和组织成员必然要放弃已有的观念和行为方式，以适应新的方式。改变的过程不可能是一帆风顺的，势必遇到来自组织内外部的双重阻力。

1. 组织惯性的阻力

随着组织年龄的增长，组织具有了维持原状以保持其稳定成长的惯性，这本身就会导致一种排斥改变的自然反应。惯性的力量是巨大的，它长年累月地影响人们的生活态度，影响人们的思维方式和行为模式，并且在短时间内难以改变。这种惯性的力量严重制约着组织做出改变。

2. 利益冲突者的反对

自我改变的过程势必会调整各项利益，威胁到一些成员已有的利益状态，难免会引发一系列的冲突。

3. 变革风险的阻力

组织自我改变把确定和已知的东西变得模糊和未知，加之改变结果的未知，会进一步降低成员对自我改变成功的信心。每个人都有理性规避风险的倾向。成员从抗拒、怀疑、尝试到接受是一个漫长的过程，将给变革的实现带来阻力。

意识到自我改变会有阻力是开展变革的第一步。诚然，变革会带来冲突和动荡，会对团队的人际交流和合作产生负面影响，但不能因此忽略变革从更大程度上为组织带来的正向的影响和力量。

自我改变使得组织的目标更加明确，管理更加有效，组织成员和顾客的认可度和满意度更高，更加符合数字化时代的要求。

2013 年，微软宣布收购诺基亚的大部分手机业务，即使被媒体报道为“诺基亚将书写新篇章”，依然不能掩盖这个昔日霸主的没落。

为什么昔日的“贵族”会没落？原因不仅包括企业难以避免的“大公司病”，还在于与市场的隔离以及缺乏创新、迂腐、失能的官僚组织，人浮于事的行为特点日益腐蚀诺基亚。沉迷于昔日的辉煌使得诺基亚只是不断关注自己的成本而失去了自己的生态链。

更重要的原因在于领导者对于改变的后知后觉。当乔布斯带着 iPhone 横空出世时，诺基亚的高管却断言“苹果在手机市场上不会是一个强有力的对手”，仍然执着于手机的按键。

二、共生变革从领导者的自我改变开始

与诺基亚相似，忽略外界的变化、沉迷于过去，让很多企业跟不上时代的步伐。在这个时候，最需要的往往是企业领导者的自我改变，但是领导者最不敢放手做的正是自我改变。

很多企业的领导者害怕面对否定自己的痛苦，害怕面对放弃优势的动荡，更担心面对原有体系受到的冲击，畏首畏尾，拒绝变革。拒绝变革的后果是进一步被市场抛弃，最终在风云变幻的商业市场中失去地位。

在阻力面前，组织不仅需要有强大的信念，而且要把坚定的信念和乐观的心态传递给组织成员，做到既不会因为变革的模糊性拒绝变革，更不会因为存在妨碍变革的因素而放弃变革。

更重要的是，领导者要有确信的乐观心态，相信变革的牵引力量，相信团队的力量，相信自己的力量，并且把这种坚韧和信心传递给每一个为之付出的人，成为共同推动共生变革成功的信仰。

三、组织在合作中预见失败

组织的主要竞争力不仅来自组织外部，更来源于组织的文化，竞争力不仅体现在现有的领域，而且体现在具有可持续的发展潜力。但是，这并不代表只要组织重视并采取共生的方式就可以成功。

如同组织所做的任何改变一样，改变会打破人们的习惯，带来不确定性，从而增加人们对事情预判的消极性，这种消极性又会打击组织和成员参与合作的积极性。

合作是一个群体的活动，将不同背景、不同性格的人聚集到一起工作，难免会有冲突和摩擦，出现失败也是无法避免的事情。

全球合作网络创始人戴维·萨维奇（David Savage）认为合作失败主要有以下几个原因：自我、不和谐、怀疑和缺乏参与。在合作的过程中，自我心态和我能获得什么好处的心态会把人们的注意力转移到自身经济利益方面，不能全面关注不同的组织间如何进行合作。

没有真正的共同目标，合作必将失败。缺乏沟通和目标不一致，将会阻碍合作的进展，并且可能会产生合作破裂的严重后果。此外，在团体工作中，缺乏信任和承诺会导致合作过程中产生冲突，严重影响合作的效果。

在合作中，信任是基础，信息共享是桥梁。在一个组织中，人们总是关注信任关系的建立，建立信任关系的感知在于是否可以获得对称的信息，是否可以建立一种平等、亲切的沟通氛围和组织形态。

合作的生存方式让组织获得了源源不断的生命力，这种生命力不仅来自组织成员共同创造的价值，还来自组织之间相互的能量供给，它们共同铸就了组织在激烈的市场竞争中的竞争力。

四、在常态中保持警觉

研究表明，现在组织快速成功的路径越来越相似，都是以资本投入来争取速度，以速度来建立规模，以规模来建立竞争壁垒，继而赢得市场，成就市场地位。在这些相似的发展规律的背后是速度，组织领导者难免会在一定时间内将速度作为主要追求。

当速度达到稳定，成长变为常态，看起来一帆风顺时，恰恰是需要高度警觉的时候。

即使组织的成长已经成为常态，看似一切都是正面的，警觉至少应体现在以下几个方面。

1. 组织扩大中的管理风险

首要的一个方面是组织扩大过程中巨大的管理风险，这是资本解决不了的一系列最基础、最实际的问题。无论最终问题体现在质量、创新、官僚还是流程等具体方面，一旦上了规模，危机便呈几何级数增加。

成功不容易，维持成功更不容易。组织在持续发展的阶段，管理者需要时刻保持清醒。明确组织到底有没有发生变化，究竟有哪些变化，组织是否存在官僚主义，决策流程是否通畅，发展带来的组织架构中更多的层级是否阻碍了创新，最核心的管理者队伍是否稳定，在众多机会面前组织发展是否有足够专注力和足够的选择弹性，组织本身是否有可能被市场和竞争对手所左右等一系列问题。

2. 看清组织的真实情况

组织究竟包含了哪些部分，管理者要看清这个时代下的组织的真实情况，就必须让真实的世界呈现出来。组织的现状并不能简单地通过 KPI（关键绩效指标）体现出来，因为组织本身是由无数成员组成的，他们不是由冰冷的数字决定的，而是有内涵的生命体。

研究一个发展中的组织的现状时，首先要明白究竟有多少人在组织的事业中与组织一起成长。在数字化时代，这是一个非常重要的问题。

以出租车公司为例，每天和出租车公司一起参与事业的不仅有汽车制造商和其他配件供应商，还有出租车司机和其他员工，甚至包括每一位乘客。作为一个适应时代的出租车公司，企业有理由把乘客和松散型的司机作为组织中的成员，他们和企业一起参与乘坐出租车这个“游戏”，并且有理由制定更多的游戏规则。

这时，组织开始变得不同。每个乘客通过特定的信息共享平台提出服务要求，乘客的信息不再通过调度发送，而是直接传输给附近的司机，司机响应并主动满足乘客提出的出行要求。

如果从宏观的视角看组织就会发现，司机和陌生人可以互惠互利。只靠手机的定位系统和一个应用程序，代价如此之低，使得类似的组织更具吸引力。

这个例子说明，当打车软件诞生时，组织形态就开始改变了。如果出租车承运公司还没有看到这些技术改变的组织现状，企业就只能停步不前，因为更多、更有效的出租车业务将会被利用技术进步来促进组织变革的公司获得。

对于持续发展、不断扩大规模的组织而言，管理者敏锐的观察力和随之产生的危机感都是十分重要的。对于个体和面向未来的公司来说，安全感是非常重要的。挑战是缺乏安全感又是组织需要寻找的状态，所以管理者需要在这个冲突中找到平衡的解决方案。

管理者时刻都不能掉以轻心，要让公司这个机体保持对外界刺激的敏感性，保持一种警惕和临界的状态，时刻关注环境的不确定性并做出反应，同时要让公司在确定状态下取得绩效。

资料来源：陈春花 . 微信公众号春暖花开（ID：CCH_chunnuanhuakai）.

第4章 岗位调查

| 学习目标 |

1.了解岗位调查的定义、相关概念、任务和意义。

2.理解岗位调查的原则、内容与步骤，各种调查方法的概念与特点。

3.掌握岗位调查表格的设计和应用，访谈法、工作日写实、岗位测时、工作抽样法、工作日志法的应用步骤。

引导案例

如何开展岗位调查工作

某国际机场是中国东北地区最繁忙的三大国际航空港之一，是东北地区重要的航空枢纽和中国八大区域性枢纽机场之一。近年来，由于国内旅游业以及经济贸易的快速发展，该机场的客流量与物流业务量不断增长。为了提高机场客服工作效率，该机场领导层决定各部门开展定岗定员工作。该机场人力资源部张经理认为，要开展各部门定岗定员工作，首先要做好现有员工岗位的调查与分析工作，然后依据调研结果进行工作岗位的设计，确定岗位的种类及岗位人员的数量。张经理让刚参加工作的人力资源管理专业毕业生小李考虑一下开展岗位调查的主要程序与必备方法，制定一个调查方案提交上来，并在下周部门例会上进行讨论。小李觉得这不是一件简单的事情，需要认真结合定岗定员相关知识才能进行科学规划。

思考题

如果你是小李，应该如何设计岗位调查的程序，采用哪些重要的岗位调查方法？

第1节　岗位调查概述

一、岗位调查相关概念

岗位调查是以工作岗位为对象，采用科学、有效的调查方法，遵循一定的调查程序，对工作岗位的基本情况、基本信息进行调研和分析，收集各种与岗位有关的信息和资料的过程，以期为后续的岗位分析、岗位设计、岗位评价和分类活动打下基础。

岗位调查不同于一般了解情况，它是要通过调查，取得说明工作岗位的第一手材料，同时，还必须注意采用科学的调查方法，认真搞好调查研究，以确保材料的真实性、可靠性和完整性。

岗位调查是通过一些科学的调查方法进行的，在岗位调查过程中，经常会涉及一些重要的相关概念，如工作、岗位、任务、职权、责任、职责、职业和职位等，对这些概念的科学认识和掌握，有利于工作岗位调查的顺利开展和实施。

工作，是由一系列相近的任务所组成的劳动过程，是劳动者在长时间内做重复的动作或事情，是构成岗位的前提和基础。通过工作来产生价值，通过工作换取一些物质，通过工作来寻找生活的目标。

岗位，也泛指职位，指在特定的组织中，在一定时间、空间和一定的生产技术或工作条件下，由一名劳动者在规定的工时内完成相应的工作任务，以及与之对应的责任、权限和职务等组成的统一体。

任务，通常指交派的工作，担负的责任，具体是指劳动者在工作活动中为达到一定的目标而进行的由一系列相关工作要素组成的活动。

职权，即职务范围以内的权力，是指管理职位所固有的发布命令和希望命令得到执行的一种权力。职权是组织依照法定程序赋予劳动者完成工作任务所需的相应权力。

责任，是指依照组织的规定，劳动者在完成其岗位任务的过程中，对人、事和物所应承担的各种义务，包括时间、空间上的要求，以及数量和质量的标准。责任一般为个体分内应做的事，来自对他人的承诺，职业要求，道德规范和法律法规等。

职责，即职权和责任，是指组织根据劳动者工作岗位的性质、任务和特点，授予劳动者工作岗位上的职权，明确劳动者工作岗位上的任务和责任，是职权、任务和责任的有机统一。

职业，即个人所从事的服务于社会并作为主要生活来源的工作，或者说是劳动者在社会中所从事的作为谋生手段的，由不同组织中的相似工作组成的工作集合。根据中国职业规划师协会的定义：职业＝职能 × 行业。

二、岗位调查的原则

（一）科学调查原则

工作岗位调查应该始终遵循科学的原则进行。科学原则包括采用科学的调查方法，如已被广泛认可的问卷调查法、访谈法、工作日写实、岗位测时等科学方法；遵循科学的程序，如问卷设计科学、检验科学、实施科学、问卷筛选科学及调研资料分析科学等。只有遵循科学的原则，才能保证调查结论的科学性和严谨性，进而为开展后续工作奠定科学的基础。

（二）系统调查原则

工作岗位调查应遵循系统论的原则进行。组织本身是一个系统，其本身也是由许多个不同的子系统构成。因此，工作岗位调查的对象会涉及一些相关的系统因素和条件，如对副经理岗位进行调查，就要调查了解其下属、同级、上级岗位的任务、特点及职责等情况，才能对该岗位进行全面分析。

（三）规范调查原则

规范调查原则主要是指调查实施过程中应该体现规范性、严谨性和有效性。例如，在对某一岗位的测时过程中，要求严格地遵守规定的程序和相关要求，包括测时程序的先后、测时术语及代号的标识、测时结果的统计过程等，才能实现测时任务的有效完成。

（四）实事求是原则

工作岗位调查就是为了掌握事物的原貌，要求务必实事求是，尤其是对数据的收集与整理，要严格依照现实的情况进行记录和归纳，千万不能凭主观猜测和臆想进行，即使出现相关数据缺失的情况，也要结合岗位实际情况及一般规律，进行科学的评估和预测，为后续数据分析打下坚实基础。

三、岗位调查的任务

工作岗位调查是工作岗位分析、工作岗位设计、工作岗位评价和工作岗位分类的基础和前提，只有科学地开展好工作岗位调查工作，才能保证后续相关工作的顺利进行。因此，工作岗位调查的任务是采用科学的调查方法，依据规范的调查程序，遵循岗位调查的基本原则，有效地收集、整理与分析与岗位相关的各种信息。岗位信息可分为静态的信息和动态的信息。岗位的静态信息指岗位本身在正常情况下所体现的一些信息，包括岗位基本信息、岗位职责信息以及岗位人员信息等；岗位的动态信息指围绕岗位开展的一系列活动的信息，如劳动定额、岗位定编定员、工时分配与总量统计等信息。

四、岗位调查的步骤

（1）拟定岗位调查计划。岗位调查计划是对岗位进行调查对象、范围、程序、方法以及工作过程的规划。主要包括：①列出所要调查的岗位范围；②拟出岗位调查的程序和时间；③拟定岗位调查的原则；④准备所需的各种资料等。

（2）组建岗位调查小组。人力资源部门要负责组建工作岗位调查小组，其构成应该包括专家、被调查岗位部门管理人员、被调查岗位工作人员、人力资源部成员等，并对小组成员加以适当的培训和指导，以胜任岗位调查工作。

（3）选择岗位调查方法。根据岗位调查的目的和任务，选择适合的岗位调查方法，包括问卷调查法、访谈法、工作日写实、岗位测时、工作抽样法等。

（4）调查资料的审核与整理。在工作岗位调查完成后，对最后的调查资料及信息的审核要注意三项要求：一是真实性；二是准确性；三是完整性。

五、岗位调查的内容

（一）岗位的名称、工作地点及所属部门

在岗位调查过程中，首先，要调查岗位的名称，如现在的岗位名称是什么，该名称是否规范、科学，是否反映了岗位的特点及其职能等；其次，调查岗位所属部门及其工作地点，如有的岗位同时为两个部门开展工作，这时就需要依据岗位分类原则确认其到底属于哪一个部门，为后续相关岗位研究工作打下良好基础。

（二）岗位的性质、任务、程序及所需时间

岗位的性质、任务、程序及所需时间是岗位调查的基本前提。例如，岗位的性质涉及该岗位是管理岗、技术岗还是生产岗等；岗位任务是岗位主要完成的工作内容；岗位工作程序是岗位任务或内容完成的各个过程及环节等；完成岗位任务需要多少时间等。

（三）岗位的职权与责任

岗位的职权和责任相互影响，相互制约。岗位的职权与责任是相对应的，岗位职权越大，其承担的责任也就越大。组织赋予了岗位哪些职权，管理幅度如何，直接管理多少员工，员工如何负责并汇报工作等都是岗位调查的重要内容。

（四）承担本岗位的资格、条件

某一岗位在人员方面有哪些要求，要求什么样的任职资格和条件也是岗位调查的主要内容。如对岗位人员的学历、学位、工作经验、性别、年龄和身心状态等方面有什么要求。

（五）开展岗位工作的技能

某项岗位工作不但要求必须懂得相关方面的专业知识，还要求精通一定领域的专业技能，主要体现在专业资格证书获取方面，如多数人力资源部的相关岗位要求是必须具备一定级别的人力资源管理师资格证书，或者五年以上的工作经验等。

（六）企业内部和外部的沟通与协调情况

组织内部不同岗位的员工与组织外部沟通、协调的要求是不一样的。如你是某部门

的职员，首先需要沟通的是主管或副经理，然后是部门经理，再上面是分管这项工作的总监或者副总经理；如果业务范围较大，则可能要和销售部、研发部及财务部等进行沟通与协调；如果岗位对外联系较多，则要和工商部门、工会部门及技术监督部门联系与沟通等。

（七）工作条件和工作环境

工作条件和环境是影响员工工作态度及工作绩效甚至组织绩效的关键因素，也是岗位调查不可缺少的重要内容。例如，舒适的工作环境有可能提高员工的满意度，进而提升工作效率，反之，则有可能影响员工的工作心情与工作质量。

六、岗位调查的意义

岗位调查是工作岗位研究的重要组成部分，只有搞好岗位调查，才能准确、全面、系统地获取丰富的原始资料，科学地进行岗位分析和评价，正确地认识岗位的性质和特征，达到岗位研究的目的。

第一，岗位调查是组织进行工作岗位研究的第一个重要环节，为后续的工作岗位分析、工作岗位设计、工作岗位评价和分类工作的开展打下坚实的基础。

第二，岗位调查是组织开展定编、定岗和定员的科学前提和基本保障，只有科学的岗位调查信息和结论才能确保定编、定岗和定员工作顺利开展。

第三，岗位调查获取的信息和资料可为组织制定科学的人事管理文件和规章制度提供科学依据。

第四，岗位调查对组织开展其他的人力资源管理工作，如岗位人员招聘、培训、绩效考核、薪酬管理等至关重要，是科学开展上述相关工作的重要前提和基础。

第2节 问卷调查法

问卷调查法是工作岗位调查中最常用的一种获取岗位相关信息的有效方法。按照问卷调查的程序，在运用问卷调查工作岗位信息的过程中，应注意认真开展调查问卷的设计、实施与整理工作，以提高问卷调查的科学性和有效性。

一、问卷调查的内容

问卷调查的内容主要包括以下几个方面。

（1）岗位基本资料，具体内容包括姓名、性别、年龄、职称、部门、学历、职务、直属主管（直接上级）、职等、职级、入职日期等。

（2）岗位工作时间，具体内容包括正常工作时间、休息时间、加班时间、出差情况及工作均衡状况等。

（3）岗位工作内容，具体内容包括工作目标、工作概要、工作程度、工作事项，各事项占全部工作时间的百分比，工作权限和结果等。

（4）岗位工作责任，包括风险控制责任、成本控制责任、协调责任、指导监督责任、组织管理责任、工作结果责任及决策范围等。

（5）岗位任职资格，包括最低学历要求、知识多样性、熟练期、工作复杂性、工作经验、文字知识、数学知识、工作灵活性与综合能力等。

（6）岗位工作强度，包括岗位工作压力、精力集中程度、体力要求、创新与开拓、工作紧张程度与工作均衡性等。

（7）岗位工作环境，如岗位工作条件、工作环境舒适程度、工作环境危险来源及危险程度等。

二、调查问卷的设计

调查问卷的设计一般遵循以下步骤。

（1）根据调查目的来设计调查范围与调查题项。调查问卷的调查范围与调查题项应当为调查研究的目标和任务服务，与被调查者所承担岗位的情况密切相关。问卷调查涉及的范围应该清晰、明确、合理，问卷调查题项应该紧紧围绕调查范围进行设计，数量上严格控制，不能随便增加或减少。

（2）根据问卷标准样本，设计出问卷草案。问卷调查题项内容的设计要清晰、准确，通俗易懂，不能存在含混不清的词语或语句，导致被调查者无法回答；问卷调查题项字数一般不宜过多，尽量简洁明了。

（3）问卷的设计方式要科学合理。问卷设计要结合工作岗位的特点以及调查目的和任务的需要决定采用以封闭式为主，还是以开放式为主，采用标准化还是非标准化形式，采用通信问卷还是非通信的集体问卷形式等。调查题项的难易度应由简单到复杂，可将简单的题项放在前面，较为复杂的题项依次往后放；针对具体调查对象和调查内容，可先问范围广泛的、一般的甚至是开放性的问题，后问与岗位相关性很强的问题。

（4）问卷的预试和意见反馈。问卷初步设计完成以后，可以请部分岗位人员对问卷进行预试填写，检查问卷设计中的疏漏与不足，认真倾听，征求被试岗位人员对问卷的合理意见和建议，检查问卷中存在的问题。

（5）问卷修订与正式定稿。根据反馈意见，对问卷草案进行适当的、科学的修订与完善，形成正式问卷。

三、问卷调查的实施

在岗位调查中，设计出一份科学的、质量较高的调查问卷是一件不容易的事情，在实施问卷调查过程中，如果一些重要的相关工作没有做好，也会导致问卷调查效果不佳或者调查失败，需要注意的事项有以下几点。

（1）事先沟通。做好问卷调查前的有效沟通工作，获取被调查人员主观上的支持和理解，有效实现调查的目标和任务。在问卷调查过程中，很多被调查对象会担心组织的岗位调查与设计工作会将自己裁掉或调整到其他部门，因此不愿意配合调查工作的进行，导致调查信息失真。因此，务必在问卷发放之前做好被调查人员的沟通工作，以获取真实信息，为下一步工作的开展打下基础。

（2）过程指导。在问卷发放与填写过程中，因调查人员、被调查人员的文化水平高低不同，各自理解程度有差异，需要对调查人员、被调查人员进行必要的指导、沟通与讲解，提出具体的调查要求和填写要求，使调查问卷的发放、填写科学合理，进而收集到各种有用的数据、资料和信息。

（3）科学处理。在回收与整理问卷过程中，应该对一些没有认真填写的问卷、填写不清楚的问卷以及空白问卷、废卷进行仔细检查，将其筛选剔除；在分析问卷数据过程中，应该利用科学的、有效的统计分析软件，掌握正确的统计方法与分析技术，确保统计结果的准确性和科学性。

四、岗位调查问卷的优缺点

（一）问卷法的优点

（1）问卷调查可以在较短的时间内收集众多的岗位信息；

（2）问卷可以在生产和工作时间之外填写，不影响工作效率；

（3）问卷调查范围较广，涉及岗位基本情况：岗位的职责、任务、环境信息，以及岗位人员的资格、素质、技能与经验要求等相关信息；

（4）相对其他调查方式而言，问卷法更适合收集管理岗位的信息。

（二）问卷法的缺点

（1）问卷编制的技术要求较高，设计难度较大、成本费用较高；

（2）不同被调查者因对问卷中问题理解的差异会产生信息的偏差；

（3）问卷的回收率通常偏低，回收的问卷中可能存在不认真填写、填写不完全的废卷；

（4）问卷法只适合有文字理解能力，并有一定书面表达能力的调查对象。

五、岗位调查问卷的一般格式

岗位调查问卷一般采用开放式与封闭式、标准化与非标准化相结合的方式进行设计，每个项目及每个问题都要留出足够的空白区域，让被调查人员填写，调查问卷由现有岗位工作人员填写完毕后，由本岗位的直接主管确认情况是否属实并签字。国内常见的工作岗位调查问卷一般格式如表4－1所示。

表 4-1 岗位调查问卷

姓名		职称		职务		工龄	
性别		部门		直接上级		进入单位时间	
年龄		学历		月平均收入		从事本工作时间	

工作时间要求	1. 正常工作时间自每日（ ）时开始至（ ）时结束。 2. 每日午休时间为（ ）小时。 3. 每日平均加班时间为（ ）小时，每周平均加班时间为（ ）小时。 4. 每周外出时间占正常工作时间的百分之（ ）。 5. 外地出差情况平均每月（ ）次，每次平均需要（ ）天。 6. 本地外出情况平均每周（ ）次，每次平均需要（ ）天。
岗位目标	1. 2. 3. 4. 5.
岗位职权	1. 2. 3. 4. 5.
岗位责任	1. 2. 3. 4. 5.

	名称	内容	依据
工作程序	1. 2. 3. 4. 5. 6. 7. 8.		

	名称	大量使用	经常使用	适度使用	偶尔使用	较少或不使用
工作设备	1. 2. 3. 4. 5.					

续表

		非常频繁	频繁	偶尔	极少	不联系
本岗位工作与他人联系	本部门员工 其他部门员工 社会公众 客户 政府机关 其他					

岗位工作内容	名称	占全部工作时间的百分比为______%

岗位工作影响	公司经济损失	1　2　3　4　5	1　2　3　4　5 轻　较轻　般　较重　重
	公司形象损害	1　2　3　4　5	
	公司管理问题	1　2　3　4　5	
	其他影响	1　2　3　4　5	
	工作失误影响范围		
	1. 不影响其他人工作的正常进行（　） 2. 只影响本部门内少数人（　） 3. 影响整个部门（　） 4. 影响其他几个部门（　） 5. 影响整个公司（　）		

内部联系	1. 不与其他人联系（　） 2. 与本部门内同事联系（　） 3. 要与其他部门人员联系（　） 4. 与其他部门领导联系（　）	1　2　3 偶尔　经常　非常频繁
外部联系	1. 不与本公司以外的人员联系（　） 2. 与其他公司的人员联系（　） 3. 与其他公司的领导联系（　） 4. 与政府机关联系（　） 5. 与其他社会团体联系（　）	1　2　3 偶尔　经常　非常频繁

	类型 / 程度	影响很大	影响较大	有一定影响	影响不大	基本没有影响
工作环境	粉尘 噪声 湿度 温度 辐射					

续表

<table>
<tr><td>岗位工作压力</td><td colspan="4">1. 您每天的工作是否经常要快速作出决定?
没有　很少　偶尔　许多　非常频繁
2. 您手头的工作是否经常被打断?
没有　很少　偶尔　许多　非常频繁
3. 您的工作是否经常需要注意细节?
没有　很少　偶尔　许多　非常频繁
4. 您在工作中是否要求高度集中精力，约占工作总时间的比重是多少?
20%　40%　60%　80%　100%
5. 您的工作中是否存在一些令人不愉快、不舒服的感觉?
没有　基本没有　存在　较多　非常多
6. 您的工作是否需要创造性?
不需要　很少　有时　较需要　很需要</td></tr>
<tr><td rowspan="14">岗位资格要求</td><td>1. 岗位工作经验要求</td><td>无</td><td colspan="2">有：1 年 2 年 3 年 4 年 5 年</td></tr>
<tr><td>2. 岗位学历要求</td><td>无</td><td colspan="2">有：初中 高中 大专 本科 硕士研究生 博士研究生</td></tr>
<tr><td>3. 岗位学位要求</td><td>无</td><td colspan="2">有：学士 硕士 博士</td></tr>
<tr><td>4. 岗位资格证书要求</td><td>无</td><td colspan="2">有：初级 中级 高级</td></tr>
<tr><td>5. 岗位培训情况</td><td>无</td><td colspan="2">有：请填写下表</td></tr>
<tr><td>培训项目名称</td><td colspan="2">培训项目内容</td><td>培训时间（月）</td></tr>
<tr><td>（1）
（2）
（3）</td><td colspan="2"></td><td></td></tr>
<tr><td colspan="4">6. 岗位升降情况</td></tr>
<tr><td colspan="2">（1）晋升岗位级别：　名称：</td><td colspan="2">（2）降级岗位级别：　名称：</td></tr>
<tr><td colspan="4">7. 岗位工作体力要求：　轻　较轻　一般　较重　重</td></tr>
<tr><td>8. 岗位相关能力要求：</td><td colspan="3">要求程度</td></tr>
<tr><td>（1）计划能力
（2）组织能力
（3）领导能力
（4）控制能力
（5）决策能力
（6）创新能力
（7）沟通能力
（8）协调能力
（9）指导能力
（10）外语能力
（11）其他能力</td><td colspan="3">无　低　较低　一般　较高　高
无　低　较低　一般　较高　高
无　低　较低　一般　较高　高
无　低　较低　一般　较高　高
无　低　较低　一般　较高　高
无　低　较低　一般　较高　高
无　低　较低　一般　较高　高
无　低　较低　一般　较高　高
无　低　较低　一般　较高　高
无　低　较低　一般　较高　高
无　低　较低　一般　较高　高</td></tr>
<tr><td rowspan="3">考核情况</td><td colspan="4">本岗位考核指标、考核标准、考核建议</td></tr>
<tr><td>考核指标</td><td colspan="2">考核标准</td><td>考核建议</td></tr>
<tr><td></td><td colspan="2"></td><td></td></tr>
</table>

续表

岗位建议	该岗位是否存在不合理的情况？包括岗位工作量、岗位人数、岗位环境与条件，改进建议。	
	岗位不合理情况	岗位改进建议
	1. 2. 3.	1. 2. 3.

第3节　访谈法

一、访谈法的定义及特点

访谈法也称为面谈法，是指为了获得岗位的相关信息，调查人员采用面谈的方式，与被调查人直接见面，讨论工作岗位的特点和要求，从而取得有关信息的调查研究方法。访谈法比较适合脑力工作者。

根据访谈对象，访谈法可以分为个别员工访谈法、群体访谈法及主管人员访谈法。（1）个别员工访谈法。该方法主要用于岗位分析的时间充裕、各个岗位之间差距明显的情况下，被访谈的岗位员工作为某一工作的直接承担者，往往可以提供最为直接和完整的工作信息。（2）群体访谈法。在多个员工从事同样或者类似工作的情况下，可以运用群体访谈法来收集更全面的资料，而且可以避免更多的时间消耗。（3）主管人员访谈法。如果岗位分析时间紧张，可以同一个或多个主管进行深入的访谈，在相对短的时间内最大限度获得有效的工作信息。

访谈法的优点有以下三个方面：

（1）访谈法可以获得正式和非正式、标准和非标准的资料信息。

（2）由岗位任职者亲口讲出工作内容及相关情况，具体而准确。

（3）岗位人员可以提供常常不易观察到的情况，可以提供从任何其他途径都无法获得的资料与信息。

访谈法的缺点有四个方面：

（1）被访谈者可能会出于自身利益的考虑而不配合，或者有意无意夸大自己所从事工作的重要性、复杂性，导致工作信息失真。

（2）在访谈开展过程中，突然打断被访谈者的正常工作，有可能造成工作上的损失。

（3）调查人员在提问时可能会带有一定的主观倾向，被访谈者的回答受到一定影响。

（4）访谈法相比于问卷法，其结构不那么规范，访谈工作成本较大，如访谈工作时间较长，访谈人员相对较多等。

二、访谈的步骤

在进行正式访谈之前，对整个访谈过程进行科学规划是非常重要的。在访谈进行前，访谈人员应该尽量查询岗位相关信息，例如，与岗位相关的工作说明书、工作日志以及以前的访谈记录等。之后，访谈人员进一步明确以下几个方面的问题：访谈的对象是谁，访谈对象的差异程度如何？访谈的目的是什么？要调查、提取的工作信息有哪些？所需的材料与工具有哪些？时间与地点如何安排？采用何种访谈程序与有效方法？等等。

从先后程序上来看，访谈工作的开展需要经历以下几个主要阶段。

（1）访谈工作开展前，调查人员应拟订访谈提纲，列出所有需要访谈调查的事项。一般来说，科学的访谈内容主要包括：1）你的岗位任务是什么？ 2）你的岗位职责是什么？ 3）你的岗位位置在哪里？ 4）你的受教育程度如何？专业是什么？ 5）你的岗位技能如何，是否有资格证书？ 6）你的工作环境如何？是否舒适？ 7）你的岗位条件如何？是否有危险因素？ 8）你的物质需求与精神需求有哪些？通过与员工开展上述问题的交谈，可以全面获取员工岗位的真实相关信息。访谈提纲涉及的内容是否科学、合理，对于能否实现访谈目的来说至关重要。访谈提纲范例见表 4－2。

表 4－2 访谈提纲范例

岗位访谈提纲
1. 请用一句话概括您的职位在本公司中存在的价值，您要完成的主要的工作内容和要达成的目标是什么？
2. 与您进行工作联系的主要人员有哪些？ 主要的联系方式是什么？
3. 您的主要工作职责是什么？请至少列出 8 项职责。
4. 您是怎样完成这些职责的？在执行过程中碰到的主要困难和问题是什么？
5. 请指出以上各项职责在工作总时间中所占的比重（请指出其中耗费时间最多的三项工作）。
6. 请指出以上工作职责中最为重要、对公司最有价值的工作。
7. 组织所赋予您的最主要的权限有哪些？哪些权限是合适的？哪些需要重新界定？
8. 请就以上工作职责谈谈评价是否出色地完成这些职责的标准是什么？
9. 在工作中您需要其他部门、其他职位提供哪些方面的配合、支持与服务？在这些方面，目前做得好的是什么？尚待改进的是什么？
10. 要出色地完成以上各项职责需要什么样的学历和专业背景？ 需要什么样的工作经验（类型和时间长度）？在外语和计算机方面有什么要求？您认为要出色地完成以上各项职责需要具备哪些能力？
11. 您认为要出色地完成以上各项职责需要具备哪些专业知识和技能？ 您认为要出色地完成以上各项职责需要什么样的个性品质？
12. 请问您工作中自主决策的机会有多大？ 工作中是否经常加班？工作繁忙是否具有很大的不均衡性？ 工作中是否要求精力高度集中？ 工作负荷有多大？

资料来源：陈庆．岗位分析与岗位评价．北京：机械工业出版社，2011.

（2）在访谈开展过程中，应按照访谈提纲的顺序，由浅入深，循序渐进地与被访者进行提问与交流，同时进行详细记录。

（3）在确定访谈对象时，应注意访谈选择的对象不仅包括岗位人员，也包括岗位的管理人员和岗位同事，开展 360 度的全方位访谈，以获取更加充分、翔实的岗位信息。

（4）访谈结束以后，请被访者及其主管领导将收集到的信息资料浏览核对一遍，并有针对性地作出适度的修改与补充，请访谈对象签字，确保访谈信息的真实性和准确性。

三、访谈法注意事项

（1）访谈法是否成功关键在于访谈人员与被访者之间的坦诚与信任。访谈过程中要尊重被访者，热情接待，态度诚恳，言语得当。

（2）面谈的场地环境、器具设备要适合调查的目的，创造一种良好的气氛，使被访者感到轻松，能够无拘无束地回答访谈人员的相关提问。

（3）快速建立与面谈者的和善关系。通过了解姓名，使用易懂的语言，简述面谈目的，解释面谈者是如何选择的等，来达到关系和谐的目的。

（4）访谈人员应启发、引导重要问题，避免出现命令式问题、引导性问题、连珠炮式问题、偏见式陈述和多选式问题，避免发表个人观点与看法。

第4节　工作日写实法

一、工作日写实概述

（一）工作日写实的概念与种类

工作日写实也称为工作岗位写实，是指对岗位工作人员整个工作日的工时利用情况，按时间消耗的顺序，进行观察、记录和分析的一种方法。

根据岗位调查所观察对象的不同，工作日写实可分成以下几类。

（1）个人岗位写实：以某一岗位作业者为对象，由观察人员实施的工作日写实。

（2）工组岗位写实：以工组为对象，由观察人员实施的工作日写实，可细分为两类：1）同工种工组工作日写实；2）异工种工组工作日写实。

（3）多机台看管写实：以多机床看管工人为对象，由观察人员实施的工作日写实。

（4）特殊岗位写实：以研究特定现象为目的，以个人或工组为对象，由观察人员实施的工作日写实。

（5）自我岗位写实：以作业者本人为对象，由作业者自己实施的工作日写实。

（二）工作日写实的相关术语

（1）工时消耗，指员工在岗位生产作业活动中的时间耗费，包括定额时间和非定额时间。

（2）定额时间，指员工为完成岗位任务而直接和间接消耗的所有工时，包括作业时间（Tz）、作业宽放时间（Tzk）、个人需要与休息宽放时间（Tgxk）和准备与结束时间（Tzj）。

（3）非定额时间，指员工在岗位工作时间内所发生的无效劳动或停工原因造成损失的时间，包括非生产工作时间（Tfs）、非工人造成的停工时间（Ttgf）、工人造成的停工时间（Ttgg）。

（三）工作日写实的对象和范围

（1）写实的对象可以是先进的、一般的或后进的工人，也可以对设备的运转进行写实。

（2）写实的范围，可以是个人的，也可以是集体的；写实的内容，可以是典型的，也可以是全面的。

写实的对象和范围需要根据工作日写实的目的和要求来确定。

（四）工作日写实的意义

（1）可以全面分析、研究工时利用的情况，找出工时损失的情况及主要原因，总结工时利用的先进经验，制定改进工时利用的措施，帮助广大工人充分利用工时，提高劳动生产率。

（2）为最大限度地增加产量、规定工人与设备在工作日内合理的负荷量提供必要的数据，为确定劳动者体力劳动强度的级别提供依据，为制定或修订定额中的作业宽放时间、个人需要与休息宽放时间标准提供必备资料。

（3）从工时利用情况中可以发现生产、技术、财务、劳动等方面岗位管理工作的薄弱环节。

（4）可以弥补问卷调查过程中的不足，收集到更具体、细微、翔实的数据和资料。

（五）工作日写实的优缺点

（1）优点：通过工作日写实获得的信息的可靠性很高，适用于获取有关工作职责、工作内容、工作关系、劳动强度等方面的信息，所需费用也较低。

（2）缺点：工作日写实使用范围较小，不适用于工作循环周期较长、工作状态不稳定的职位，且信息整理量大，归纳工作烦琐。

二、工作日写实的步骤

（一）写实前的准备工作

（1）根据写实目的选择对象，如果为了分析和改进工时利用情况，则以先进、中间、后进的岗位工作情况为对象；如果为了总结先进经验，则以先进的岗位工作情况为写实对象。

（2）科学确定写实对象和工作地点，如应该以有代表性的工作岗位和工作地点为主。

（3）做好前期的沟通工作，如写实人员要把写实的意图和目的向写实对象讲清楚，以便取得写实对象的积极配合。

（4）明确划分写实的主要事项和关键环节，整理确认写实使用的各类工时代号，以便记录。

（二）实地观察记录

工作日写实从工作岗位员工上班开始，一直到员工下班结束，按照时间顺序应将工作日内每项活动的消耗时间全面地记录下来，获取整个工作日的时间消耗信息。在观察记录过程中，写实人员要集中精力，在员工的配合下，按顺序判明每项活动的性质，简明扼要地用代码进行记录，注明每一项活动的开始和结束时间，填在设计好的表格内，如表 4 - 3 所示。

表 4 - 3　工作日写实记录表

序号	作业项目	起止时间	各类工时消耗							备注
			Tz	Tzk	Tgxk	Tzj	Tfs	Ttgf	Ttgg	
总计										

说明：Tz——作业时间；Tzk——作业宽放时间；Tgxk——个人需要与休息宽放时间；Tzj——准备与结束时间；Tfs——非生产工作时间；Ttgf——非工人造成的停工时间；Ttgg——工人造成的停工时间。

（三）写实资料的整理与分析

（1）按照岗位工作性质不同，计算岗位各项活动消耗的具体时间。

（2）对写实的所有岗位活动进行分类与各自工时汇总，计算每一类工时总数。

（3）编制工作日写实汇总表（见表 4 - 4），计算出每类工时消耗占全部工时和占作业时间的比重。

表 4－4 岗位写实数据汇总表

车间	机加	工人		日期	年 月 日	
工段		姓名		班次		
工组		工种		件号：		定额：
设备		等级		名称：		实作：
工时分类		代号	工时消耗			
			时间（分）	占工作日 %	占作业时间 %	其中交叉时间
定额时间（Td）	作业时间	Tz				
	作业宽放时间	Tzk				
	个人需要和休息宽放时间	Tgxk				
	准备与结束时间	Tzj				
	合计	Td				
非定额时间（Tfd）	非生产工作时间	Tfs				
	非工人造成的停工时间	Ttgf				
	工人造成的停工时间	Ttgg				
	合计	Tfd				
总计						
劳动生产率可能提高的程度	消除非生产工作和非工人造成的停工时间					
	消除工人造成的停工时间					
劳动生产率可能提高的程度						
审核		观察者				

（4）根据写实情况，总结先进员工的岗位工作经验与方法，如工时利用效率与工作绩效情况，科学设计改进工时利用的各项措施，以期提高劳动生产率。

（5）根据写实统计分析结果，撰写某一工作岗位分析报告。

（四）工作日写实范例

通过对某岗位进行工作日写实，制成工作日写实记录表（见表 4－5）与工作日写实汇总表（见表 4－6）。

表 4－5　工作日写实记录表（举例）

序号	项目	起止时间	各类工时消耗代号							备注
			Tz	Tzk	Tgxk	Tzj	Tfs	Ttgf	Ttgg	
0	开始工作	08:00								
1	上班迟到	08:03							3	
2	穿工作服	08:05		2						
3	接受任务熟悉文件	08:13				8				
4	领取文具	08:18				5				
5	将文具分类码放	08:20		2						
6	打开计算机	08:33				13				
7	输入资料撰写文档	08:58	25							
8	去找项目经理	09:04					6			
9	在计算机前工作	09:34	30							
10	更换打印机墨盒	09:37		3						
11	生理需要	09:41			4					
12	在工作	10:21	40							
13	和别人谈话	10:23							2	
14	生理需要	10:25			2					
15	在计算机前工作	10:43	18							
15－1	整理办公桌上资料			1#						
16	等待分配工作	10:58						15		
17	在计算机前工作	11:57	59							
18	过早结束工作	12:00							3	
18－1	午休									
18－2	开始工作	13:00								
19	在计算机前工作	13:27	27							
20	停电	13:37						10		
21	召开小组会	14:03	26							
22	接上级主管电话	14:13		10						
23	小组会继续	14:43	30							
24	取出文件	14:46		3						
25	去找主管	14:52					6			
26	在车床上工作	15:12	20							
27	修理车床	15:24					12			
28	在计算机前工作	15:56	32							
29	清除纸屑	15:57		1						
30	生理需要	16:00			3					

续表

序号	项目	起止时间	各类工时消耗代号							备注
			Tz	Tzk	Tgxk	Tzj	Tfs	Ttgf	Ttgg	
31	在计算机前工作	16:19	19							
32	生理需要	16:29			10					
33	在计算机前工作	16:39	10							
34	提交文件草稿	16:46				7				
35	更换图书资料	16:49				3				
36	收拾办公桌	16:56		7						
37	提前下班	17:00							4	
总计（工分）		480	336	28	19	36	24	25	12	

注：1.# 为交叉时间。2.Tz——作业时间；Tzk——作业宽放时间；Tgxk——个人需要与休息宽放时间；Tzj——准备与结束时间；Tfs——非生产工作时间；Ttgf——非工人造成的停工时间；Ttgg——工人造成的停工时间。

表 4－6 工作日写实汇总表（举例）

部门	销售经营部	姓名	万玉辉	日期	2005 年 5 月 15 日
科室	市场策划	职务	项目组长	班次	8：00—17：00
项目组别	甲 1	等级	中级	写实地点	销售公司大厦二层
使用设备	台式计算机	工龄	5 年	写实人员	章安、李浩
工时分类		代号	工时消耗		
			时间（分）	占工作日 %	占作业时间 %
定额时间（Td）	作业时间	Tz	336	70.0	—
	作业宽放时间	Tzk	28	5.8	8.3
	个人需要与休息宽放时间	Tgxk	19*	4.0	5.7
	准备与结束时间	Tzj	36	7.5	10.7
	合计	Td	419	87.3	24.7
非定额时间（Tfd）	非生产工作时间	Tfs	24	5.0	7.1
	非工人造成的停工时间	Ttgf	25	5.2	7.4
	工人造成的停工时间	Ttgg	12	2.5	3.6
	合计	Tfd	61	12.7	18.1
总计			480	100	—
劳动生产率可能提高的程度	清除非生产工作和非工人造成的停工时间	M_1=（Tfs+Ttgf）/Td=24+25/419 × 100% ≈ 11.7%			
	清除工人造成的停工时间	M_2=（Ttgg+Tgxk（实际）－Tgxk（标准））/Td =12+19－15/419 × 100%=3.8%			
劳动生产率可能提高的程度：M_1+M_2=11.7%+3.8%=15.5%					
汇总	李浩	审核	张以环		

* 标准个人需要与休息宽放时间 Tgxk=15 工分。

第5节　测时法

一、测时的定义和作用

（一）测时的定义

测时是指以某一具体工序或某一作业环节为调查对象，按照该工序或该环节的操作顺序进行实地观察、记录、测量以研究工时消耗的一种方法。

（二）测时的作用

（1）以岗位某一工序作业的时间消耗为对象，进行深入的统计分析，为制定标准工时定额提供依据，以改善劳动组织，提高劳动生产率。

（2）通过测时，总结和推广先进员工的操作方法和工作经验，合理确定各工作岗位的劳动负荷量，帮助后进员工改善操作方法。

（3）为明确岗位的劳动负荷量以及体力劳动强度分级提供依据。

（三）测时的种类

（1）按测时过程中观察对象的不同，可分为个体测时和工组测时。个体测时：观察人员以岗位上的个体工作人员为对象进行的测时活动；工组测时：观察人员以岗位上的小组人员为对象进行的测时活动。

（2）按观察记录方式和范围的不同，可分为连续测时、反复测时（抽测）和循环测时。

1）连续测时。①定义：观察人员以秒表为工具，按工序操作单元顺序逐一观察，记录当时时间和发生事实的测时。②特点：在整个工序作业的观察中，自始至终不让秒表停止，仅按划分各操作单元界限的定时点记录起止时间，待全部观察次数进行完毕后再计算各操作单元、各次观察的延续时间。③目的：用于研究岗位完整工序的操作构成和时间消耗，在制定岗位技术定额时广泛采用。

2）反复测时。①定义：观察人员用秒表对一个个操作单元独立进行观测、直接记录操作延续时间和事实的测时。②特点：某一操作开始即启动秒表，操作结束即停止秒表，记录该操作的绝对延续时间，使秒表复位归零，再继续下一操作的测时。③目的：在实践研究过程中，反复测时多用于抽测一个工序中某些重点操作单元的延续时间，达到特定的目的，故反复测时又称为抽测法。

3）循环测时。①定义：将工序全部操作单元划分为依次减去一个单元的多个操作组合，观察人员用秒表循环观测记录各组合的延续时间和事实的测时。②特点：循环测时的主要特点是只测定操作组合的时间，由测得的工序平均作业时间倒算各操作单元的平均延续时间。③目的：仅用于作业时间特别短（操作延续时间小于0.06分）的工序的时间测定和结构分析。④实施步骤：首先，划分并排列操作组合；其次，依次分别测定各操作组合的消耗时间；再次，计算工序平均作业时间；最后，计算各操作单元平均延续时间。

例如，一个周期系列的作业单元依次为 ABCDE 五个单元，于是在反复劳动中出现 ABCDEABCDE……首先去掉 A，测 BCDE 的时间，办法是从 B 作业单元开始时按动秒表，在 E 作业单元结束时按停秒表，记录下 BCDE 的总时间；然后去掉 B，测 CDEA 的总时间……依次测得：

$$B+C+D+E=7.3 \text{ 秒} \tag{1}$$

$$C+D+E+A=6.8 \text{ 秒} \tag{2}$$

$$D+E+A+B=6.0 \text{ 秒} \tag{3}$$

$$E+A+B+C=6.6 \text{ 秒} \tag{4}$$

$$A+B+C+D=5.7 \text{ 秒} \tag{5}$$

然后用代数方法解此联立方程。把各式相加，得 $4A+4B+4C+4D+4E=32.4$ 秒

$$A+B+C+D+E=32.4/4=8.1 \text{ 秒} \tag{6}$$

（6）－（1）　A=0.8 秒

（6）－（2）　B=1.3 秒

（6）－（3）　C=2.1 秒

（6）－（4）　D=1.5 秒

（6）－（5）　E=2.4 秒

由此计算出各个单元的实际消耗数值。

需要注意的是，在上述三种测时方法中，对岗位连续测时的使用最为广泛，也最具有代表性。

（四）测时与工作日写实的区别

（1）观测范围不同。工作日写实是以岗位整个工作日消耗为对象，进行总体观察和统计；测时是以岗位工作日中某一工序或作业的时间消耗为观测对象。

（2）观测程度不同。工作日写实关注工作日内各类活动的综合及各自时间消耗比例；测时则局限于岗位工序中某一活动的内容及其工时消耗情况。

（3）功能目的不同。工作日写实主要是为工作岗位分析与岗位设计提供科学依据；测时主要是为了改进某项工序作业活动的内容，或者使其操作方法合理化，节约工时，确定科学的劳动时间。

工作日写实与测时的区别具体见表 4－7。

表 4－7　工作日写实与测时的区别

序号	项目	共同性质	工作日写实	测时
1	基本用途	制定劳动定额	制定定额时间	制定作业时间
2	其他用途	都可用于查定	分析工时利用	改进操作方法
3	观察对象	生产过程	工作日	工序
4	特点	分三个阶段	观察时间较长	观察难度大、不易准确
5	使用工具	计时工具	普通秒表	单针或双针秒表
6	改进措施	都要提出	着重管理组织工作	着重工艺技术方面
7	人员要求	既懂业务又有生产技术	业务知识、管理知识	业务知识、技术知识

二、测时的步骤

(一) 测时准备工作

(1) 根据测时的目的科学确定测时对象。如果测时是为了制订劳动定额，应当选择介于先进和一般之间的员工为对象；如果是为了总结先进工作经验，应选择先进员工作为对象；如果是为了找出完不成定额的原因，则应选择完不成定额的员工为对象。

(2) 充分了解被测对象和岗位作业情况，如被测岗位的工种、技术等级、工龄、设备、工具、工作地布置、环境条件等。如果测时是为制定时间标准提供资料，则还需要在作业现场建立良好的生产秩序，如工作地服务、技术服务、合理布置工作地等。

(3) 根据岗位实际情况，将工序划分为单个操作或操作组。划分的原则是：基本时间和辅助时间要分开；机动时间、手动时间和手工操作时间要分开。在划分操作的基础上，确定定时点，作为区分上下操作的界限，以保证每次观察记录的一致性和正确性。定时点应选择在声音或视觉上容易识别的标志。

(4) 测时的开始时间最好在员工工作1小时后，即生产稳定后进行。测时观察的次数，要根据生产类型、作业性质和工序延续时间的长短来确定。在大批量生产的条件下，测时的精确度要求高，观察次数要比单件小批量生产多些；如果工序的延续时间长，每次测定的结果出现的误差要相对小些，观察的次数可以少些。

(二) 岗位测时观察

(1) 在测时过程中，通常采取连续测时法按操作顺序连续记录每个活动的起止时间，也可以采取反复测定法，反复记录一个活动的延续时间。

(2) 在测时过程中，调查人员要集中精力，认真准确地按照确定的时间点进行记录，填写连续测时记录表（见表4－8）或反复测时记录表（见表4－9）。

(3) 注意删除不正常的记录数据，最后请观测岗位人员对数据进行核实和确认。

表4－8　连续测时记录表

No	操作名称	起止时间	观测次数													合计	有效观测次数	平均值
			1	2	3	4	5	6	7	8	9	10	11	12	13			
1	从椅子上站起来	R																
		T																
2	走到黑板旁	R																
		T																
3	拿粉笔	R																
		T																
4	写“正”字	R																
		T																

续表

No	操作名称	起止时间	观测次数													合计	有效观测次数	平均值
			1	2	3	4	5	6	7	8	9	10	11	12	13			
5	放下粉笔	R																
		T																
6	走到椅子旁	R																
		T																
7	坐到椅子上	R																
		T																
1个循环时间																		

表 4-9 反复测时记录表

序号	工序	第一次测试工时（S1）	第一次测试数量（N1）	第二次测试工时（S2）	第二次测试数量（N2）	平均工时（S）	标准工时（S）
1							
2							
3							
4							
5							
6							
7							
8							
9							
10							
11							
12							
13							
14							
15							
16							
17							
18							
19							
20							

核准　　　　　　　　　　审核　　　　　　　　　　制表

（三）测时资料整理和分析

在对测试数据进行整理汇总之后，应注意开展好下列工作。

（1）根据测时情况，记录岗位每一工序或活动的起始时刻与结束时刻，用后者减去前者以计算出该岗位某一工序的延续时间。

（2）进行多次的科学测时工作，注意有效数据的统计分析，计算出每一工序的平均延续时间。

（3）计算稳定系数，检验每一操作平均延续时间的准确性、可靠程度；稳定系数是测时数列中最大数值和最小数值之比。①

（4）根据每个工序的平均延续时间，计算出工序的作业时间，经过工时评定，达到符合定额水平要求的，可作为制定作业时间定额依据的时间值。

此外，也可将该工序消耗的平均时间与社会上该工序所需的标准时间进行比较，以判断组织本身该工序的消耗时间存在的问题，寻求改进对策。

（四）测时范例

某岗位 9 道工序经过四次测时，即 T1，T2，T3，T4，计算出平均数与稳定系数，见表 4－10。

表 4－10　岗位测时记录统计表

单元序号	T1	T2	T3	T4	平均数	稳定系数
1	4	4	6	5	4.75	1.50
2	8	9	9	11	9.25	1.38
3	17	14	13	15	14.75	1.31
4	15	16	16	16	15.75	1.07
5	11	12	11	14	12	1.27
6	12	16	13	14	13.75	1.33
7	9	7	9	9	8.5	1.29
8	10	9	7	8	8.5	1.43
9	5	6	6	8	6.25	1.60

第 6 节　其他调查方法

一、工作抽样法

（一）工作抽样法的内涵

工作抽样法首创于 1934 年，创始人是英国著名的统计学家蒂皮特（L.H.C.Tippett），

① 安鸿章 . 工作岗位研究原理与应用 . 北京：中国劳动社会保障出版社，2012.

他运用统计学与概率论原理，在纺织厂采用抽样技术调查织布机的开动率和工时利用率，并将研究成果公开发表，命名为快读法（snap - reading method）。工作抽样法是统计抽样方法在岗位调查中的应用，它是根据概率理论和数理统计的基本原理，采用随机抽样方法对工作岗位进行调查，利用随机抽样调查得到的数据和信息，对组织岗位状况做出推理判断的一种调查方法。

《工作抽样方法（GB/T 21664—2008）》标准规定了工作抽样主要术语、应用范围、工作抽样程序、方法及要求，适用于工作时间消耗过程中采用工作抽样方法分析研究时间消耗情况及制定劳动定员定额，应用《工作抽样方法（GB/T 21664—2008）》标准制定劳动定额定员标准更具有规范性、准确性、合理性、适用性和先进性，对促进企业管理，增强企业竞争能力，提高工作效率和劳动生产率，降低产品成本和提高经济效益将起到积极作用。

（二）工作抽样法的特点

（1）鉴于随机抽样的应用范围及其特点，工作抽样法适用范围较广，可用于各类组织的岗位调查工作，如企业、学校、医院和机关团体等。

（2）根据统计学的基本原理，与工作日写实、作业测时相比较，工作抽样法能够节省时间，节约费用。

（3）只要遵守随机性的基本原则，保证有足够的抽样观测的次数，工作抽样法就可以获取真实可靠的数据和信息。

（三）工作抽样法的意义

（1）工作抽样法可以解决较大规模组织中众多岗位难以逐个调查的问题，简化了岗位调查的复杂程序和诸多不必要的路径。

（2）工作抽样法可用于科学调查各类员工的工作岗位相关情况，有效获取员工岗位的内容、特点、程序等相关数据和资料，为岗位分析与设计打下基础。

（3）工作抽样法可以了解岗位各类活动的工时消耗情况，为科学开展时间定额和产量定额，改进岗位工作程序，提高工作效率提供依据。

（四）工作抽样法的步骤

1. 抽样前的准备

（1）确定调查项目。首先要明确调查目的，然后确定调查对象、调查范围和项目，确定岗位抽样所应达到的可靠程度和精确度。

（2）调查项目分类。在明确调查项目之后，按工时消耗分类方法确定对观察项目的分类，其工时消耗代号应符合 GB/T 14163 - 93 的规定。

（3）确定必要的观察次数。观察次数就是岗位抽样的样本数，抽取样本的数目越少，观察次数就少，得到测量结果的可靠性和准确性也就越低，对总体的代表性也就越差；反之则不同。

《工作抽样方法（GB/T 21664 - 2008）》规定，观察次数是根据抽样调查时规定的绝对误差或相对误差而定。采用绝对误差时，必要的观察次数按式（4－1）计算；采用相对误差时，必要的观察次数按式（4－3）计算。

$$N=\frac{4P_y(1-P_y)}{E^2} \qquad (4-1)$$

式中：N——必要的观察次数；

P_y——事项发生率；

E——绝对误差。

$$E=P_yS \qquad (4-2)$$

式中：S——相对误差。

$$N=\frac{4(1-P_y)}{S^2P_y} \qquad (4-3)$$

（4）确定适当的观察时刻。确定适当的观察时刻至关重要，将影响到观察结果的可靠性和精确度，因此，必须遵守随机的原则，可采用随机时间间隔、等时间间隔、分层抽样及区域抽样等方式进行。

①确定必要的巡回观察次数。工作抽样适用于数量众多的观察对象，例如，对车间全部操作工人进行观察，去现场作一次巡回，可以获得许多次观察。

巡回观察的总次数（K）按式（4－4）计算：

$$K=N/m \qquad (4-4)$$

式中：N——必要的观察次数；m——一次巡回观察对象数。

②确定计划观察工作日数。

巡回观察的总次数（K）除以每个工作日安排的巡回次数，便得到计划观察工作日数。例如，必要巡回观察总次数为100次，一名观察员一个工作班内巡回观察25次，则计划用4个工作班时间完成全部观察。

（5）确定巡回路线和观察点。因为观察次数多，走的路线又长，观察人员在开始观察前，应预先根据机器设备配置或现场布置的平面图结合企业实际选Z形、圆形、直线形等，以确定最佳的观察巡回路线和观察点。

2. 进行实地观察，记录相关数据

在观察过程中，制定观察记录表（见表4－11），并应准确、认真记录观察数据，将其记录到观察记录表中，以备整理分析之用。

表4－11　工作抽样观察记录表

观察对象		设备名称		设备型号		工序		编号N0–
序号	分类（组）							
	第一组		第二组			第三组		
	观察时刻	时间消耗代号	观察时刻	时间消耗代号		观察时刻	时间消耗代号	
1								
2								

续表

观察对象		设备名称		设备型号		工序		编号 N0-

序号	分 类（组）					
	第一组		第二组		第三组	
	观察时刻	时间消耗代号	观察时刻	时间消耗代号	观察时刻	时间消耗代号
3						
4						
5						
6						
7						
8						
9						
10						
11						
12						

资料来源：中华人民共和国国家质量监督检验检疫总局，中国国家标准化管理委员会．工作抽样方法（GB/T 21664—2008），2008.

3. 整理、分析数据资料，撰写书面报告

将观察记录表格中的数据录入到工作抽样结果汇总表之中（见表 4－12），计算事项发生率，剔除异常值，验算抽样误差，之后撰写书面结论或分析报告。

表 4－12　工作抽样结果汇总表

观察日期	第一天	第二天	第三天	第四天	第五天	合计	事项发生率（%）
观察项目	观　察　结　果						

资料来源：中华人民共和国国家质量监督检验检疫总局，中国国家标准化管理委员会．工作抽样方法（GB/T 21664-2008），2008.

二、工作日志法

（一）工作日志法的内涵

工作日志法是指为了调查员工岗位工作的任务、职责、程序、繁杂程度、人际关系及工作负荷等情况，由任职者自己记录下每天工作过程中各种相关信息的一种岗位调查方法。工作日志法要求岗位上的员工坚持每天填写工作日志，记录的信息一般包括要完成的工作任务、工作程序与工作方法、工作职责、工作权限以及各项工作所花费的时间等，一般需要填写工作日志 10 天以上，之后，调查人员对工作日志进行归纳、分析和总结，获取所需岗位相关信息的一种有效调研方法。

（二）工作日志法的特点

（1）优点：工作日志由岗位工作人员填写，可以对调查的岗位信息有更加全面、充分、细致的了解，所获得的信息的可靠性很高，资料信息较为详尽，适用于获取有关岗位的工作职责、工作内容、工作关系、劳动强度等方面信息，所需费用也较低，能够节省一定的调研成本。

（2）缺点：岗位员工在填写过程中可能会夸大自己的工作强度、工作压力及工作任务的繁杂程度等，需要调研人员辩证识别和客观分析其提供的岗位工作信息；工作日志法适用范围较小，适合简单、单一、稳定的工作岗位，不适用于工作循环周期较长、工作状态不稳定的职位；工作日志法收集的信息整理量非常大，分析与归纳工作较为繁重等。

（三）工作日志法的应用

1. 明确工作日志的调查目的

在进行工作日志调研之前，调研人员务必明确工作日志调研的主要目的，是以岗位的任务、职责、程序、繁杂程度、人际关系还是以工作负荷调查为主，并遵循调研的目的及基本原则开展后续工作，如有针对性地设计、填写工作日志表格等。

2. 设计并指导员工填写工作日志表格

工作日志表格的设计要依据科学性、目的性、严谨性的原则进行，应包含部门、职务、姓名、时间等基本信息，以及岗位工作名称、内容、性质、延续时间及重要程度等必备信息，见表 4－13。

表 4－13　工作日志记录表

部门：　　　　职务：　　　　姓名：　　　　　　年　月　日　时　分至　时　分

序号	工作名称	工作内容	工作性质	工作结果	开始时间	结束时间	重要程度	备注
1								
2								
3								

续表

序号	工作名称	工作内容	工作性质	工作结果	开始时间	结束时间	重要程度	备注
4								
5								
6								
7								
8								
9								
10								
11								
12								

在被调查员工填写工作日志的过程中，调查人员应给与充分的指导，协助其科学、正确地填写工作日志表。如对工作名称、工作性质、开始时间、结束时间及重要程度的词义内涵与填写方式等予以说明，从而达到有效填写的目的（见表 4－14）。

表 4－14　某疾控中心——岗位工作日志

序号	开始时间	结束时间	工作活动名称	工作活动内容	工作来源	工作成果	备注
1	8：30	8：40	电话	确认下周联合检查事宜	x 省疾控中心	1 次	承办
2	8：50	9：00	起草文件	艾滋病监测规范	卫生部门	4 页	报批
3	9：35	9：50	复印	艾滋病监测规范	流行病学室	4 页	存档
4	10：00	10：40	会议	讨论下周联合检查	流行病学室	1 次	参与
5	10：50	11：10	布置文件	下周工作安排	流行病学室	1 次	指示
6	13：30	15：30	实验	xx 疫苗培育情况监测	参比实验室	1 次	主办
7	15：50	17：20	起草报告	关于 xx 疫苗数据分析报告	中心主任	5 页	主办
8							
9							
10							

资料来源：陈庆．岗位分析与岗位评价．北京：机械工业出版社，2011.

3. 工作日志整理与撰写调查报告

在工作日志整理过程中，要仔细辨别、分析工作日志的填写质量，去除不合格的工作日志信息，如过于夸张的、填写项目不完全的、填写时间不准确的或存在矛盾的信息等，归纳、提炼那些清晰的、准确的重要相关信息。在科学整理、归纳与提炼工作日志信息的基础上，结合调研的目的，客观地撰写某一岗位的调查报告，为后续工作的开展打下良好基础。

三、主管人员分析法

主管人员分析法是指由于企业主管人员对某一岗位工作较为了解，故由其通过日常管理来了解、记录所管辖人员岗位的工作任务、责任与要求等，以此来进行岗位调查与分析的一种有效方法。

主管人员分析法和工作日志法是写实分析法的两种不同形式：主管人员分析法是由主管人员对岗位工作人员的工作进行记录与分析；工作日志法是由岗位工作人员对自己的工作进行写实与描述。

主管人员分析法的优点是记录方便，主管人员与所分析的岗位经常打交道，非常了解相关岗位信息，尤其以前从事过这些工作的主管人员，他们的目的比较明确，分析很深入；缺点是主管人员的分析中也许有一些偏见，尤其是那些只干过其中一部分工作而不全面了解工作岗位的人，他们往往偏重于所从事过的那部分工作，可以采取将主管人员分析法与工作日志法相结合的方法来消除偏差。主管人员分析法范例见表4－15。

表4－15　某食品加工厂工作分析表

1. 职位名称	
任职者部门：	工作地点：
任职者姓名：	日期：
主管人员姓名：	签字：
2. 基本职责：	
3. 能够用于确定本职位工作范围的各种指标	
4. 填写下面的内容，以示各职位间的工作关系：	
直接主管职位名称：	
同一直接主管之下的其他职位名称：	
直接下级职位名称：	
简要说明下属的主要功能：	
5. 列举主要职责活动与代表性的工作项目	
6. 如果上述栏目无法说明，请再举出几个典型的事例或任职时所遇到的事例	
7. 说明本职位工作的权限与自主性	
8. 完成本职位工作需要说明的其他情况与要求	

资料来源：葛玉辉．人力资源管理．北京：清华大学出版社，2006.

四、主题专家会议法

主题专家会议法是指熟悉和了解相关岗位的企业内部人员和外部人员就相关岗位展开讨论与研究，收集、分析与岗位相关的数据与信息，验证并确认岗位的分析结果。

主题专家会议的成员主要包括组织内部的成员（任职者、直接上级、曾经任职者、内部客户、其他熟悉目标职位的人）和组织外部的成员（咨询专家、外部客户、其他组织标杆职位任职者）。

主题专家会议法主要包括四个阶段：

（1）确定会议主持人。主题专家会议的主持人最好是企业内与岗位相关的中层管理者，会议开始前人力资源部的工作分析人员需要对其进行专业指导和培训。

（2）选择相关专家。主题专家一般为5～8人，具体人数需要根据会议的主要目的确定。如果会议的主要目的是岗位工作设计，则与会的主题专家应包括职位的上级、咨询专家、外部客户、其他企业标杆职位任职者等；若会议的目的是确定任职资格，则与会主题专家主要是上司、任职者与外部专家等。

（3）准备相关材料。为了使会议更加具有针对性，提高会议的效率，会议主持人应事先准备好相关书面材料，例如需要确认的岗位分析初稿、调查问卷以及访谈提纲等。

（4）确定会议程序。明确会议具体程序，如会场布置、通知与会者、会议召开以及做好会后结束工作等。

主题专家会议法的优点是操作简单、成本低，适合各类一般企业开展；可以运用于岗位分析的各个环节，具备多方沟通协调的功能，有利于岗位分析结果得到企业的认同；缺点是结构化程度低，专家主观倾向明显，缺乏客观性；专家知识水平会影响岗位分析的效果。

五、关键事件法

关键事件法是由美国学者福莱·诺格和伯恩斯于1954年共同创立的，由上级主管者观察、记录员工平时岗位工作中的关键事件：一种是岗位上做得特别好的事件或行为，一种是岗位上做得不好的事件或行为。因此，关键事件法涉及三个方面：（1）观察员工的岗位行为；（2）书面记录员工岗位上所做的事情；（3）有关岗位工作成败的关键性事件。

关键事件法是确定企业内部关键的工作任务或活动以获得岗位工作上的成功，其主要是指使岗位工作成功或失败的工作行为或事件。关键事件法既能获得有关岗位的静态信息，又可以了解职务的动态特点，它要求岗位分析人员、管理人员、岗位工作人员将工作过程中的关键事件详细地记录，并在大量收集信息后，对岗位的特征和要求进行深入分析。见表4-16。

表 4－16　关键事件记录示例

请以您多年的工作经验，回忆工作者在工作中有哪些显著、典型的行为，能够反映不同水平的工作绩效：非常有效（好）、非常无效（差）、适中。 （1）引起这个行为范例的环境是什么？ （2）请详细描述能够反映不同水平的工作绩效的显著行为。 （3）这些行为的后果是什么？ （4）请提供以下信息： a. 工作名称： b. 工作绩效范围： c. 绩效等级划分：1　2　3　4　5　6　7　8　9

关键事件法的优点：基于员工在整个年度中的岗位工作的特殊表现，对员工的岗位行为进行客观全面的观察、测量和记录，以此作为开展岗位研究的科学基础，体现出岗位研究的动态特征。关键事件法的缺点：一是需要花费大量的时间去收集关键事件；二是对岗位工作绩效有效或无效的特殊事件的关注，容易遗漏岗位的平均绩效水平；三是不适合描述日常工作。

关键事件法的主要原则是认定员工与岗位有关的行为。关键事件法首先从领导、员工或其他熟悉该职务的人那里收集一系列岗位工作行为事件，然后，描述“特别好”或“特别坏”的岗位绩效。在大量收集这些关键事件以后，主管者与被测评者讨论岗位相关事件或行为，可以对它们做出分类，总结出岗位的关键特征和行为要求，为岗位研究提供依据。

本章小结

本章第 1 节介绍了岗位调查的内涵与相关概念；岗位调查的原则、任务、步骤、内容和意义。第 2 节介绍了问卷调查法的内容、设计与实施，以及调查问卷的优缺点与一般格式。第 3 节介绍了访谈法的定义、特点、步骤及注意事项。第 4 节介绍了工作日写实的概念、种类、相关术语、步骤对象及其意义、优缺点。第 5 节介绍了测时的定义、作用、种类、步骤。第 6 节介绍了其他调查方法。

本章习题

1. 岗位调查包括哪些方法？
2. 简述问卷调查的设计过程与步骤。
3. 简述访谈的优缺点及主要步骤。
4. 简述工作日写实的种类及作用。
5. 简述测时的特点及其与写实的关系。
6. 简述岗位抽样的内涵与意义。
7. 简述工作日志法的特点及应用步骤。

团队练习

通过本章内容的学习，对岗位调查的方法、特点及步骤有了清晰的认识。在这个练习中，参与者根据对工作日写实方法的掌握，选择一家最熟悉的企业开展某个岗位的写实工作，每组以3人为宜。各组成员通过对该企业某一岗位开展工作日写实，掌握该岗位每日的工时利用情况，并提出管理岗位工时的改进建议。

第一步，组建工作日写实小组。根据自愿原则，每组由3人组成，结合全部成员人数，组建相应数量的小组。

第二步，选择熟悉的企业，确定企业中的某个岗位，如商店收银员、餐厅服务员、车间生产人员、技术研发人员等岗位，采用工作日写实法，按照时间的顺序，对该岗位每日工时的利用情况进行细致观察，并认真填写工时记录表。

第三步，各个小组在对岗位完成观察和记录之后，对所获取的数据进行深入分析，撰写岗位工作日写实报告，报告内容涉及岗位每日工时的构成情况、各项工时的利用情况、工作量是否满负荷等，并提出科学、合理的工时管理改进建议。

第四步，每个小组选派1名代表，按照教师指定的顺序，分别进行工作日写实汇报，汇报时间为10分钟。

本练习的结果是真实地展现如何开展企业一线岗位的工作日写实活动，并为未来在企业内部切实开展工作日写实，分析各项工时构成及其利用情况，进而提出科学的工时管理改进建议打下坚实基础。参与者在练习过程中，不仅可以培养团队成员之间的分工协作能力、人际沟通能力、分析总结能力，还能够提升成员运用所学课程知识和技能解决企业实际问题的能力，如帮助企业提升工时的管理效率，有效发挥员工的潜力，开展公平公正的岗位设计与管理，促进企业科学发展。

案例分析

案例一

某电器销售公司成立10年，在国内已有很大的名气，其营业额一直居于行业领先地位。前几年为了做大做强，该公司先后并购了一个纸箱包装厂、三个中小型物流企业，公司的人员增加了一倍。随着业务范围的拓展，公司遇到的问题越来越多。由于原有企业大部分是传统的国有企业，普遍存在着基础工作薄弱，岗位设置不合理，工作职责不清晰，操作规范不统一，工作质量无标准，定员定额水平低的严重问题。该公司新近从名牌大学招来几名MBA毕业生，其中有两名MBA毕业生被安排在人力资源部工作。人力资源部经理对他们说："你们来得正是时候，我一直为这几个下属单位的人事管理问题犯愁，到底如何对这些单位进行整合，如何重建各项基础工作，使其在公司经营中发挥更大的作用，我想请你们策划出一个整体的改革方案。但由于你们刚刚到公司，不熟悉情况，不如先深入这几个单位进行一次全面调查，在深入掌握真实数据资料的基础上，提出改进方案也不迟。"

这两位MBA毕业生欣然接受了任务，第二天即来到了包装厂进行调研，该厂有一条纸箱生产线，并配置一定的辅助设备，除一名厂长，三个分别负责生产、技术、人事行政的助理员之外，还有一个财务室，包括室主任、出纳和会计，余下的全部是制箱工。面对这样一个单位，两位 MBA 毕业生都在暗暗地考虑：如何开始进行这次岗位调查，采用何种方法，才能获取到该厂真实全面的数据资料呢？

资料来源：安鸿章 . 工作岗位研究原理与应用 .3 版 . 北京：中国劳动社会保障出版社，2012.

请结合案例回答下列问题：

1. 本次调查的目的是什么？采用什么样的方法才能使调查更有效？

2. 请结合电器销售公司的实际情况，简述本次岗位调查的计划与步骤。

案例二

在某公司的一次工作分析访谈中，工作分析员向任职者提问："请你谈谈你的这份工作对公司的价值。"听到这样的问题，小王愣住了，该怎么回答呢？当然要说价值很大啦，怎么大呢？思索了半天，她也不知道该如何回答，只能说"我的工作是公司正常运转不可缺少的一个环节"，心里暗想，这回答还真是废话！原本以为人力资源部在了解情况后会对每个人的工作做评价，谁知道，直接就让员工自己谈价值。这下可把大伙儿难住了，说高了，一听就是空话；自谦一下，不等于让人家来炒鱿鱼？只好统一口径，简单几句话把进行工作分析的人打发走了。

请根据上述案例讨论以下问题：

1. 这次访谈能成功吗？为什么？

2. 应该如何改进公司的访谈工作？

延伸阅读

工作日志是弃还是留

会展策划服务公司的老板为了及时掌握项目情况，更好地统筹业务运营，建立了工作日志制度，结果非但没有达到深入了解项目情况的目的，反倒增加了管理负荷。工作日志该弃还是该留？

Z 某是一家会展策划服务公司的老板，公司规模不大，共有员工 32 人，其中有 23 位专业的会展策划人员，剩余 9 人为行政、人力、财务及后勤保障人员。公司开展的会展策划及咨询业务大都是以项目制的形式开展，每个项目都会配备一名项目经理，并根据粗略计算的项目任务量配备一定的人员。因公司业务较多和业务本身无法量化的特点，Z 某并没有太多精力去关注每一个项目组精确的任务量以及项目成员的工作负荷，为了能够及时掌握这些情况，更好地统筹公司的业务运营，及时调配业务人员，Z 某在公司内部建立了工作日志制度，要求所有的策划人员每天提交工作日志，详细记录每天的工作任务及完成情况。但是事与愿违，Z 某每天花费大量的时间去看这些工作日志，但看完之后也不能够真正判断项目成员实际工作量到底有多大。眼下，Z 某遇到的问题就是：继续执行工作日志制度，达不到预期的效果；放弃执行，但又找不到更好的管理方法。Z 某到底该如何做？

3 位专家的建议与对策。

1. 让工作日志落地

工作日志是对每天或短期阶段性的工作进行长期记录的习惯和要求。若能够用好工作日志制度，对企业的发展大有裨益。但正因为很多企业管理者在应用该制度时，经常会遇到案例中的情形，最终使工作日志制度沦为鸡肋而不是老板的“千里眼”。其实，有三招可以让工作日志制度落地。

第一招：制订工作日志管理制度。大部分公司所制订的工作日志管理制度过于“普适”，放之任何一个公司而皆准，无非是目的、适用范围、撰写要求等常规的要求，既没有针对性又没有落地的可操作性，员工执行自然敷衍了事。因此，该公司要制定清晰规范且具有可操作性的管理指南，这需要管理人员根据自己的岗位性质、工作特点、员工级别等提出有针对性的撰写要求。

第二招：工作日志要跟踪管理到位。对待工作日志制度的执行，管理者要随时跟踪且做到赏罚分明。渐渐地员工认识到工作日志能够为自己的工作和团队的工作带来很大的帮助，也就真正认识到其价值所在，也就会将工作日志制度固化到公司的“骨子”里了。这样，新员工入职后就会自觉规范地执行工作日志制度，从此，公司的工作日志制度会规范地传承下去。

第三招：借助信息平台，提高效率。工作日志制度是一项系统的管理制度，对于工作日志的分类、权限划分、上传、统计、考核管理是一个烦琐的过程，建议该公司搭建功能与之配套、操作简便的信息化平台，这可以极大地提高工作日志的管理效率和利用效率，更好地实现“千里眼”功能。无论何时、何地，只要有网络，老板就可以了解公司整体的运营状况，更好地进行战略决策。

工作日志不是公司装饰自己的配饰，也不是员工敷衍老板的道具，本质上是对工作任务和时间进行管理的工具。如果有了规范的工作日志管理制度，且公司能够监督管理到位，工作日志不仅能够发挥“千里眼”的功能，更会成为员工自我约束的有效工具。

——袁燕华 仁达方略企业管理咨询有限公司 高级咨询师

2.“4K 模型”改善工作日志应用

工作日志，顾名思义就是针对自己的工作，每天记录工作的内容、所花费的时间、在工作过程中遇到的问题以及解决问题的思路和方法。很多中小型企业对员工进行日常管理时，偏重于对员工的所有工作过程实施监督和管控，于是每天让员工填写工作日志。但是在实际操作过程中，一方面员工要花大量时间去写工作日志，另一方面老板又要花精力审阅，结果两头不讨好。

如何才能恰当地运用工作日志，帮助中小企业管理者有效管理好员工的日常工作及绩效呢？笔者认为必须从以下几个方面着手：第一，通过培训让管理者和员工正确认识工作日志的作用与价值。工作日志可以帮助员工记录个人日常工作的过程及结果，帮助管理者快速了解员工的工作状况，从而确定员工是否按照公司的要求和规定去工作。除此之外，工作日志更重要的作用反映在结果的运用上，让管理者和员工分析日常工作中有哪些重要的、关键的事项，处理这些事项应该采取哪些有效的方法，以及这些事项对于公司经营中关键业务的影响程度。第二，运用“4K 模型”恰当地确定工作日志的内容要项。如果工作日志仅仅是让员工每天重复记录他每一个时间段在做什么，很快就会导致员工生厌，变成日常工作中的一种负担。因而必须通过确定工作日志的主要用途来确认内容要项，快速输出管理者希望得到的结果。笔者创建了一个“4K模型”来确定工作日志的内容要项。第三，采用IT系统来提高工作日志编写的快捷性和效率。通过“4K模型”重新确定工作日志的填写项目后，可以选择相关软件或IT工具来帮助员工方便高效地填写工作日志，比如购买专门的电脑软件或编写一个手机App，使员工愉快和高效地填写。案例中的会展策划服务公司，平常是以项目制运作，可以让员工通过手机App围绕一个项目来填写工作日志，会提高他们填写日志的方便性和灵活性。第四，编写工作日志的最终结果是要对绩效进行改进。让员工写工作日志，除了可以使管理者了解工作情况外，更重要的是对工作日志输出的结果进行应用。管理者可通过对“4K模型”所提及的关键工作事项、关键工作人员、关键工作行为、关键工作成果等要素的把握，对岗位职责、工作流程、人员配置、绩效结果等进行调整和改善，从而真正让工作日志帮助员工改进工作业绩，而不仅仅是了解和监督员工工作的工具。

——马本军 思越仁达企业管理咨询有限公司 总经理

3. 用项目管理的逻辑管理项目

案例中，老板推出工作日志的出发点是想及时了解每个项目组的工作量和项目成员的工作负荷情况，结果在实际操作中，非但没有达到了解工作量的目的，反倒增加了自己的管理负荷，陷入大量的细节和分析当中。实际上，这反映了一个根本性的问题，那就是项目制的工作如何进行细化管理。

解决该问题还是要回归到问题本身，梳理清楚项目制工作的核心成功要素，然后围绕成功要素进行管理设计。一个项目制工作是否成功，大致取决于以下六个方面：一是项目计划管理；二是人员安排；三是项目费用控制；四是项目进度控制；五是客户满意度管理；六是项目回款控制。（1）项目计划管理。一个项目能否取得成功，计划是第一步，也是最重要的一步，计划想清楚了，后续的各项控制工作都能得到有效关注。项目计划必须周详具体，对项目的重大节点，例如何时提出策划案创意、何时出策划案初稿、何时对策划案定稿、何时根据策划案进行展厅设计、何时布展人员进场，必须提前考虑清楚，并在项目组内部讨论充分，作为项目策划工作的基准。当项目组把计划想清楚了，老板无须时刻关注项目组的工作量，只需按照计划进度进行对照检查即可。（2）人员安排。一个策划项目派什么人员参与不是随意的，而是要根据项目内容的难易程度、项目时间周期、人员合作匹配度、人员的能力特长以及个性特点等进行合理安排。例如，策划案属于创新型的，那么项目负责人要具备创新精神，策划经验要极为丰富才行；策划案属于常规性的，那么项目负责人只要具备一定项目经验即可。（3）费用核算与控制。一个策划项目是否盈利，要看项目投入和产出之间的关系。通常项目策划人员都有比较明确的工资奖金标准，在项目开始时，老板要对项目费用进行详细的测算，其中包括：税金、人员固定费用、完成阶段工作给予的项目奖金等各项费用。通过核算，框定项目利润，项目延期时，对项目进行考核扣罚，最起码做到延期部分时间不再发放奖金。（4）项目进度控制。根据项目计划进行进度控制，对于可能出现的拖延进行提醒或考核扣罚。（5）客户满意度管理。客户满意度是顺利获得回款的根本保证，如何从客户需求出发设计策划案并推进执行，是获得客户满意度的关键所在。公司需要根据客户对策划方案的满意度考核项目组，增加满意度系数。（6）项目回款控制。根据回款计划对项目进行回款考核，对于回款拖延，给予奖金延发或扣罚。做到以上六点，老板基本上对一个策划项目就有了严格的控制手段，对策划项目各个控制点设置了具体明确的考核标准，这时工作量已经不是最重要的因素，工作的质量、项目管理的水平以及客户满意度变得更加重要，这些都是工作日志本身无法体现的，需要通过项目管理的手段控制项目过程，对项目过程进行系统性检视，确保项目组在保证最终利润的同时，提升工作质量。

至于工作日志，也没有必要废除，但是对于功能要进行调整，要让项目组写出每日工作重点和创新性思考，通过工作日志帮助项目人员提升自我，互相学习，达到团队互动的目的。

——赵日磊 盛高咨询合伙人

资料来源：经理人，2014（12），92-94.

第5章 岗位分析

| 学习目标 |

1.了解岗位分析的原则、岗位分析的成果形式。

2.理解岗位分析的作用和注意事项。

3.掌握岗位分析的概念、内容和程序、工作说明书的内容与编写要求。

引导案例

HR的困惑

A公司是某省大型制药企业，该公司在2000年初高薪招聘了数十名高级技术人才。在招聘时，该公司人力资源部承诺，为他们提供良好的工作环境和工作条件。然而工作还不满一年，这些技术人才纷纷到人力资源部反映问题，有人抱怨专业不对口，在这个岗位无法发挥自己的技术优势；有人认为自己的才能远远超过岗位工作的要求，大材小用了；有人反映公司提供的工作条件不能满足本岗位工作的需要；更有甚者，在一次技术事故中，当事人以工作说明书没有注明工作风险的可能性为由推脱责任。这些人员的不满情绪和换岗要求搞得人力资源部经理非常苦恼，之后不久，几位出类拔萃的优秀员工直接辞职离开了公司。

资料来源：龚尚猛，宋相鑫．工作分析：理论、方法及运用．上海：上海财经大学出版社，2020.

思考题

该公司的人力资源管理工作出现了什么问题？如何解决？

第1节 岗位分析的产生与发展

一、早期岗位分析思想

（一）中国早期岗位分析思想

春秋时期齐国的国相管仲提出了“四民分业定居论”，他主张把一国民众分为士、农、工、商四大行业，让人们按行业分别聚居在固定的区域，这是最早的分工、分业思想。

北宋发明家毕昇运用观察、体察等工作分析方法，对原雕版印刷技术进行了方法分析，在总结前人经验的基础上，经过试验，于北宋仁宗庆历年间（1041—1048年）发明活字印刷术，这是最早的工作分析方法。①

（二）西方早期岗位分析思想

古代希腊哲学家柏拉图在《理想国》中论述了社会职业的分工，他认为：

（1）不同的人在从事工作的资质方面是存在个体差异的，这就意味着不同的个人之间是存在能力差异的。

（2）不同职业需要具备不同独特资质的人来完成。

（3）一个社会要想取得高质量的绩效，就必须努力把每一个人都安排到最适合发挥他的资质的职业上去。

1776年，英国古典经济学家亚当·斯密在《国民财富的性质和原因的研究》（简称《国富论》）中提出了分工理论。他认为分工的优点有三个方面：

（1）分工可以快速提升劳动者的技术熟练程度。

（2）分工能够让每个人专门从事某种工作，能够减少从一种工作转到另一种工作所消耗的时间。

（3）分工有利于劳动者简化劳动，发明缩减劳动的机械。

二、岗位分析实践

岗位分析实践开始于19世纪末的科学管理时代，是在美国工程师泰勒以及吉尔布雷斯夫妇的工作研究过程中开展起来的。泰勒是企业科学管理的主要倡导人、举世公认的“科学管理之父”，他毕生致力于科学管理的实践和理论研究工作。弗兰克·吉尔布雷斯先生是一位建筑工程师，他一生从事“动作与时间”的研究，重视工作效率问题，他的夫人莉莲·吉尔布雷斯是位心理学家，更重视采用心理学的方法进行动作分析。吉尔

① 陈俊梁，陈瑜.工作分析：理论与实务.北京：中国人民大学出版社，2017.

布雷斯夫妇在工作研究中发明和应用了许多新的技术，如影片动作分析法。

泰勒和吉尔布雷斯夫妇倡导的工作研究包括方法研究和时间研究，其中，方法研究是分析劳动者的每一个细小的操作动作，探寻节约人力、物力和财力消耗的最佳程序和方法；时间研究是在改进工作程序和操作方法、实现工作标准化的基础上，对各项标准化工作（作业）进行时间测定，最后制定出作业的时间定额标准。岗位分析在国外发展起来，很多企业和政府机构都进行过岗位分析实践，岗位分析基础扎实，岗位分析技术和手段比较成熟。我国企业和政府部门岗位分析实践起步较晚，加上对岗位分析的重视程度不够、管理基础薄弱，导致岗位分析实践不能在我国很好地开展。因此，企业需要进一步明确岗位分析在人力资源管理工作中的地位和作用，以便很好地开展岗位分析。

三、岗位分析的发展趋势

1. 岗位分析与企业战略相结合

激烈的市场竞争要求岗位的内容和性质紧跟企业发展变化，这就要求岗位分析与企业战略目标相结合，在岗位分析时不仅要采用自下而上的传统方法分析岗位需求和人员需求，还要采用自上而下的方法确定未来岗位对于知识、技能等方面的要求。岗位分析信息也从单一的任职者方面收集变为任职者和非任职者两个方面收集，这些非任职者包括战略制定者、人力资源专家、本领域专家、客户等。

2. 信息技术的发展给岗位分析带来挑战

随着信息技术的高速发展，越来越多的新行业不断出现，随之而来的就是新岗位的诞生和原有岗位的消失。组织内部同样发生了翻天覆地的变化，机器替代人工，自动化的流水线取代工人在生产线上的流水作业，导致原有的岗位分析方法不再适用于企业发展变化，信息技术给岗位分析带来许多新的挑战，如何应对新环境、新变化，如何将岗位分析与企业发展结合起来是现代人力资源管理需要面对的问题。

3. 组织结构变革带来岗位分析重点的转移

随着企业的发展，组织并购、重组、流程再造等组织结构变革经常发生，未来的组织结构正在朝扁平化、网络化、无边界组织结构发展，扁平化与弹性化使得岗位数量减少、岗位本身从确定性向不确定性、从重复性向创新性方面转变，并且跨专业的自我管理团队允许岗位之间职责和权限交叉，岗位职责和权限的确定越来越困难，传统的、稳定的、强调具体职责描述的工作说明书已经不能适应变化的岗位，岗位分析的重点由岗位任务、职责分析转为任职者知识、能力、技能等方面的分析，工作说明书的重点向任职资格方面转移。

4. 岗位分析研究对象扩展为岗位和团队

未来的组织越来越重视团队工作，团队化是指由一个团队整体来开展工作，在工作的推进过程中并没有明确的、固定的职责分工，而是根据需要由团队随机安排。[①] 团队化打破原有的部门界限，减少了中间管理层次，效率得到很大提高。传统的岗位分析是

---

① 陈俊梁，陈瑜．工作分析：理论与实务．北京：中国人民大学出版社，2017.

在相对稳定的竞争环境下，组织结构和岗位职责相对稳定的前提下进行的，随着环境的变化，很多组织采用新型组织结构，以岗位为基础的组织结构逐渐转向以团队为单元的组织结构，并且团队成员的工作交叉、职能互动，在团队中将不再存在固定的、一成不变的岗位，因此，团队成为岗位分析的研究对象。虽然未来组织团队工作很重要，但是个人工作的独立性及其对组织的贡献同样重要，都是组织活动中不可或缺的重要组成部分，因此，岗位分析的研究对象将由传统的岗位扩展为岗位和团队。

第 2 节　岗位分析的内涵与作用

一、岗位分析的内涵

岗位分析又称为工作分析，是对各类工作岗位的性质任务、职责权限、岗位关系、劳动条件和环境，以及员工承担本岗位工作应具备的资格条件所进行的系统研究，并为人力资源管理提供信息的过程。

岗位分析包括两方面内容，一方面是岗位内涵分析，描述的是岗位"做什么"的问题，即明确每一个岗位的具体职责、任务是什么；另一方面是人员分析，描述的是"谁来做"的问题，即承担该岗位工作的人员应该具备什么样的知识、技能、能力和经验等资格条件。

岗位分析是人力资源管理的一项基础工作，但岗位分析并不是一项常规的工作。当组织新成立、战略调整、技术创新、组织结构变化时一定要及时进行岗位分析。一般在下述四种情况下，组织最需要进行岗位分析。

（1）新组织建立或岗位分析首次被正式引进。一个组织在新成立时，或者成立一段时间，从来没有进行过岗位分析，岗位的设置和人员配置还不完善，此时通过岗位分析将组织目标分解，确定部门目标和岗位目标，从而确定岗位职责和岗位人员的任职信息。

（2）组织战略调整或业务发展。当一个组织进行了战略调整或业务有所改变时，有些岗位的工作内容、工作性质会发生变化，此时应该及时进行岗位分析以适应变化的岗位要求。

（3）技术创新。组织技术创新会带来新技术和新设备，岗位内容和岗位要求随之发生变化，这时组织需要重新进行定岗定员。

（4）需要以岗位分析为基础建立相关制度。当组织发展到一定程度时，需要健全人力资源管理制度，如建立绩效考核制度、薪酬制度、培训制度时，必须进行岗位分析。

二、岗位分析的原则

岗位分析的结果为人力资源管理开展各项工作提供基础信息，必须做到科学合理，因此，进行岗位分析必须遵循以下原则。

1. 系统原则

系统是指由相互作用、相互依赖的若干组成部分结合而成的，具有特定功能的有机整体。系统的概念包括三个方面的含义：第一，至少要有两个或者两个以上的要素才能组成系统；第二，要素之间相互联系、相互作用，按照一定方式形成一个整体；第三，这个整体具有各个要素所没有的特定功能。一个组织就是一个系统，并且是开放系统，组织中的各个部门是子系统，各个团队或小组是子子系统。在进行岗位分析时，要遵循系统原则，分析所有岗位在组织机构的总体及子系统中的设置是否合理，每一个岗位与其他岗位之间的关系是否协调统一等。

2. 能级原则

能级是指企业中各个岗位功能的等级。岗位能级的大小取决于它在组织中的工作性质、任务繁简难易程度、责任大小、劳动强度等因素。岗位的功能越大，其能级就越高，在组织中的相对价值就越大，比如总经理岗位的能级比一般职员岗位的能级大很多，进行岗位分析时对其职责的界定要清晰。

3. 实用性原则

实用性原则是指企业在进行岗位分析时要符合自身特点，如在进行工作分析、编写工作说明书的过程中可以参考其他企业的经验，但是必须根据企业自己的目标和需要进行调整。

4. 动态原则

动态原则是指岗位分析不是一劳永逸的，要根据组织发展和环境的变化，适时地进行岗位分析，岗位分析的结果，如工作说明书的内容也要不断地调整和完善。

三、岗位分析的作用

岗位分析被誉为人力资源管理的基石，是因为人力资源规划、招聘与配置、绩效考核、培训、薪酬管理等人力资源管理活动，均需以岗位分析提供的信息为依据。

1. 岗位分析有助于制定和实施人力资源规划

人力资源规划是一项系统工程，它是在组织发展战略指导下，以全面核查现有人力资源、分析组织内外部条件为基础，以预测组织对人员的未来供需为切入点，制定人力资源管理的相关政策与措施。岗位分析为制定人力资源规划提供了信息支持，主要体现在人力资源需求预测和人力资源供给预测两个方面。

人力资源需求预测主要研究一个企业什么时候需要人，需要多少人，需要具备什么样的知识、经验、能力和技能的人等问题；人力资源供给预测主要研究一个组织从哪里获取所需人力资源的问题，包括内部供给预测和外部供给预测，内部供给预测就是对于企业内部的员工状况进行分析，如年龄结构、学历水平、知识经验等。不管是人力资源需求预测还是人力资源供给预测，前提都是对组织人力资源现状的分析，分析组织目前岗位设置情况、人员配备情况、人员素质情况等，这些信息的获得均需要通过岗位分析完成，因此，岗位分析是组织制定和实施人力资源规划的前提和基础。

2. 岗位分析为员工招聘与配置提供依据

员工招聘是人力资源管理的一项重要工作，员工的质量关系到企业的发展，岗位分析的结果为组织招聘到合适的人才提供了信息依据。在进行招聘工作前，首先要明确所需招聘岗位的主要职责和任职资格条件，以便向合适的求职群体发布相对全面、准确的职位信息，这些内容可以从岗位分析的结果——工作说明书中获取。工作说明书说明了本岗位工作的性质和特征以及职务、职责和职权，明确规定了担任本岗位的员工应具备的资格和条件，从生理和心理上对员工的体力、体格、知识、技能、能力等方面提出了具体的配置标准和要求，这就为人力资源管理人员有效地组织和开展招聘活动提供了可靠依据。①

3. 岗位分析让员工培训更具针对性

员工培训是通过各种有效的方式开发员工的潜能、调动员工的积极性、提高员工的岗位胜任能力，从而增强企业核心竞争力的过程。员工培训的根本目的是帮助员工获得岗位必备的专业知识和技能，具备上岗任职的资格，不断提高员工胜任本岗工作的能力，以改善员工个人及组织的绩效。岗位分析的结果明确了岗位的工作内容和工作要求，根据在岗员工的实际绩效，企业很容易获知在岗员工与岗位要求之间的差距，从而确定培训对象，明确培训需求，合理制定培训计划，让员工培训更具针对性。

4. 岗位分析为员工绩效考核提供依据

绩效考核作为人力资源管理的关键环节，是指应用一定标准对员工的综合素质、工作态度和工作业绩进行定性与定量相结合的全面评价过程，目的是不断提高员工和企业绩效水平。在绩效考核体系建立过程中，评价标准的建立尤为关键，通过岗位分析明确了岗位的工作职责和工作要求，为绩效考核中绩效指标的提取、权重的确定以及绩效标准的建立提供了客观依据。

5. 岗位分析是薪酬设计的基础

薪酬设计中，内部薪酬公平很重要。岗位评价是确定岗位工资的依据，通过对岗位的性质、责任大小、复杂难易程度、劳动强度、劳动环境条件等评价，确定岗位的相对重要程度，划分不同的等级，确定岗位工资水平，从而保证内部薪酬公平性。岗位分析所获得的信息和数据为岗位评价体系中评价指标和评价标准的建立提供了前提和依据，因此，岗位分析是薪酬设计的基础。

6. 岗位分析为员工职业生涯规划提供帮助

员工职业生涯的合理规划不仅有利于员工实现自我价值，而且有利于组织目标的实现。岗位分析的结果工作说明书中明确规定了岗位的任职资格、绩效考核标准、晋升路线等内容，员工可以根据组织的发展需要，结合自己的知识、技能、能力、经验等条件，制定适合个体发展的职业生涯规划，从而充分调动员工的工作积极性，在实现员工个人目标的同时达成组织目标。

① 安鸿章 . 工作岗位研究原理与应用 . 3 版 . 北京：中国劳动社会保障出版社，2012.

第3节　岗位分析的内容与程序

一、岗位分析的内容

岗位分析主要是从工作活动中提炼出岗位相关的各种信息，对其进行系统分析概括，并用文字或图表加以表述说明。一般情况下，岗位分析的内容包括岗位内涵分析和人员分析两部分。

（一）岗位内涵分析

岗位内涵分析是对岗位的性质和特征进行分析，主要包括：岗位名称、岗位任务、岗位职责、岗位权限、岗位关系、劳动环境、劳动强度分析等内容。

1. 岗位名称分析

岗位名称是岗位的标识，反映了岗位的性质和特点，是一组在职责上相同的岗位的总称。岗位名称既要指明岗位所处的范围，如所在部门、所在地点等，又要反映岗位的任务和职责。一个确切的岗位名称不仅使人们对该岗位有感官上的认识，还能够反映岗位的内涵和外延。如财务经理岗位名称包含了以下信息：该岗位属于职能部门——财务部；该岗位的职务是经理；该岗位的人员是财务部门的主管，全面负责财务部门的工作。

2. 岗位任务分析

任务是为达到一定目标而进行的工作活动，如招聘专员制定招聘计划、布置招聘现场、组织招聘等。每个岗位都有特定的任务。任务可以是脑力活动，也可以是体力活动，或者是二者结合。任务分析就是针对各项任务的性质、内容、目标以及执行任务的程序、方法、所用设备、材料等进行调查分析、归纳整理，使之系统化、清晰化的过程。岗位任务分析内容如表5-1所示。

表5-1　岗位任务分析内容

本岗位的工作目标是什么
本岗位的任务有哪些，每项任务的具体工作内容是什么
每项任务在本岗位工作量中所占百分比
完成每项任务需要执行哪些规章制度（操作手册、工作标准等）
完成工作任务需要使用哪些设备、工具和原材料
完成任务所需的劳动分工与协作方式（独立完成、多人完成、工作时间、工作班制等）
完成各项任务过程中是否经常被一些不确定性的任务打断
任务相关其他补充说明

通过对上述问题进行调查，可以了解岗位的性质和特征，以便对工作岗位有一个整

体描述。

3. 岗位职责分析

岗位职责就是员工完成本岗位各项任务时应当达到的数量要求和质量标准，即要求员工尽职尽责地完成本职工作，保质保量按时地做好分内之事。岗位责任分为管理责任和非管理责任两大类。

管理责任表现为影响其他人员工作的方式，或对他们的工作进行帮助和指导等。[①] 管理的各项职能——计划、领导、控制、协调、决策——中均涉及管理责任。管理责任分析一般从分析管理幅度、管理层次、管理性质、管理对象的熟练程度等方面进行。非管理责任是指完成岗位各项任务的责任、遵守相关制度的责任、保管材料的责任、保护机器和设备的责任、与他人协作的责任、安全生产的责任等。[②] 某公司技术部文员岗位职责如表 5－2 所示。

表 5－2　某公司技术部文员岗位职责

（1）负责部门内考勤、会务、资产、合同、文档管理等各项日常工作
（2）负责辅助部门内招聘、培训、考核及人事管理等相关的支持工作
（3）参与负责系统内大型会议及员工活动的策划与组织
（4）维护、更新质量体系文件管理系统
（5）负责公司质量管理体系文件的保存、发放、回收、销毁管理
（6）负责维护、更新公司图书资料及技术文件的管理工作
（7）负责公司产品工程文件的保存、发放、回收管理
（8）完成上级安排的其他工作

岗位职责分析要遵循以下原则：

（1）用主动性和功能性动词描述岗位职责，如主持、制定、提出、指导、检测、完成等。

（2）避免使用模糊性的语言，尽量用量化的语言描述岗位职责。

（3）描述岗位职责要有主次之分，主要任务在前，次要任务在后。

（4）职责分析时要表明每项任务的时间耗费量。

（5）明确各项任务的数量要求和质量标准。

4. 岗位权限分析

岗位权限是完成岗位职责范围内的工作任务时可在一定限度内自主行使的权力。更确切地说，它是根据岗位的性质和特点，依照组织有关的规章制度，为保证本岗位员工尽职尽责地完成各项任务，对其可行使的权力范围和内容所作的界定。[③]

一项任务完成的过程中在不同岗位之间存在承办、审核、批准等不同的权限，只有权限明确，责任才能明确。权限主要有以下几种：（1）决策、计划、组织、指挥、监督、协调等权限；（2）制定、审核、批准、执行等权限；（3）指导、建议、奖惩等权限；（4）维护、保管、使用等权限。

---

① 萧鸣政，等．工作分析的方法与技术．北京：中国人民大学出版社，2002.

② 李文辉．工作分析与岗位设计．北京：中国电力出版社，2014.

③ 安鸿章．工作岗位研究原理与应用．3 版．北京：中国劳动社会保障出版社，2012.

如某机场安全检查通道设置了人身检查岗位，其任务是：手持监测仪，对人身进行全方位检查。与之对应的权限是：有权要求旅客打开随身携带的物品，接受进一步检查；有权提出扣留违禁物品，并交由值班员具体处理。

5. 岗位关系分析

一个组织中各个岗位之间既有分工又有协作，每个岗位和其他岗位都会有一定的联系。岗位关系分为上下关系和左右关系。上下关系指的是所受监督与所施监督关系，即本岗位受谁的指挥监督，它又去指挥监督谁，体现为“直接上级”“直接下级”等，表明了员工的晋升路线。左右关系指的是平行关系，即内部联系和外部联系。内部联系指的是本岗位与组织内部领导以及周边岗位的协作关系，外部联系是指本岗位与组织外部相关部门、单位的联系。例如，某高校办公室主任岗位的内部联系是“与学校领导、学院领导及下属员工联系密切”，外部联系是“与教委等上级主管部门有业务上的往来”。

6. 劳动环境分析

劳动环境是指劳动者的劳动场所和工作地的内外状况和条件。劳动环境分析主要是对劳动者身心健康和劳动效率可能产生影响或危害的各种环境条件进行分析，包括物质环境分析和自然环境分析。物质环境分析包括工作地的组织、照明与色彩、设备、仪表和操纵器的配置等方面的分析；自然环境分析包括温度、湿度、噪声、粉尘、振动、辐射、腐蚀、高空、野外、水下等环境条件的分析。

7. 劳动强度分析

劳动强度是指劳动者从事劳动活动的繁重、紧张或密集程度。劳动强度分析主要是对岗位劳动者的劳动紧张程度、劳动负荷、工时利用率、劳动姿势和工作轮班制度等方面的分析。

劳动紧张程度分析是对员工在劳动过程中脑、眼、耳和四肢的协调性，感知和处理信息的速度，注意力集中程度，反应的快慢等进行分析。

劳动负荷分析是根据员工在工作中采用的推、拉、走、跑等动作来分析员工做功的大小和能量消耗的多少。

工时利用率分析是对员工工作时间的利用情况进行分析，计算出勤率、作业率、工时利用率、定额完成率等相关指标。

劳动姿势分析是对员工作业时所采用的坐、站、跑、蹲、攀、踢、踏、俯卧、仰视、蹲伏、弯腰和倒悬等劳动姿势进行分析。

工作轮班制分析是根据员工的工作轮班制度，如常白班、三班倒、两班倒、四班三运转等进行分析，以确定工作班制对员工身心健康有无影响①。

（二）人员分析

人员分析是指对岗位人员应具备的各种资格条件进行的分析，包括知识水平、技能要求、工作经验、心理素质等方面的分析。

---

① 安鸿章．工作岗位研究原理与应用．3版．北京：中国劳动社会保障出版社，2012.

1. 知识水平分析

知识水平分析是指对胜任岗位工作所需要的基本知识及应当达到的水平进行分析，如教育水平、专业知识、管理知识、法律法规、外语水平等知识以及掌握程度。这些知识可以通过正规的学校教育获得，也可以通过自学、岗位培训等获得。如对某电梯检验人员的知识水平分析，获知其岗位知识要求为：（1）掌握电梯类设备的运行工作原理、工作流程以及应用；（2）熟悉设备管理知识、安全管理知识、专业设备的维修知识；（3）熟悉国家相关的法律法规以及安全、环境及职业健康管理知识。

2. 技能要求分析

技能是指掌握和运用某种专门技术的能力。按其性质和表现特点，可分为动作技能和智力技能两种。动作技能，即人的手脚躯体所实现的一系列实际动作，如操纵机械设备。智力技能是指人的头脑中所实现的一系列认识活动，它涉及感知、记忆、想象、思维等心理活动，以抽象思维为主。[①] 如某电梯检验人员的技能要求为：（1）具备电梯检验检测专业技能；（2）具备专业设备的维修、维保技能；（3）能够熟练使用办公设备及软件；（4）具有较强的学习能力、语言表达能力、思维判断能力；（5）能根据设备实际使用情况，对设备存在的问题提出改造建议；（6）能对质量体系文件的持续改进提出意见和建议。

3. 工作经验分析

工作经验是人们通过亲身参与生产或工作所获得的直接经验。不同的岗位对员工的要求不同，它不仅仅表现在知识水平上，还表现在需要本岗位人员具备一定的感知判断力和领悟力，这些能力的取得必须依靠工作经验的积累，也就构成了工作经验分析的任务。

工作经验分析包括工作熟练程度、工作方法和工作水平。在进行工作经验分析时要了解以下内容：（1）完成岗位任务对于工作经验的依赖程度；（2）工作经验对于管理的重要性；（3）工作经验的获得方式。例如，某公司薪酬主管岗位要求任职人员“具有至少5年同类岗位的工作经验”，某超市销售岗位人员的任职要求是“具有一年以上的相关销售经验”。

4. 心理素质分析

工作人员完成岗位任务的过程中，不仅需要具备一定的知识、技能和工作经验，而且需要具备较好的心理素质。心理素质分析包括职业道德、责任心、工作积极性、工作态度、兴趣等方面的分析。

二、岗位分析的程序

岗位分析是对工作岗位的复杂信息进行加工的过程，开展岗位分析必须遵循一定的程序或步骤，以保证收集到的信息的准确性与完整性。岗位分析的程序主要包括五个阶段：准备阶段、调查阶段、分析阶段、结果表达阶段和应用反馈阶段。

---

① 安鸿章．工作岗位研究．北京：中国传媒大学出版社，2005.

（一）准备阶段

1. 明确岗位分析目的

进行岗位分析之前首先要明确岗位分析目的，目的不同，岗位分析的范围、对象和内容则不同。岗位分析的目的直接决定了需要收集什么类型的信息、收集信息的方式、方法。岗位分析目的不同，则岗位分析重点不同，如表 5－3 所示。

表 5－3　岗位分析的目的与重点

岗位分析目的	岗位分析重点
编制或修订工作说明书	岗位任务、职责、任职资格要求
岗位设计或再设计	岗位任务、岗位关系、劳动环境
制定培训计划	履行职责员工所需的知识、技能、能力
确定薪酬体系	岗位任务、劳动责任、劳动强度、劳动技能、劳动环境
确定绩效考核标准	每一项工作任务的时间、质量、数量标准等工作要求

2. 设计岗位调查方案

明确岗位分析目的之后，就要进行岗位调查方案设计，主要包括五个方面：

（1）确定调查对象。根据岗位分析目的，确定调查对象。如果是全面调查，则调查对象是所有岗位；如果是抽样调查，则调查对象是被抽到的岗位。为保证岗位分析结果的正确性，应该选择有代表性、典型性的工作岗位进行调查。

（2）确定调查内容。根据调查目的和调查对象，确定调查的内容，包括岗位基本情况、工作范围、工作内容、岗位职责、岗位关系、任职资格等具体项目。

（3）确定调查方式方法。确定调查方式方法的依据是调查目的和调查内容。调查方式方法的确定要从企业实际出发，在保证质量的前提下，力求节省人力、物力和时间。调查方式可以采用抽样调查、重点调查等方式，调查方法可以采用访谈法、问卷法、工作日写实、测时等方法。

（4）设计调查表。调查表是将调查内容以表格的形式表达出来。不论什么调查方法，均需要设计调查表格，如岗位调查问卷、访谈提纲、写实记录表、测时记录表等，设计调查表是为了方便记录岗位相关信息。

（5）确定调查时间与地点。调查时间是指明确规定调查的期限，包括开始时间和结束时间；调查地点是指收集数据信息的地点。

3. 建立岗位分析小组

由于岗位分析涉及内容较多，并且需要专门的技术，因此，需要建立岗位分析小组。岗位分析小组一般由外部人力资源专家、人力资源部、各部门主管、岗位任职者构成。

（1）外部人力资源专家。企业在进行岗位分析时一般会聘请外部人力资源专家进行指导，因为他们具有岗位分析专业技能和丰富的岗位分析经验，能够传授岗位分析理论与方法，指导岗位分析过程，准确评估岗位分析结果，并指导岗位分析结果应用。总之，外部人力资源专家能够提供总体岗位分析方案和技术上的支持。

（2）人力资源部。人力资源部在岗位分析中起着主导作用，包括前期聘请人力资源专家、工作分析的组织推动、过程控制、信息分析、岗位分析成果应用推广等。

（3）各部门主管。各部门主管在岗位分析过程中起着举足轻重的作用，如是否配合访谈与岗位调查问卷填写，关系到岗位分析工作能否顺利进行。工作说明书编写完成需要部门主管审核，因为他们熟悉本部门所有岗位的具体工作内容，能够提供较多的岗位信息。

（4）岗位任职者。岗位任职者是最了解其工作内容和职责的人，在岗位调查时需要岗位任职者填写调查问卷，配合访谈，他们能够提供真实、有效的岗位信息。

4. 培训小组成员

岗位分析小组成立之后，还需要对小组成员进行培训，通常由外部人力资源专家主持培训工作。培训内容涉及岗位分析理论知识、沟通技巧、岗位调查内容、使用何种调查工具以及各种岗位分析技术等，同时赋予他们相应权限，以保证岗位分析能够顺利进行。

5. 做好员工动员工作

在岗位分析开始之前，还应做好动员工作。首先是人力资源部门与各部门主管进行沟通，说明岗位分析的目的和意义，然后各部门主管负责动员本部门员工，让员工对岗位分析有良好的心理准备。

（二）调查阶段

1. 梳理现有资料

岗位分析调查开始，首先要获取组织现有文件资料，如组织结构图、工作流程图、部门说明书、现有岗位说明书、员工手册等。组织结构图反映了部门设置、职能分工与管理层次等内容，工作流程图是对投入产出关系的动态描述，部门说明书、现有岗位说明书、员工手册等提供了部门、岗位以及人员规范等很多相关信息，上述文件资料为岗位分析的顺利进行提供了依据与参考。

2. 实施岗位调查

实施岗位调查是根据岗位调查方案对岗位进行调查的过程，获取的是岗位的一手信息。一般情况下，岗位调查要获得的信息有以下几个方面：

（1）工作内容，包括工作任务的描述、发生的频率、使用的机器设备等。

（2）岗位责任与权限，包括岗位承担责任情况、拥有的权限等。

（3）岗位关系，包括岗位与他人的内部联系和外部联系等。

（4）劳动强度，包括岗位劳动负荷、疲劳与紧张状况等。

（5）工作环境，包括工作的自然环境、安全环境、社会环境等。

（6）任职资格情况，包括学历、经验、身体条件、知识、技能以及培训等。

在获取信息的过程中要灵活地运用各种岗位调查方法，如访谈法、问卷调查法、观察法等，并结合企业实际需要，广泛深入地收集有关岗位的各种数据资料。

（三）分析阶段

分析阶段的主要任务是对有关岗位特征和人员特征的调查结果进行深入细致的分析，采用文字图表等形式，做出归纳和总结。分析阶段的工作主要是对收集到的信息进行统计、分析、研究和归类，是整个岗位分析过程的核心，包括信息审核、岗位描述、确定任职资格三个部分。

1. 信息审核

在岗位分析之前，首先要审核收集到的信息资料的真实可靠性，然后对收集到的信息进行归纳和整理。确认所获得的信息是否正确、完整可以通过主管和任职者核对、签字的方式进行，这一过程不仅为岗位任职者提供了一个复查和修改工作岗位描述的机会，而且保证了所获信息资料的真实性和完整性。

2. 岗位描述

通过对岗位调查信息进行归纳、整理、分类，将岗位信息进行梳理，了解岗位的特征和要求，充分揭示岗位主要的任务结构和关键的影响因素，对岗位在一定时间和空间范围内所涉及的各种“事”和“物”的特征一一了解，确定岗位的工作任务、责任、权限、工作时间、劳动条件、环境、劳动强度、所用机器设备等，分析结果形成岗位描述部分。岗位描述是工作说明书的主要组成部分。

3. 确定任职资格

任职资格是对岗位人员素质要求的分析，它是围绕每一岗位的任职者所应具备的资格和条件进行的研究。通过岗位分析可以获得各项工作任务对学历、知识、技能、经验等的要求，从而确定岗位任职人员的资格要求。任职资格要求是工作说明书的重要组成部分，可以在人力资源管理实践中指导员工的招聘、录用、考核、培训等工作。

（四）结果表达阶段

结果表达阶段是岗位分析成果输出阶段，是应用规范性的文字图表等将岗位分析结果形成人力资源管理文件的过程。根据前面分析阶段的成果，将岗位描述和任职资格内容结合起来，按照一定的规范格式可以撰写工作说明书和岗位规范等人力资源管理文件。

（五）应用反馈阶段

应用反馈阶段是对岗位分析结果的检验与完善阶段，只有通过实际应用，才能了解工作说明书、岗位规范等人力资源管理文件的可行性和有效性，才能适应外部环境的变化，从而改进和完善工作说明书和岗位规范。此阶段的工作主要有两部分。

1. 岗位分析结果的应用

在岗位分析结果应用过程中，首先要让使用人员了解岗位分析结果如工作说明书的具体内容；其次让使用人员了解如何应用岗位分析结果，如招聘、培训、考核时如何使用工作说明书、岗位规范等文件。

2. 岗位分析结果的反馈与调整

在岗位分析成果形成之后，岗位分析人员应该将岗位分析结果反馈给相关使用人员，以及使用者的上级主管，让其提出意见和建议。岗位分析人员根据反馈意见对岗位分析结果加以修改。

企业的生产经营活动随着外部环境的变化不断变化，这些变化会直接或间接地引起企业内部分工协作等进行相应调整，从而引起岗位的变化。如一些工作任务会弱化或消失，一些新的任务会产生，相应的岗位工作内容、责任、权限、任职资格条件等会发生改变，因此，企业需要经常对工作说明书、岗位规范等文件进行调整和修改，才能适应实际工作的需要。

第 4 节　岗位分析结果的表达形式

通过岗位分析，可以形成人力资源管理文件，一般情况下，岗位分析结果表现为岗位描述、岗位规范和工作说明书三种形式。

一、岗位描述

岗位描述主要是对一个岗位的工作任务、责任、权限、劳动环境与条件等做出的说明，是岗位分析的直接成果。岗位描述的功能是让员工了解岗位职责概要，建立岗位工作程序和标准，阐明任务、责任、权限，有利于人力资源管理的其他职能如招聘、绩效考核、培训等有效实施。

岗位描述一般包括：工作识别、职责概述、岗位职责、岗位关系、岗位权限、劳动环境与条件等内容。某公司总经理秘书工作描述如表 5－4 所示。

表 5－4　某公司总经理秘书岗位描述

总经理秘书岗位描述					
职位编号	BG－02	职位名称	总经理秘书	所属部门	总经理办公室
职位类型	行政事务类	上级职位	总经理办公室主任	编制日期	2012.4.6
职位概要	协助总经理安排每日的工作日程、人员接待、公文转接等文秘服务，严守工作纪律和保密守则，以保证总经理工作的顺利开展				
履行职责及考核要点					
1. 总经理日程安排 协助总经理安排每日的工作日程表，合理安排时间进度，提醒总经理按时参加重要活动及会议；负责总经理出差日程的计划，以及相关票据的订购和报销工作				30%	安排合理规范 安排严谨有序 报销及时 总经理的满意度
2. 人员接待 接听并记录总经理的工作电话，礼貌有序地接待来访人员，做好信息记录；根据需要和重要程度安排来宾与总经理会晤，婉转回绝总经理不必出面的接待要求；整理汇总总经理日常业务名片及主要联络表				30%	记录完整及时 安排合理有序 礼貌待客 客户的满意度

续表

<table>
<tr><td colspan="3">3. 文字工作
遵照总经理指派，以总经理名义起草信件、一般性文件、讲话稿和报告，翻译总经理需要阅读的外来文件和外来资料</td><td>20%</td><td>文件的规范性
文件的及时性
翻译的准确性</td></tr>
<tr><td colspan="3">4. 行政事务管理
汇总登记、保密管理总经理的各种文件资料，记录公司内外往来文件和总经理的批复意见，保证公司内外信息的通畅；承担总经理办公室保密整理、办公用品领取更新、办公设备管理维护以及总经理的日常后勤服务等工作</td><td>10%</td><td>文件管理规范完整
文件传递及时准确
后勤服务的及时性
总经理的满意度</td></tr>
<tr><td colspan="3">5. 其他工作
总经理或办公室主任布置的其他临时性工作</td><td>10%</td><td>工作完成的时间
工作完成的质量
总经理的满意度</td></tr>
<tr><td rowspan="3">工作关系</td><td>直接下属人数</td><td>无</td><td>间接下属人数</td><td>无</td></tr>
<tr><td>内部主要关系</td><td colspan="3">公司总经理，主管副总经理和办公室主任
公司内部各职能部门、业务部门</td></tr>
<tr><td>外部主要关系</td><td colspan="3">中央和地方政府相关主管部门
集团领导，各职能部门、下属相关部门</td></tr>
<tr><td rowspan="3">工作条件</td><td>工作场所</td><td colspan="3">固定（公司统一办公楼）</td></tr>
<tr><td>工作时间</td><td colspan="3">固定（每周 5 天，每天 8 小时）</td></tr>
<tr><td>使用设备</td><td colspan="3">公司提供的计算机、电话、传真机等办公设备</td></tr>
</table>

资料来源：朱勇国．工作分析与研究．北京：中国劳动社会保障出版社，2008.

二、岗位规范

岗位规范又称为岗位员工规范、资格说明书，说明任职者需要具备什么样的资格条件和相关素质才能胜任岗位工作。岗位规范是对岗位员工知识水平、工作经验、文化程度、专业技能、心理品质等方面素质要求所作的统一规定。岗位规范中的资格条件和相关素质一般是最低要求。

岗位规范的形式多种多样，一般采用表格式，某公司秘书岗位规范如表 5－5 所示。

表 5－5　某公司秘书岗位规范

编码：140020	岗位名称：中级秘书

一、职责总述

在一般监督下，完成文书工作，包括准备各类数据资料，草拟各种报告、文件、通知、各种总结、速记会议发言等。

二、工作时间

一般在正常工作时间内完成，无须加班。

三、资格条件

（一）知识要求

1. 学历：大专以上学历。

2. 专业：文秘、行政管理相关专业。

续表

3. 专业知识：掌握行政管理、文档管理及公关礼仪相关专业知识。 4. 基础知识：熟悉公文写作、档案管理、计算机操作、公共关系等知识。 （二）经验要求 1. 工作经验：1 年以上文秘或行政管理相关工作经验。 2. 培训经历：受过专业机构或企业对公文或文案写作能力的培训。 四、考评项目 1. 校对稿件：每分钟至少 40 字，高于 60 字最为理想。 2. 打字：每分钟至少 45 字，高于 55 字最为理想。 3. 速记：每分钟至少 100 字，高于 120 字最为理想。 4. 专门知识：秘书学、速记方法、公文写作等。 5. 写作能力：行文格式规范，语言通顺简洁，内容充实，结构严谨。 6. 心理测验：考察情绪稳定性、接收外界讯号灵敏性。 五、健康状况 良好，身高 1.60 米以上，身体健康，五官端正。

资料来源：萧鸣政，张满，张占武 . 组织设计与工作分析 . 北京：高等教育出版社，2019.

三、工作说明书

工作说明书是按照一定格式对岗位工作与任职资格进行描述的文件，是岗位分析的成果之一。工作说明书指对组织各类岗位的工作性质、任务、职责、权限、岗位关系、劳动条件和环境以及本岗位人员的资格条件等所做的统一要求。工作说明书包含了岗位描述和任职资格部分的内容。

工作说明书的编写没有标准化的要求，根据不同目的和用途，工作说明书可以选取不同的内容和形式。南方某企业统计员工作说明书如表 5 - 6 所示。

表 5 - 6　某企业统计员工作说明书

岗位名称	统计员	所属部门	生产车间	岗位等级	
直接上级	主管	定员标准	2 人	分析日期	2019.3
岗位职责概述 负责车间的各种报表，零部件存货明细账，工资核算、人事档案及车间文件的保管					
岗位职责 1. 负责生产车间的日、周、月报表的输入 2. 负责做好车间存货明细账登记工作 3. 负责核算车间工人的工资 4. 负责整理车间人员的档案 5. 负责车间文件的保管					
岗位工作要求 1. 报表数据准确及时 2. 存货明细账做到准确无误 3. 工资核算准确无误 4. 及时对档案进行整理 5. 确保文件有存放处，不会丢失					

续表

工作环境与条件 工作场所：车间 环境状况：舒适 危险性：无危险
任职资格 学历：中专、高中或以上 经验：有统计工作经验者优先 能力素质要求： 1. 熟练使用办公软件 2. 熟悉数据统计工具 3. 熟悉相关账务知识 4. 熟悉 5S 管理 5. 熟悉岗位工作流程 综合能力要求： 1. 工作责任心强 2. 对数字敏感

第 5 节　工作说明书的编写

一、工作说明书的内容

工作说明书中描述的角色可以是组织、部门或个体岗位，因此，工作说明书根据描述对象不同分为岗位工作说明书、部门说明书和公司说明书三种。表 5－7 是某公司财务部工作说明书。

表 5－7　某公司财务部工作说明书

一、基本资料 部门名称：财务部 部门编码：050000 定员人数：4 领导职数：1 二、部门职责 （一）部门职责概述 财务部负责公司财务管理工作：核算所有收入和支出，监督经济业务活动。 （二）部门工作职责 1. 贯彻执行国家有关财经政策、财经纪律，严格执行国家的各项税收制度，按时全额缴纳财政资金，及时申报各项税款。 2. 负责填报公司年度财务预算、决算工作，制订收支计划，并监督执行。 3. 负责全公司的资金使用、核算、分析工作，及时为领导提供财务信息。 4. 负责公司日常的财务管理和监督工作。 5. 配合上级有关部门做好财务审计工作。 6. 负责公司职工住房公积金的提取和缴存工作。

续表

7. 完成领导交办的临时工作。 三、部门权限 对公司财务工作的管理权。 对公司经济业务活动的监督权。 四、部门关系 1. 内部关系：与公司其他各职能部门的协调合作关系。 2. 外部关系：在履行部门职责时，与税务局、银行等有业务联系。 五、岗位设置

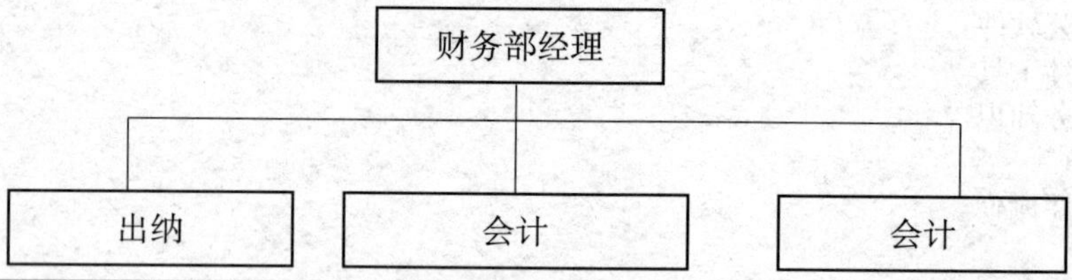

工作说明书编写没有规定的格式，内容可繁可简，不同组织的工作说明书的格式与内容均有所不同。一般情况下，工作说明书的内容主要包括以下几个方面。[①]

1. 基本资料

岗位基本资料主要包括岗位名称、岗位等级、岗位编码、定员标准、直接上级、直接下级和分析日期等，便于识别岗位的基本信息。

2. 岗位职责

岗位职责是岗位的职务、任务与责任的统一。岗位职责包括如下内容：

（1）职责概述。用精练语言高度概括本岗位所应承担的责任。

（2）职责范围。对本岗位各项工作任务逐一进行具体的描述。

（3）其他工作。在规定职责范围之外，完成上级主管部门直接领导交办的其他临时性工作。

3. 岗位关系

岗位关系是指本岗位与其他岗位之间在横向与纵向上的关系。

（1）岗位的纵向关系。工作说明书中必须清楚地指出本岗位所施的和所受的监督，即明确本岗位直接指导、监督谁，本岗位又直接接受谁的指导、监督。

（2）岗位的横向关系。与其他岗位之间的横向关系，包括：与组织内部各相关岗位之间，与组织外部相关岗位之间的关系。

岗位纵向关系清楚地表明了本岗位员工的晋升路线，岗位横向关系表明了员工平移、调动的方向。岗位关系不仅为晋升、平移、调动等人事活动提供了客观依据，也可以反映本岗位工作任务内外联系的复杂难易程度，为员工培训开发、岗位评价等基础工作的开展提供了必要条件。

4. 工作内容和要求

工作内容是岗位职责的具体化，即对本岗位所要从事的主要工作事项做出的说明。对本岗位应该做哪些主要的事，应该如何去做，应逐条做出说明，表述的内容力求简明

① 安鸿章．工作岗位研究原理与应用．3 版．北京：中国劳动社会保障出版社，2012.

扼要，翔实具体，易于操作。工作要求是对每项工作应达到的数量和质量标准及时限等所做出的统一规定。本项目的规定也可以作为本岗位员工绩效考评的重要依据之一。

5. 工作权限

为了确保工作正常开展，必须赋予每个岗位不同的权限，但权限必须与工作责任相协调、相一致。岗位权限的规定应该体现责任、权限和利益的一致性要求，保证三者之间相互制约、相互协调。

6. 劳动条件和环境

劳动条件是指在一定时空范围内所涉及的各种物质条件。

劳动环境的主要因素有：劳动环境有无噪声、粉尘、毒物、振动、辐射等有害因素的污染，环境温度和湿度状况，在井下、露天、高处或低温条件下作业情况，工作危险性，劳动安全性等。在工作说明书中本部分应依据上述具体情况做出具体说明。

7. 工作时间

工作时间包含工作时间长度和工作轮班制两方面内容。工作时间长度有周标准工时、月标准工时和年标准工时之分。工作时间制度有：标准工作时间制度、非标准工作时间制度和不固定工作时间制度三类制度。从工作时间制度的形式上看，主要有标准计时制、累计计时制和弹性计时制等形式。

常见的工作轮班制有单班制、两班制、三班制、四班三运转制等多种形式。

8. 资历

资历由学历、专业、资格证书、工作经验等部分构成。

（1）岗位学历的要求。应当根据本岗位工作要求和技术特点明确任职者必须具备的最低学历，如：高中、中专、大专、大学本科、硕士、博士等。

（2）岗位专业的要求。根据岗位性质和特点，明确任职者的专业范畴和方向。

（3）岗位资格证书的要求。根据岗位需要明确任职者必须拥有的与专业工作相关的资格证书。

（4）岗位工作经验的要求。应当明确本岗位需要什么样的工作经验，以及所需工作经验的时间界限。时间界限可分为：实习期或见习期、一年、三年、五年或七年以上不等。

9. 身体条件

结合岗位的性质、任务对员工的身体条件进行规定，包括对体格和体力的具体要求。

（1）体格。包括身高、体重、胸围、腰围、臀围、臂长、腿长等要求。体格反映了劳动者的发育程度和健康状况。

（2）体力。人体活动时各部分肢体所能付出的力量，如推力、拉力、握力、举重、耐力、气力等。

10. 心理品质要求

结合本岗位的性质和特点，对员工智力、语言能力、数字能力、空间理解力、形状视觉、书面材料知觉、运动协调能力、手的技巧、（眼、手、足）协调能力和颜色分辨能力等做出的具体要求。

11. 专业知识和技能要求

本岗位员工应当具备的专业知识和职业技能包括：专业知识、外语能力、计算机能力、公文写作能力和其他相关能力等。

12. 绩效考核

工作说明书中每一项职责均需要进行考核，应该明确每一项任务在执行时应达到的标准。绩效考核可以从德（个体品德）、能（工作能力）、勤（工作态度）、绩（工作业绩）四个方面设置指标和标准。

二、编写工作说明书的格式规范

工作说明书的编写工作量很大，一般需要多人协作完成，为了协调统一，编写工作说明书时要使用规范性的语言。

1. 工作职责概述

职责概述是对岗位工作的总括，需要较强的概括语言。可以采用“岗位背景 + 核心职责 + 工作目标”的原则组织语言。

（1）岗位背景，是指岗位工作的基础和前提，如“根据……”“在……的领导下”。

（2）核心职责，是指岗位的主要任务和职责，如“负责（承担）……任务（工作）”。

（3）工作目标，说明岗位设置的目的，如“实现……”“保证……”。

例如，某公司餐厅管理员工作职责概述为：“在后勤副主任的领导下，负责职工餐厅的日常运营及管理等相关工作，保证员工用餐安全。”

2. 岗位职责

岗位职责描述的是岗位承担的所有职责，按照重要程度排序，每项职责相互独立，一般 6～8 项为宜。

岗位职责描述一般按照“动词 + 宾语 + 目的状语”的格式，动词表明这项任务是如何进行的；宾语表明活动实施的对象，可以是人也可以是事；目的状语则表明这项任务要取得什么样的结果。[①] 例如，“定期检查仪器设备，以保障仪器设备的正常运行”，其中“定期检查”是动词，“仪器设备”是宾语，“以保障仪器设备的正常运行”是目的状语。

编写岗位职责时，应尽量选用一些具体的动词，如“安装”“加工”“传递”“分析”“设计”等。岗位职责描述中常用动词如表 5 - 8 所示。

表 5 - 8　岗位职责描述中常用动词

岗位层次	动词	举例
决策岗位	决定、制定、确定、听取、提出、协调、授权、批准、签发	决定公司投资某项目 制定公司近期发展战略 确定公司年度发展计划 听取部门工作总结汇报 提出整改意见 协调各个部门之间关系 批准某项提案 签发某项通知

① 董克用．人力资源管理概论．4 版．北京：中国人民大学出版社，2015.

续表

岗位层次	动词	举例
管理岗位	提交、制订、布置、指导、监督、考核、解决、完成	提交年度重点工作计划 制订绩效考核方案 布置本季度工作计划 指导下属工作 监督下属目标完成情况 考核本部门员工的工作业绩 解决本部门出现的各种问题 完成本部门任务
基层岗位	设计、参与、编制、整理、请示、调查、统计、检查	设计公司新产品方案 参与公司某项目的前期准备工作 编制月度、季度、年度财务报表 整理公司技术档案资料 调查公司薪酬水平 统计产量、销量、费用 检查设备使用状况

3. 岗位权限

说明岗位人员具有的审核权、建议权、执行权等各种权限。编写岗位权限时，可以使用“对……方案有审核、修订或否定的权力”“对……提出建议和意见的权力”“组织执行……的权力”等语言形式。

4. 任职资格

任职资格一般包括教育背景、身体条件、工作经验、知识和技能等方面。任职资格编写规范如表 5 - 9 所示。

表 5 - 9　任职资格编写规范

任职资格	编写规范
教育背景	（1）学历：明确岗位人员的最低学历 （2）专业：明确岗位人员的专业和方向 （3）资格证书：明确岗位人员必须拥有与本岗位相关的资格证书
身体条件	（1）身体：对于任职者身体条件的限制，如：身体健康状况良好 （2）性别：说明性别要求，如：性别不限
工作经验	（1）行业工作经验：明确岗位人员必须具备的行业工作年限 （2）岗位工作经验：明确岗位人员必须具备的相关岗位工作年限
知识	（1）专业知识：说明岗位人员必须具备的胜任岗位需要的专业知识 （2）外语水平：说明岗位人员必须具备的外语种类、级别 （3）管理知识：说明岗位人员必须具备的相关管理知识
技能	（1）计算机能力：说明岗位人员应该掌握的计算机应用程度 （2）学习能力：感知变化、不断提高的能力 （3）沟通能力：倾听对方、表达自己的能力

如某公司综合办公室副主任的任职资格中，关于技能有以下要求：

（1）能够使用办公自动化软件。

（2）具有较强的学习能力、语言表达能力、思维判断能力。

（3）具有较强的动手能力。

（4）具有较强的组织协调能力、人际交往能力和管理能力。

（5）具有较强的责任感，能秉公办事，工作态度严谨。

三、编写工作说明书应注意的问题

工作说明书的编写是一项重要工作，要严谨认真完成，注意内容清晰、简明扼要、表述具体完整等，同时，编写工作说明书要使用规范性的语言。

1. 内容清晰、简明扼要

用准确的文字清晰表述工作说明书中的每一项要素，描述清晰透彻，任职人员读过以后，无须再询问他人或查看其他说明材料就能够明白其工作内容、工作要求和工作程序等。在清晰准确的前提下避免使用晦涩难懂的语言，尽量简明扼要，难懂的专业词汇必须解释清楚。

2. 表述具体完整

在说明岗位的种类、复杂程度，任职者需要具备的技能、技巧，应承担的具体责任范围等时要表述具体完整，不能为了追求简明扼要而过于抽象。一般来说，由于基层员工的岗位更为具体，工作说明书中的描述也更具体、详细。

3. 明确职责重要程度

岗位中的各项职责的重要程度、难易程度、发生频率、所占时间比例不同，在描述岗位职责时，可以按照职责的重要程度或所占时间比例依次排列，让任职者一目了然。

4. 对事不对人

工作说明书中无论是工作描述还是任职资格，均是针对岗位而言的，无论谁在这个岗位上，均要履行工作说明书的各项职责。

5. 反馈与修改

编写完成工作说明书后，要让岗位任职者、上级主管对各种说明书内容进行讨论，提出修改意见，在综合考虑各方意见的基础上修改后，再次审核与反馈，经过反复修改后，最后确认并实施。

四、工作说明书编写的误区

（1）只重结果，不重过程。工作说明书的编写既是落实岗位责任和确定任职资格条件的过程，也是组织目标层层分解的过程。现代组织若要实现以人为本，必须尊重员工，了解员工的需求特点，让员工与组织共同发展，在组织目标实现的同时，使个人的目标也得到满足。编写工作说明书的过程，可以使员工明确自己的工作职责以及自己在组织中的作用，也是一个组织了解员工工作情况和工作期望的大好时机。可惜很多部门主管都像在应付作业一样草草完成，没有借此机会与员工进行交流，在工作说明书的应用中，也就容易出现员工不理解、不利用、不执行的情况，使工作说明书变成可有可无的摆设。

（2）人力资源部门总揽工作说明书的编写工作。工作说明书应主要由各部门的主管负责，人力资源部提供格式和方法，并予以适当的指导和审核。如果由人力资源部代行其事，就在一定程度上失去了编写工作说明书的本意。

（3）一劳永逸，长期不变。随着时代的进步和组织的发展，组织中部门的职能及相应岗位的工作内容也会不断地发生变化，尤其是网络时代中的新兴行业更是如此，因此，工作说明书的内容需要及时修改。一般而言，至少要每1～2年修改一次。因此，要求岗位说明书的格式简洁实用，重点突出，项目不要过多。在进行岗位职责描述时，要注意措辞既明确又通用，内容应详略得当，不要太详细，也不能过分简单，以实用为准。

（4）工作说明书以在岗人员为准。岗位分析针对的是岗位而不是人。工作说明书描述的只能是岗位本身具有的特性，与本岗位的任职者无关。很多组织常常根据现有人员的情况来制定岗位职责和任职资格标准，使工作说明书偏离了它本身的特点，缺乏客观公正性。

五、工作说明书编写范例

（一）某机场要客接待室主任工作说明书（见表5–10）

表5－10　某机场要客接待室主任工作说明书

第一部分　岗位规格说明	
一、基本资料	
岗位名称：要客接待室主任	岗位评价：……
岗位编码：160201	定员标准：1人
直接上级：要客部经理	分析日期：2004年1月
二、岗位职责	
（一）概述	
在要客部经理的领导下，全权负责进出港重要客人及股份公司领导和要客部领导交办的在候机楼内的接待工作；贵宾休息室的预订、调配和结算；专机、包机业务联系。	
（二）工作职责	
1. 要客接待室主任要根据要客部战略目标和经营管理体制，制定本部门的各项规章制度并监督实施。	
2. 全权负责进出港要客在候机楼内的接待工作。	
3. 协调海关、边防、公安分局、各大航空公司等部门的关系，保证要客顺利进出港，树立要客部最佳服务形象。	
4. 负责要客信息的收集整理和报告；贵宾休息室的预订、调配和结算及相关的复印、打字、传真和订票等商务工作。	
5. 拓展包机及商务飞机的服务领域，协调有关部门确保商务活动的顺利进行。	
6. 制定本部门的工作计划、业务学习计划及考核办法，抓好本部门的工作纪律，定期对下属员工的工作进行监督检查。	
7. 全面负责本部门员工的思想政治工作，对党、团、工会等党群工作进行指导监督。	
8. 定期向要客部领导汇报本部门工作业务开展情况及员工的思想政治状况，充当上下级之间的桥梁和纽带。	

续表

三、其他职责

完成领导交办的其他临时工作。

四、监督及岗位关系

（一）所受监督和所施监督

1. 所受监督。要客接待室主任直接受要客部经理的监督指导。

2. 所施监督。对下属的主任助理、商务中心工作人员、接待人员、专机和包机业务人员等进行直接监督指导。

（二）与其他岗位关系

1. 内部联系。本岗位与贵宾休息室有业务上的协调和配合关系；与综合办公室有指导和协调关系。

2. 外部联系。本岗位与全国各大航空公司、海关、边防、卫生检疫、护卫中心、公安警卫等部门有业务上的合作关系。

（三）本岗位职务晋升阶梯图

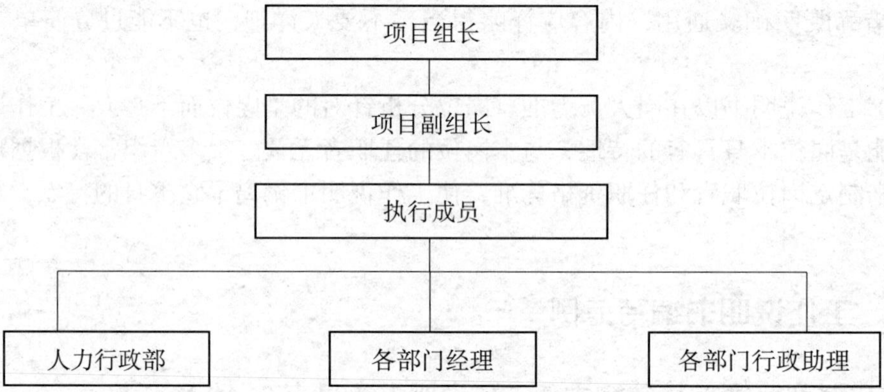

职务晋升阶梯图

（四）本岗位横向平移情况

本岗位可向其他职能部门室主任岗位平移。

五、工作内容及工作要求

工作内容	工作要求
（1）要客接待室主任要根据要客部战略目标和经营管理体制，制定本部门的各项规章制度并监督实施。 （2）全权负责进出港要客在候机楼内的接待工作。 （3）协调海关、边防、公安分局、各大航空公司等部门的关系，保证要客顺利进出港，树立要客部最佳服务形象。 （4）负责要客信息的收集整理和报告，贵宾休息室的预定、调配和结算以及相关的复印、打字、传真和订票等商务工作。 （5）拓展包机及商务飞机的服务领域，协调有关部门确保商务活动的顺利进行。 （6）制定本部门的工作计划、业务学习、绩效考核办法，定期对下属员工的工作进行监督检查。 （7）定期向要客部领导汇报本部门业务开展情况以及员工思想状况，充当上下级之间的桥梁和纽带。	（1）规章制度的制定应根据本部门工作的实际，切实可行，确保有效实施，监督有力。 （2）协助办理要客登接机免检手续和 VIP 证件，贵宾停车场的管理工作，确保要客满意率达 100%。 （3）确保与有关部门关系通畅，要客登机准时率达到 100%。 （4）信息准确，服务到位，收费合理，差错率控制在 0.01% 以内。 （5）积极拓展包机业务，培育新的经济增长点。 （6）计划应包含年度计划和中长期规划；业务学习应每月不少于 2 次；对员工考核有据，纪律严明，奖勤罚懒，确保公平、公正。 （7）每月应向要客部领导汇报本部门工作 2～3 次，做到上情下达、下情上达。

续表

六、岗位权限
1. 对关于要客接待室的业务和行政管理工作有指导和监督权。
2. 有权对下级员工的奖惩提出建议。
3. 有权对上级部门提出合理化建议和意见。
4. 根据股份公司的规定有权对员工的假期的审批提出建议。
5. 有权就本部门的规划，向上级领导申报设备更新改造和申请拓展新的经营领域。
七、劳动条件和环境
本岗位属于手工工作，室内坐姿结合室外走动进行，具备较轻体力即可，工作环境温度、湿度适中，无噪声，无粉尘污染，照明条件良好。
八、工作时间
本岗位实行每周40小时的标准工时制。

第二部分　员工资格要求

一、资历
1. 工作经验。具有三年以上接待服务的相关工作经验。
2. 学历要求。具有大专以上文化程度。
二、身体条件
本岗位要求员工身体健康，精力充沛，具有一定的协调力、控制力、调整力和记忆力。
三、心理品质及能力要求
1. 智力。具有较强的学习能力、理解指令和原理的能力及推理判断能力。
2. 语言能力。口头和书面语言表达流利。
3. 具有一定的组织领导能力、管理能力、计划能力及实施运作能力。
4. 严谨、细心，善于发现微小问题，并能及时作出判断。
5. 具有较强的安全意识和保密意识。
四、所需知识和专业技能
1. 担任本岗位职务应具备的专业知识和技能
（1）掌握服务接待规范或相关专业知识。
（2）具有一定的外语水平，能够运用英语进行简单的听、说、读、写。
（3）具有一定的计算机水平，能够使用办公自动化软件。
（4）具有公关意识，善于把握市场动态和接受先进的管理经验。
（5）具有丰富的社会经验。
2. 招聘本岗位员工应考核的内容
（1）政治思想素质和对民航服务行业的热爱程度。
（2）服务规范、安全保密等专业知识。
（3）计算机操作知识。
（4）英语中级水平。
3. 上岗前应接受的培训内容
（1）了解要客部的主要职能和责任，熟悉股份公司和要客部现行的各项规章制度。
（2）掌握要客部人员分工情况，了解下属部门业务进展情况。
（3）服务意识、安全意识、保密意识。
4. 上岗后应继续教育训练的内容
（1）服务规范、安全保密知识。
（2）公关学、社会学和心理学知识。
五、绩效管理
从德、能、勤、绩四个方面对员工进行考核，以领导评定为主，自我评定和同级评定为辅，其中领导评定占70%，同级评定占20%，自我评定占10%。
1. 德
良好的职业道德修养，爱岗敬业，忠于职守。

续表

2. 能 （1）业务能力。①服务行业专业知识和实际运用能力；②日常行政管理能力和处理突发事件的能力；③公关和协调能力。 （2）管理水平。具有一般的计划、组织、控制、协调和决策能力。 3. 勤 出勤率达到98%。 4. 绩 （1）是否按工作计划和领导的指令圆满完成工作任务？ （2）能否实现计划规定的经济管理目标？ （3）各业务组的工作状况有无改善，工作绩效有无提高？ （4）对整个机场的服务工作影响程度如何？

资料来源：安鸿章．工作岗位的分析技术与应用．天津：南开大学出版社，2001.

（二）某机场行李部经理工作说明书（见表5–11）

表5－11　某机场行李部经理工作说明书

一、基本资料			
岗位名称	行李部经理	所属部门	行李部
岗位等级	经理	岗位编码	100101
直接上级	公司总经理	定员标准	1人
二、工作职责			
1. 概述 管理和督导行李系统部员工按照维保操作和安全规章完成各航站楼所负责行李设备的维护保养及巡检、维修、抢修工作，建立健全各项规章制度和操作规程，保障设备正常运行，服务于公司整体经济效益的达成。 2. 工作内容 （1）根据公司年度目标和工作计划，组织制定本部门年度、月度工作计划和培训计划。 （2）根据部门管理的需要，制定部门内部各种规章制度和工作程序。 （3）按照本岗位已识别出的环境因素及危险源，执行相应的环境与职业健康安全体系的要求。 （4）根据部门的目标审批各项工作计划，提出成本要求，并根据部门备品备件及材料消耗的统计数据制定部门预算。 （5）根据公司相关制度及规定，对部门员工进行日常行政管理、绩效管理、质量管理，对人员进行配置及内外工作协调。 （6）根据公司的安全目标和部门目标，指导、监督、检查本部门的各项工作，审批和启动应急方案。 （7）根据公司和部门质量文件要求，指导、监督、检查员工的工作质量。 （8）每月计划、组织及实施本部门员工的绩效考核和评价。 （9）完成领导交办的其他工作。			

续表

三、监督及岗位关系

1. 所受监督和所施监督

（1）所受监督：经理直接受公司总经理和书记的监督指导。

（2）所施监督：对行李系统部副经理进行直接监督指导。

2. 与其他岗位关系

内部关系：

（1）对总经理汇报工作；

（2）与公司职能部门开展业务联系、工作协调等；

（3）对内部各岗位进行日常管理。

外部关系：

（1）向航空公司征求意见、处理投诉；

（2）与股份公司有业务往来，进行工作协调；

（3）与行李系统其他分包商有业务往来和工作协调；

（4）与设备厂家 / 供应商有技术支持、备件采购与使用关系。

四、工作时间

每周工作 5 天，每天工作 8 小时。

五、任职资格

（一）资历

1. 工作经验：有 5 年以上管理工作经验，其中含主管级管理工作经验 5 年以上。

2. 学历要求：本科以上学历。

3. 职业资格要求：具有中级职称或相关二级职业资格。

（二）能力素质要求

1. 知识

系统设备的基础理论知识、管理理论知识。

2. 技能

（1）能根据部门相关规章制度对所属员工进行日常管理，合理调配人力资源；

（2）能对部门的维修、维保质量进行有效控制；

（3）能计划、组织、实施员工定期目标绩效考核、绩效面谈；

（4）能及时对不合格服务的纠正和预防措施进行有效的落实和监控；

（5）能组织员工的岗位技能培训，并建立培训档案；

（6）能合理制定本部门预算并进行有效控制；

（7）能组织协调部门日常维修、运行工作及应急处理工作；

（8）能对部门的安全工作进行监督指导；

（9）能对设备维修及操作安全工作实施检查；

（10）能制定部门的各种规章制度和操作规程并不断进行修订、完善；

（11）能根据公司的要求和运行实际情况组织制定设备维修保养制度、计划；

（12）能对部门的服务质量进行监督，并制定预防、纠正不合格服务的措施。

3. 胜任能力

（1）有较强的组织协调能力和人际交往能力；

（2）有较强的顾客服务意识和沟通协调能力。

4. 培训要求

（1）基础管理培训并考核合格；

（2）设备管理相关专业培训并考核合格；

（3）参加准入制度培训并通过准入考试。

（三）某分公司董事长工作说明书（见表 5–12）

表 5－12　某分公司董事长工作说明书

一、基本信息			
岗位名称	董事长	岗位人数	1 人
直接上级	集团董事长	分析日期	2016 年 6 月
二、工作职责			
（一）职责概述	代表董事会对分公司的重大事项进行决策，审批分公司总体战略与经营计划，对高层管理团队进行领导，确保经营目标的实现。		
（二）职责范围	1. 在集团公司的指导下，制定分公司的战略发展规划，审批总经理提出的分公司的经营计划、发展规划及经营方针。 2. 审批分公司组织架构的变更计划。 3. 负责企业文化和核心制度的建设，推进企业的创新变革。 4. 负责分公司核心管理团队的培养选拔方案，建立员工的职业发展总体规划。 5. 负责分公司的项目拓展，协调与政府相关部门的各方关系，为开拓新业务领域发挥外联作用。 6. 督导高层管理者的工作，掌握分公司的整体运营状况，并定期向集团公司汇报分公司的发展情况。 7. 全盘监控分公司的总体财务状况。 8. 审批分公司的人员编制、物品采购、设备更新、项目维修等重大计划，督促并检查分公司重大项目的质量与安全事项。 9. 负责分公司对外业务项目、投资项目和相关合同的最终审批。 10. 完成上级交办的其他工作。		
三、工作时间			
本岗位实行每周 40 小时的标准计时制。			
四、任职资格			
（一）基本条件	1. 学历要求：本科以上 2. 专业要求：行政、经济、人力资源、企业管理等相关管理类专业 3. 工作经验：五年以上高层管理经验		
（二）身体条件	符合《劳动法》规定的该岗位从业人员身体条件即可。		
（三）专业知识	1. 现代企业管理知识　2. 物流管理相关知识 3. 财务会计知识　4. 人力资源管理知识 5. 质量管理知识　6. 相关法律知识		
（四）能力要求	1. 组织领导能力　2. 沟通协调能力 3. 创新开拓能力　4. 团队建设能力 5. 分析决策能力　6. 冲突管理能力		

（四）企业首席博客官工作说明书（见表 5-13）

表 5-13　企业首席博客官工作说明书

一、基本信息

岗位名称	首席博客官	所在部门	营销部
岗位等级	高级主管	岗位人数	1人
直接上级	网络营销总监	分析时间	2019.5

二、工作概要

根据公司的销售战略，利用和调动个人和公司资源寻找营销资源、完善博客资料、推广博客，使公司与客户更容易交流，使企业形象、企业品牌获得广泛的、良好的传播。

三、工作目的

利用博客营销的方式提升企业形象、发布企业信息、推广企业品牌、扩大企业文化的影响力、增加产品的销售量等。

四、工作职责

1. 根据企业内外部环境，制订中长期博客营销计划，主要内容包括从事博客写作的人员计划、每个人的写作领域选择、博客文章的发布周期等；
2. 负责企业博客推广计划的执行、过程监控及评估；
3. 跟踪行业发展趋势，积极收集市场信息，如客户、产品、竞争对手等，并进行统计与分析，及时向公司市场、研发等部门反馈，推动快速响应；
4. 积极收集客户的信息，及时回答客户在博客中对产品、公司服务等相关问题的提问，并定期进行客户、读者满意度调查，处理客户反馈评价；
5. 与网站管理人员和技术人员协作对博客进行改进，组织协调其他人员的网络推广工作等；
6. 负责开发与整合本行业相关网络媒介资源，拓展合作的网络媒体；
7. 对博客营销的效果进行评估，不断完善博客营销计划。

五、衡量标准

1. 博客营销计划制订的时效性、建设性及可行性；
2. 营业额目标的完成量；
3. 所辖博客网站是否正常运行；
4. 目标客户拓展完成量。

六、工作权限

财务权限	人事权限	业务权限
部门营运费用规划、审批权	部门人事任免建议权、部门人员考核权、部门员工的短期假期批准权、部门组织建设规划权	对本部门中小客户标准交货期、重复订单的决定权，对客户资信评价的建议权

七、工作关系

	主要联系对象	联系的主要内容
与公司内各部门的联系	行政部	业务协商，文件及客户档案资料的保管
	财务部	日常办公费用的预支与报销
与公司外的联系	相关搜索引擎，　如百度、雅虎等	通过沟通优化博客，增加网站的搜索引擎可见度
	其他网站、　客户或盟友	增加企业网站的链接数量

续表

八、任职资格

（一）知识与技能

	基本标准	理想标准
学历要求	电子商务、营销相关专业本科或以上学历	MBA，中国电子商务职业经理人资质认证专业网络营销经理 B 级以上
工作经验	有 3 年左右的相关网络营销管理工作经验	从事过大中型 IT 企业的网络营销策划和管理工作
个人素质	有组织领导能力，能独立开展工作，工作认真，责任心强	有较强的沟通协调能力、表达与理解能力、公关能力
技能要求	达到国家英语四级水平；熟悉电脑操作，掌握基本网络知识	能够熟练运用 Dreamweaver，Photoshop 等电脑软件，具有较强的市场策划、分析能力

（二）能力要求

1. 具备良好的文字表达及编辑能力；有良好的策划能力；具有较强的信息收集和处理能力；可以独立完成设计、制作专题的任务。

2. 善于沟通，为人踏实，思想活跃，有热情，工作责任心强，能承受较大工作压力；熟悉国家的网络管理法规。

3. 具备团队合作精神；有丰富的社会关系资源，社会交际广泛；具有解决冲突的能力。

（三）综合素质

1. 具有良好的职业道德，能够保守企业相关秘密。

2. 具有对新闻实践的敏感性，反应迅速，知识面广，具有良好的策划能力。

资料来源：龚尚猛，宋相鑫 . 工作分析：理论、方法及运用 . 上海：上海财经大学出版社，2020.

本章小结

本章主要阐述了岗位分析的产生与发展，岗位分析的内涵、原则与资源，岗位分析的内容和程序，岗位分析的结果表达形式，工作说明书的编写内容以及编写要求，并列举了工作说明书的编写范例。

本章习题

1. 岗位分析的发展趋势有哪些？
2. 什么是岗位分析？岗位分析的原则是什么？
3. 岗位分析的作用是什么？
4. 岗位分析要遵循哪些程序与步骤？
5. 工作说明书的内容有哪些？
6. 编写工作说明书应该注意哪些问题？

团队练习

通过本章内容的学习，应该对岗位分析的程序步骤有了具体的了解，同时掌握了编写工作说明书的技巧。本练习中，参与者通过案例阅读，从岗位分析的程序和工作说明书的编写角度提出该公司工作分析中存在的问题，并编写人力资源部经理岗位工作说明书。

先阅读下面的案例：

A宽带数字技术有限公司（以下简称A公司）成立于1993年，是行业内小有名气的一家从事机顶盒研究开发的高新企业。公司员工虽然不到200人，但是组织结构安排得井井有条，从机顶盒的产品规划到研究开发再到生产最后走上数字电视的大市场，公司配备了一套良好的人马班子。去年，在机顶盒行业并不十分景气的情况下，A公司凭借独特的经营方式、强有力的人力资源后盾创下了年销售量6万台的佳绩，在行业内遥遥领先。今年为了迎接更好的机遇和更大的挑战，公司领导班子决定进行深度改革，首先从组织架构着手，把市场部提到新的高度，重整了原来的系统软件部、应用软件部、硬件部等，同时也引进了一批更专业的人才。但是，由于组织架构的变动，有些岗位名称变了，有些部门名称变了，也有一些员工的部门隶属关系变了，部门的主要职能变了，有些员工开始迷茫：我现在该做什么呀？什么叫项目管理总经理？人力资源部经理让新来的小张系统地做工作分析，明确每个岗位的职责。

任务就这样下来了，对于去年从北京某高校人力资源管理专业毕业的小张来说，真的有点难度，“我根本就不怎么了解公司情况，而且工作分析说起来简单，要做好恐怕不容易呀。唉……”小张发愁了。

小张翻开公司的ISO体系文件，在《管理责任程序》的附件《部门职责说明》之后就是小张最想参考的工作说明书了，可是当她细看之后，发现这和现在公司的岗位安排有较大的差距，而且这里的工作说明书好像并不规范，没有遵循所谓的工作分析要包括“5W1H”的说法，还有岗位定编定员等问题。例如，人力资源部经理工作说明书如下：

1. 负责公司的劳资管理，并按绩效考评情况实施奖罚；

2. 负责统计、评估公司人力资源需求情况，制定人员招聘计划并按计划招聘公司员工；

3. 按实际情况完善公司员工工作绩效考核制度；

4. 负责向总经理提交人员鉴定、评价的结果；

5. 负责管理人事档案；

6. 负责本部门员工工作绩效考核；

7. 负责完成总经理交代的其他任务。

小张看完人力资源部经理的工作说明书，仔细思考了一下，虽然不知道这份工作分析是怎么做出来的，但是她觉得这里面存在很多问题。

根据上述案例，参与者以4人左右小组形式讨论案例中存在的问题，并撰写人力资源部经理工作说明书。

第一步，各小组成员分别列出案例中存在的问题，并进行组内讨论，根据讨论的结果重新编写人力资源部经理工作说明书，时间控制在20分钟以内。

第二步，各小组派出1名代表（非组长）组成评审委员会，同时派出组长陈述案例中存在的问题，并展示本组撰写的人力资源部经理工作说明书。时间控制在5分钟以内。

第三步，评审委员会综合各组提出的问题和撰写的人力资源部经理工作说明书，经讨论后达成一致，并推选1名代表口头报告给所有参与者。时间控制在20分钟以内。

本练习旨在通过完成工作分析过程以及撰写工作说明书，真实反映参与者的分析判断能力、沟通能力、口头表达能力、归纳总结能力、书面表达能力等。练习的结果可以达成两点：一是在分析企业工作说明书中存在的问题时，意识到团队协作很重要，要尊重每一位成员，让所有人都充分表达自己的观点；二是在撰写工作说明书时，职责描述要科学合理，任职资格要明确到位，符合岗位需求，无任何歧视条款。

案例分析

案例一

"王强，我想不出你究竟要什么样的操作工人。"江山机械人力资源负责人李进说，"我已经给你提供了四位面试候选人，他们好像都还满足工作说明书的要求，但你一个也没有录用。"

"什么工作说明书？"王强答道，"我关心的是找到一个能胜任那项工作的人，但是你给我提供的人都无法胜任，而且我就没见过工作说明书。"

李进递给王强一份工作说明书，并逐条解释给他听，他们发现，要么是工作说明书与实际工作不符，要么是规定以后，实际工作又有了很大变化，例如，工作说明书中说明了有关老式钻床的使用经验，但实际中使用的是新型数字式钻床，为了有效地使用这种新机器，工人们必须掌握更多的数字知识。

听了王强对操作工人必须具备的条件及应当履行职责的描述后，李进说："我想我们现在可以写一份准确的工作说明书，以其为指导，就能找到适合这项工作的人，让我们今后加强工作联系，这种情况就再也不会发生了。"

请你根据上述案例回答以下问题：

（1）人力资源部找来的四位面试人都无法胜任工作的根本原因在哪里？

（2）工作说明书在人力资源管理中有哪些作用？

案例二

某事务所有一个主任、两个秘书、两个打字员和三个档案管理员。到上一年为止，由于均衡的工作量和明确的责任，这个事务所一直运转平稳。

从去年开始，主任注意到打字员和档案管理员之间出现了越来越多的争执。他们找到主任讨论这些争执，确定问题是对特定职责的误解造成的。打字员感到档案管理员有过多的空闲时间而流露出强烈的不满。同时，秘书和打字员必须经常加班来做他们认为档案管理员很容易承担起来的工作。档案管理员则强调他们不应承担任何额外的职责，因为他们的薪水没有反映额外的责任。

这个事务所中的每个人都有一份几年前编写的工作说明书。然而，从那以后由于实施了计算机系统，大多数职位的本质发生了相当大的变化，但这些变化一直未被写入书面材料之中。

请你根据上述案例回答以下问题：

1. 上述案例反映了什么问题？

2. 你认为应该采取什么行动？

延伸阅读

H公司的岗位分析项目实施方案

岗位分析是开展人力资源管理各项工作的基础，也是提升公司人力资源管理工作有效性和可靠性的前提，为确保公司岗位分析有序开展，科学准确地对公司所属部门和所属岗位进行工作分析，特制订本方案。

一、岗位分析的目的

对公司各部门及各岗位进行科学的工作分析，确定部门职责及岗位说明书，为公司定岗定编提供依据，同时为公司绩效管理工作的推进及薪酬体系的建立奠定基础。

二、岗位分析范围

公司总经理及副总经理岗位以外的其他岗位。

三、岗位分析内容

岗位分析的主要内容包括：部门内部各岗位名称确认、岗位工作范围、工作任务、工作方法及步骤、工作性质、工作时间、工作环境、工作关系、工作技能等，从而最终完成部门职责与各岗位说明书的制定。

四、岗位分析方法

岗位分析主要采取问卷调查法及工作日志分析法，同时辅以访谈法。

五、岗位分析步骤、时间及人员安排

1. 工作分析项目小组成立及其架构

为确保工作分析按计划高效有序地开展，成立项目小组，并明确相应责权。具体架构如下：

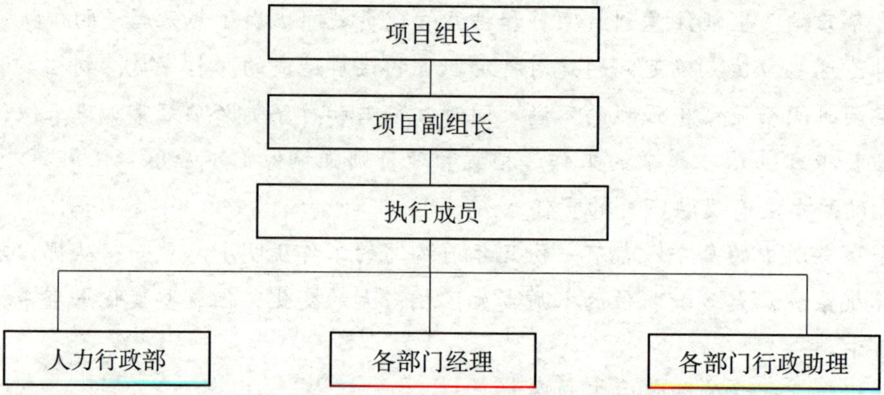

2. 工作分析项目小组成员组成及职责分工

项目岗位名称	职责分工
项目组长	把握该小组总体方向和原则，负责整个分析工作的统筹管理，并对工作结果进行审批： （1）对人力资源部的总体方案和计划提出意见； （2）负责小组进程的检查和监督； （3）听取阶段性的汇报； （4）对工作分析结果所产生的工作说明书、部门说明书等相关材料进行审批。
项目副组长	（1）负责岗位分析工作的跟进和协调； （2）负责岗位分析方案及相关报告的初步审核； （3）参与岗位分析初稿及工作说明书等相关材料的定稿工作。
人力资源部	作为总体策划和实施的负责人，提供技术方案和指导，并通过可行的实施手段达到目标。 （1）负责实施方案和计划的制定； （2）负责分析工具（调查问卷、工作日志记录表、岗位说明书模板）的设计； （3）收集公司现有工作分析基础性资料； （4）工作分析培训； （5）修改、确定岗位说明书； （6）为相关人员答疑解惑。
各部门经理 各部门行政助理	作为工作分析小组的协调员与联络人，配合人力资源部开展工作。 （1）帮助人力资源部收集整理各种资料； （2）分发回收调查问卷； （3）安排其他人员配合资源部的工作； （4）组织所辖部门工作说明书的初步撰写与整理； （5）收集公司员工和管理人员在工作分析中的反馈意见，并把意见反馈给人力资源部和公司领导。

3. 工作分析的步骤及人员时间安排

序号	项目	对象	目的	阶段负责人	时间进度安排	说明
1	进行岗位分析相关知识培训	主管及以上岗位人员	熟悉和了解岗位分析相关知识		半天	通过岗位分析相关知识的简要培训，使其明白和理解为何需要作岗位分析，作岗位分析对管理者有什么作用；在现实操作中如何进行岗位分析，岗位分析的流程是什么，有什么方法和技术可以使用，为后期岗位分析打下基础。
2	成立工作分析项目组	项目组成员	保证工作分析工作的有效落实		半天	项目启动前的准备及分析工作。
3	项目推进会	所有部门负责人	介绍整个项目的开展计划、目的、如何实施操作，分工及项目中的责权			会前准备好整个项目计划书及《岗位分析调查问卷》和《工作日志填写模板》等相关资料，并对相关内容进行意见征询，根据实际情况进行微调、确认。
4	进行《岗位分析调查问卷》和《工作日志填写模板》填写培训	全体员工	确保《岗位分析调查问卷》和《工作日志填写模板》填写符合要求		一天	以案例方式制作 PPT 讲义，进行填写培训。
5	员工填写调查问卷和工作日志	全体员工	收集相关岗位信息；要求员工填写调查问卷及撰写工作日志		十天	1. 人力资源部发送填写说明书及调查问卷。 2. 人力资源部分别跟踪开展进度，并就相关工作进行指导和督促，并随时汇报。 3. 各部门经理为所在部门该项工作开展的组织实施者。 4. 各部门助理协助进行调查问卷的回收。 5. 两天内完成《岗位分析调查问卷》。 6. 工作日志填写为持续 10 个工作日的工作内容。
6	填写问卷及日志的初审及首次修改	所有部门负责人	根据审核要点审核所辖员工填写的内容是否准确、完整，并修改		三天	1. 人力资源部跟踪各部门开展进度，做出有效指导和督促，并随时汇报。 2. 各部门助理初步审核调查问卷填写是否完整，是否认真。 3. 各部门经理审核问卷并提出修改意见，并在时间节点前汇总至人力资源部。

续表

序号	项目	对象	目的	阶段负责人	时间进度安排	说　明
7	人力资源部收集整理	人力资源部	对调查问卷进行整理汇总，形成初步的部门职责及岗位说明书		三天	1. 在开展本项工作的同时设计完成访谈题目设计。 2. 根据调查问卷确定访谈对象。
8	组织访谈	公司骨干员工，同时根据调查问卷确定一批对象	完善岗位信息，弥补调查问卷和工作日志的缺点		一天	访谈前人力资源部负责对访谈目的、技巧、注意事项等内容进行培训。
9	整理访谈内容，撰写工作分析报告	人力资源部	基本确定部门职责、岗位说明书		二天	1. 设计标准岗位说明书模板。 2. 完成部门职责、岗位说明书的撰写。 3. 就开展过程中发现的关于组织架构、部门职责分工、员工满意度及其他问题进行汇总并上报提出建议。
10	部门职责、岗位说明书二审及修改	所有部门负责人	对人力资源部最后整理的部门职责、岗位说明书进行二次审核并提出修改意见		三天	人力资源部就各部门提出的建议进行合理性分析并及时修改相关文件。
11	部门职责、岗位说明书终审并确定	公司所有高管	对二次修改后的部门职责、岗位说明书进行审核并提出修改意见		一天	高管重点就部门职责，结合人力资源部的总结报告提出修改意见。

1. 整个工作分析的时间为 5~6 周。
2. 本项目每一个环节都丝丝相扣，同时各部门经理必须最大限度地参与和配合，因此拟把本项目的工作开展作为当期的临时考核指标，针对各部门负责人的工作完成的时间、质量进行考核，确保每一个环节都在时间节点前优质地完成。
3. 在本项目的开展过程中，可以发现一批对待公司任务态度认真的员工，将作为以后进入核心员工或储备干部培养对象的选择条件之一。

第6章 岗位设计

| 学习目标 |

1.了解岗位设计的内涵。
2.掌握岗位设计的理论。
3.掌握岗位设计的内容与程序。
4.掌握岗位设计的方法。

引导案例

每天都做同样的事好不好

张大明是某汽车公司一名十分优秀的工人，他在该公司工作多年，技术熟练，他的产量是整个车间最高的，差错率是最低的，因此他的小时工资为18元（该工种的平均工资水平为每小时13元），是从事同样工种的员工中最高的，但让大家万万没有想到的是，他居然辞职了。当朋友问起他辞职的原因时，他说："我每天都在做同样的事情，太没意思了，当客车的座椅从生产线上下来后，我就把它们放进车里，跳上车，用四个螺栓将它们固定在车身上，用扳手将螺栓拧紧，然后跳下车，将座椅后面的两根螺丝装好。就这样，一个小时我可以装20辆车。一天8小时周而复始，这样的工作我已经做了3年多了，如果再这样做下去，我想我会疯掉的。"

两个月后，一位朋友在一家汽车修理厂见到了张大明，他现在的工资是每小时15元，朋友很奇怪地问他："你现在的工资还不如原来的高，为什么还要换工作呢？"张大明回答说："我觉得现在的工作更有意思，因为每辆车的故障往往都是不同的，我必须设法找出故障，并用不同的方法来处理它们，我觉得这很有挑战性。我对现在的工作很有兴趣，总是觉得一天的时间很快就过去了。"

思考题

张大明的想法正确吗？

你认为其理论依据或基础是什么？

第1节 岗位设计概述

为了适应日益变化的内外环境，企业要及时进行组织结构调整，工作任务、内容发生变化，相应的岗位或部门也面临着增减问题，随之而来的就是岗位重新设计，因此，岗位设计是企业发展过程中一项重要的工作。

一、岗位设计的起源

岗位设计最早起源于亚当•斯密的《国富论》一书，他在书中论述了岗位设计思想。他认为将岗位工作内容划分成一系列小部分，每个工人重复执行其中的一小部分，这样工人的工作熟练度逐渐提高，从而提高劳动生产率。他以生产大头针为例说明专业化分工的效率："一个工人抽铁丝，另一个工人把它抻直，第三个人切断，第四个人只管磨尖，第五个人磨其顶，以便装上圆头。然而，要做圆头，就需要两三道独特的工序，最后才是装配与镀锡。因此，制造一根大头针需要18道工序，如果一个工序由一个人操作，生产大头针的工人将有18个。固然，有时一个人也兼任两三道工序。我见过个这样的小工厂，只雇用了10个工人。在这个工厂中，有几个工人担任两三道工序。像这样的小工厂的工人虽然很穷，他们使用的工具设备也很简陋，但如果他们勤劳工作，一天也能制作12磅大头针。以每磅有4 000枚针计算，这10个工人每日可以制作48 000枚大头针。"①

被称为"科学管理之父"的弗雷德里克·W.泰勒对于工作效率做了进一步研究。1898年，泰勒在伯利恒钢铁公司对铁锹的使用进行了一番实验。他用形状相同而铲量分别为5kg、10kg、17kg和30kg四种铁锹去铲同一堆煤，发现铲煤量为10kg的铁锹作业效率最高。他做了许多实验，终于找出了铁锹的最佳设计和搬运煤屑、铁屑、沙子和铁矿石等松散粒状材料时每一铲最适当的重量。这就是人机工程学中最著名的"铁锹作业实验"。

1957年，波兰的雅斯特莱鲍夫斯基教授首先提出工效学，通过研究人和机器、环境的相互作用以及有效的结合，设计出"人－机－环境"系统。它更适合人的生理特点和心理特点，在保证劳动者在安全、健康和舒适的环境中作业的基础上，不断地提高生产效率或工作效率。20世纪70年代，理查德•哈克曼（Richard Hackman）和格雷格•奥尔德姆（Greg Oldham）提出工作特征模型，从五个特性入手提高工作的内在激励性，

① 朱勇国，孔令佳．组织设计与岗位管理．北京：首都经济贸易大学出版社，2015.

从而提高员工的工作成就感，调动员工工作积极性。[①]

二、岗位设计的内涵

岗位设计是在岗位调查、岗位分析的基础上，对岗位工作内容、岗位关系进行规范设计的过程。岗位设计是根据组织的需要，并兼顾个人的需要，规定每个岗位的任务、责任、权力以及组织中与其他岗位关系的过程。岗位设计是确定组织员工工作活动的范畴、责任以及工作关系的管理活动，目的在于更好地提高员工的工作效率与工作生活质量，充分发挥每个人的工作潜能。

在实际工作中，岗位设计包括两个方面的内容：一是岗位的设置；二是岗位的重新设计，即岗位再设计。岗位的设置是一个企业刚刚成立时，为了实现企业目标需要设置相关岗位，是从无到有的过程。岗位再设计指的是一个企业存在了一段时间后，为了提高工作效率对原有的岗位设置、工作职责与内容重新设计的过程。

岗位设计的目的有三个：一是达成组织目标。通过对工作内容、工作职能和工作关系合理设计，合理有效地处理人与工作的关系，满足个人需要的同时达成组织目标。二是激励员工。激励理论认为，在员工需求向高层次发展时，他们的积极性主要来自与工作本身相关的因素，岗位设计得当就能满足员工的内在需要。因此，合理的岗位设计能够激发员工的工作动机、提升工作满意感，从而提高工作效率。三是建立职业发展多重通道。岗位设计可以建立多重通道，管理人员和专业技术人员均可获得通畅的职业发展路径。从激励理论的角度看，岗位设计是对内在奖酬的设计。

三、岗位设计的原则

（一）因事设岗原则

因事设岗是设置岗位的基本原则。岗位是客观存在的，应以“事”和“物”为中心进行设置，“以事定岗，以岗定人”。设置岗位既要着眼于企业现实，又要着眼于企业发展，要按照企业各部门职责范围划定岗位，而不是“因人设事，因人设岗”，岗位和人应是设置和配置的关系而不能颠倒。岗位设计要做到事事有人做，人人有事做。

（二）整分合原则

整分合原则是指在组织整体规划前提下明确分工，又在分工的基础上有效整合。整体是前提，分工是关键，综合是保证，没有整体目标的指导，分工就会盲目而混乱，离开分工，整体目标就难以高效实现。如果只有分工而无综合，就会导致分工各环节的脱节及横向协作的困难，只有岗位上下左右之间同步协调，才能发挥最大效能。

（三）效率原则

岗位设计应使工作活动具有更高的输出效率，通过岗位设计，使组织成员明确工作

---

① 朱勇国，孔令佳. 组织设计与岗位管理. 北京：首都经济贸易大学出版社，2015.

的职责与分工范畴，形成良好的工作协调与合作关系，提高组织活动的有序性、均衡性与连续性，创设符合员工个体特性的工作活动模式，促进员工能力的充分发挥。

（四）最少岗位数原则

岗位的设置不要太多，岗位数量要尽可能少，既要考虑到最大限度地节约人力成本，又要尽可能地缩短岗位之间信息传递时间，目的是使所有的工作尽可能集中，不要特别分散。以尽可能少的岗位设置承担尽可能多的工作任务也符合经济性原则。

（五）系统化原则

岗位设计是一项复杂的系统工程，岗位设计应充分考虑工作中各个有关方面的影响，包括组织体系、工艺技术、管理方式、工作者、工作环境等，努力寻求各方面因素的最佳结合，使之在工作系统中构成良好的协调关系。

四、岗位设计的意义

随着管理者对于“经济人”到“社会人”认知的改变，现代岗位设计打破了传统岗位和人员之间的被动关系，开始重视工作本身对于员工的激励作用。岗位设计的意义主要体现在以下几个方面。

1. 岗位设计有利于实现分工与协作

岗位设计满足了组织劳动分工与协作的需要。组织内部既要分工明确，又要互相沟通与协作。分工明确了工作的范围和职责，岗位职责清晰。协作是通过相互帮助、支持对方工作达成共同目标，从而实现组织目标。

2. 岗位设计可以提升组织工作效率

科学的岗位设计，不仅能够达到事事有人做，而且能够实现人人有事做，避免组织内工作缺失、重复、冗余等现象发生，减少了无效劳动，提高了组织工作效率。

3. 岗位设计是岗位管理的基础

岗位设计的结果是组织内部的岗位设置，为岗位体系建立、岗位薪酬设计等岗位管理实践提供了依据。

4. 岗位设计可以激发员工的工作积极性

岗位设计过程中考虑了人的因素，改变了工作单调重复和工作不完整的特征，实现了工作多样化，增加了工作的趣味和挑战性，不仅激发了员工的工作积极性，而且增强了员工的成就感，促使员工敬业度和工作绩效的提高。

第 2 节　岗位设计理论

一、科学管理理论

科学管理理论是由弗雷德里克·温斯洛·泰勒（Frederick W.Taylor）在其著作《科

学管理原理》(1911 年) 中提出，泰勒被管理界誉为科学管理之父。他的研究是现代科学管理的基础，也是人力资源管理的基础。泰勒在米德维尔工厂从一名学徒工开始，先后被提拔为车间管理员、技师、小组长、工长、设计室主任和总工程师。这些经历对于他形成自己的岗位设计思想有很大的影响。泰勒认为，岗位设计的核心是强调工作任务的简单化、标准化和专业化，并以此来获取工作活动的高效率。在岗位设计中强调劳动分工细化，作业活动的高度标准化和简单化。这方面最为经典的就是流水作业线式的岗位设计，它采用固定运行节律，工作活动单调重复，技能要求低，限制工作中的社会交往，至今仍在许多企业应用。

泰勒崇尚的岗位设计使得工作活动简单易行，极大提高了企业的生产效率。但是，随之而来的是员工感到工作单调乏味，缺乏内在激励，容易疲劳和厌烦，引起员工的强烈不满，这些都是忽视人的生理和心理需求的后果，人际关系运动发现了这一问题，并且通过工作丰富化加以解决。

二、人际关系理论

美国行为科学家梅奥 (George Elton Mayo) 是人际关系理论的创始人，20 世纪 20 年代，他在美国西方电器公司霍桑工厂进行了长达九年的实验研究——霍桑试验，揭开了组织中人的行为研究的序幕。霍桑试验的初衷是试图通过改善工作条件与环境等外在因素找到提高劳动生产率的途径，1924—1932 年他先后进行了四个阶段的实验：照明试验、继电器装配工人小组试验、大规模访谈和对接线板接线工作室的研究。试验结果出乎意料，与当初设计完全不同，梅奥得出如下结论：(1) 影响生产效率的根本因素不是工作条件而是工人自身；(2) 在决定工人工作效率的因素中，工人为团体所接受的融洽性和安全感较奖励性工资有更为重要的作用。

人际关系理论认为，提高工人满意度是提高劳动生产率的首要条件，高满意度来源于物质和精神两种需求的满足。梅奥认为在决定劳动生产率的诸多因素中，首位的因素是工人的满意度，生产条件、工资薪酬只是第二位的。岗位轮换、工作扩大化与工作丰富化都是在人际关系理论的影响下出现的。

三、双因素理论

美国心理学家赫茨伯格 1959 年提出了双因素理论。该理论把工作中影响满意度的因素分为两类：人们在工作中的高满意度是由工作本身的内在因素决定的，这类因素可称为激励因素，包括工作认知、成就感、责任、工作时的进步和个人能力的发挥等；另一类因素是造成工作中不满意的因素，是由工作中的外在因素引起的，这类因素可称为保健因素，包括公司的福利政策、管理方式、上下级关系、工作报酬与工作环境条件等。双因素理论认为，这两类因素的性质和作用各有不同，只有激励因素才能真正调动工作积极性，从而提高工作效率。保健因素并不能使人真正获得满足，它没有激励作用，但能防止不满情绪的产生。根据双因素理论，只有当激励因素被设计到工作活动之中，才能有效地提高职工的工作动机，仅仅在保健因素上作修补改善无助于工作动机的改进和绩效提高。

双因素理论促使企业管理者关注工作内容方面的因素，它们同工作丰富化和工作满意度之间的关系直接推动了现代岗位设计的发展。

四、工作特征模型

工作特征模型由哈佛大学教授理查德·哈德曼（Richard Hackman）和伊利诺伊大学教授格雷格·奥尔德汉姆（Greg Oldham）提出，如图 6－1 所示，它是工作丰富化的核心。

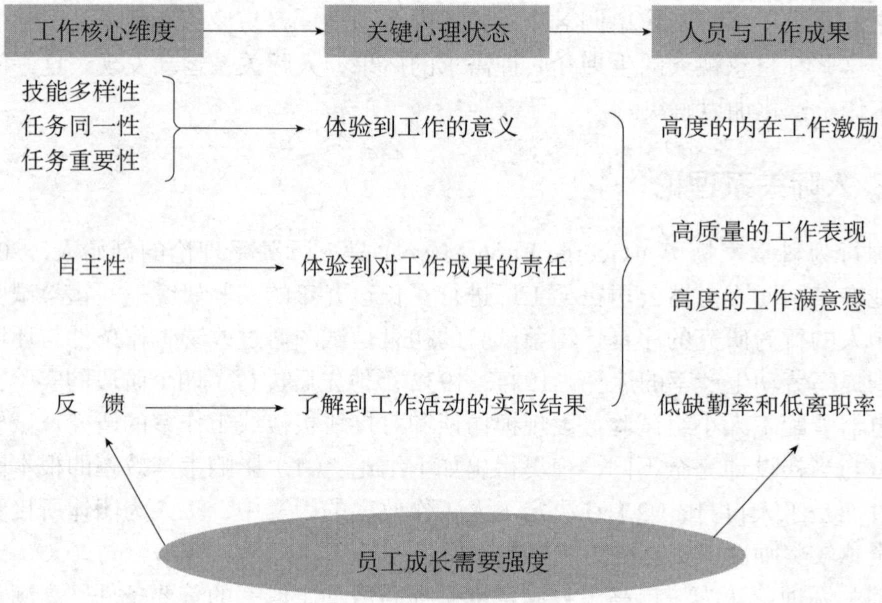

图 6－1　工作特征模型

工作特征模型的核心内容是五个维度。

（1）技能多样性：也就是完成一项工作涉及的各种技能和能力。

（2）任务同一性：即在多大程度上工作需要作为一个整体来完成——从工作的开始到完成并取得明显的成果。

（3）任务重要性：即自己的工作在多大程度上影响其他人的工作或生活——不论是在组织内还是在工作环境外。

（4）自主性：即工作在多大程度上允许自由、独立以及在具体工作中个人制定计划和执行计划时的自主范围。

（5）反馈：即员工能及时明确地知道他所从事的工作的绩效及其效率。

根据工作特征模型，一个岗位可以让员工产生三种心理状态：感受到工作的意义，意识到工作的责任感，充分了解到工作的结果。这些心理状态可以使得员工产生良好的工作动机，起到内在激励的作用。表 6－1 显示了不同岗位工作与激励程度的关系。

表 6-1　餐馆经理与快餐店的汉堡包制作师的核心工作特征激励程度对比

五个核心工作特征	激励程度及其原因	
	餐馆经理	快餐店的汉堡包制作师
技能多样性	高：需要了解烹饪技术、企业管理知识、会计、人力资源管理等知识	低：只需掌握制作汉堡包的技术
任务同一性	高：从各种原料的采购到菜肴的制作完成全过程的监控管理	低：几乎很少准备汉堡包以外的食物
任务重要性	高：能够感受到自己提供的餐饮服务为顾客带来的享受	低：不同工人制作出来的汉堡包几乎没有什么差异
自主性	高：自己决定供应的食物品种	低：按照严格的、固定的程序制作汉堡包
反馈	高：可以向顾客收集就餐评价信息	低：很少从其他工人或顾客处得到评价

资料来源：朱勇国．组织设计与岗位管理．北京：首都经济贸易大学出版社，2015.

依据工作特征理论进行岗位设计，具体做法有以下几种。

（1）多项工作合并，把割裂开的工作进行组合，形成较大的工作单元，以提高任务的完整性与技能多样化。

（2）形成自然的工作单元，按工作类型、顾客群体、地理位置等形成自然的工作单元，使工作具有内在的逻辑联系与整体性，以提高任务的完整性与重要性。

（3）建立客户联系，让员工与客户建立直接联系，使员工有机会直接获取用户信息，以提高工作的自主性、技能多样化和反馈程度。

（4）增加纵向自由度，把原来由上级控制的权力与职责下放，增强员工在工作活动方面的自由度，以提高工作自主性。

（5）开辟反馈渠道，为员工提供更多的反馈渠道，帮助他们及时准确地了解自己的工作状况与结果。同时，应注意对原有工作系统进行详细的调查、诊断和评估，从而有针对性地进行岗位设计。

五、社会技术系统理论

社会技术系统理论是由英格兰的埃里克·特瑞斯特（Eric Trist）及其研究小组首先提出来的，是根据英国塔维斯托克研究所一系列工作研究而形成的。它特别强调整个工作系统的总体设计的重要性，试图以此促进企业组织中社会系统与技术系统两方面的进一步联系和相互配合。

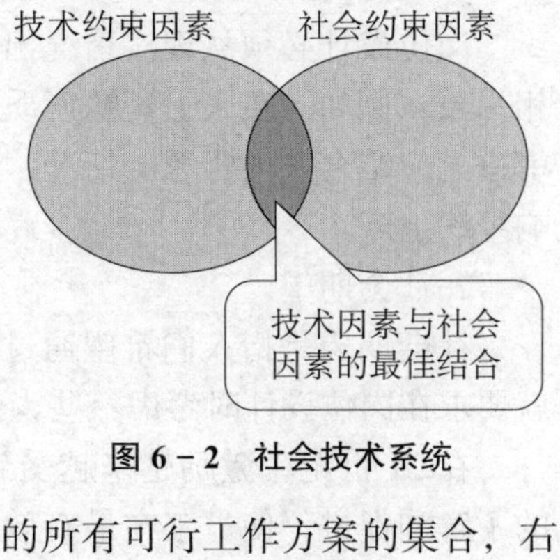

图 6-2　社会技术系统

这种理论认为，在工作设计中应该把技术因素与人的社会因素（行为、心理因素）结合起来考虑，如图 6-2 所示。图中左侧的圆代表从技术的角度设计的所有可行工作方案的集合，右侧的圆代表从社会因素（心理学和社会学）的角度设计的所有工作方案的集合，交叉部分代表能满足社会要求和技术要求的工作设计，该理论认为，最佳的社会技术设计应该在这个交叉部分。

社会技术系统理论认为，任何一个生产运作系统都包括两个子系统：技术子系统和社会子系统。如果只强调其中的一个而忽略另一个，就有可能导致整个系统的效率低下，因此应该把生产运作组织看作一个社会技术系统，其中包括人和设备、物料等，既然人也是投入要素，这个系统就应具有社会性。人与这些物性因素结合得好坏不仅决定着系统的经济效益，还决定着人对工作的满意程度，后者对于现代人来说是很重要的一个问题。因此，在进行岗位设计时，应该把技术因素与人的行为、心理因素结合起来考虑。社会技术设计理论的价值在于它同时强调技术因素与社会变化对工作设计的影响，这与早期工业工程师们过度强调技术性因素对生产效率的影响有很大不同。

如果把生产运作组织方式、新技术的选择应用和岗位设计联系起来考虑，还应该看到，随着新技术革命和信息时代的到来，以柔性自动化为主的生产模式正在成为主流。但是，这种模式如果没有在岗位设计中的思想和方法上的深刻变革是不可能取得成功的。为此，需要把技术引进和岗位设计作为一个总体系统来研究，将技术、生产组织和人的工作方式三者相结合，强调在岗位设计中注重促进人的个性发展，注重激发人的积极性和提高劳动效率。这种理论实际上奠定了现在流行的“团队工作”方式的基础。

第 3 节　岗位设计的内容与程序

一、岗位设计的影响因素

岗位设计必须综合考虑各种因素，既需要对外部环境进行分析，又要考虑组织的内部因素，包括劳动条件、工作环境、工作时间以及员工的素质、能力等。

（一）外部环境因素

外部环境因素包括人力资源供给和社会期望两方面。

1. 人力资源

岗位设计必须从现实情况出发，不能仅凭主观愿望，要考虑与人力资源的实际水平相一致。例如，在人力资源素质不高的情况下，工作内容的设计应相对简单，在技术的引进上应结合人力资源的情况，否则引进的技术没有合适的人使用，造成资源浪费，影响组织生产。

2. 社会期望

社会期望是指人们希望通过工作满足些什么。不同的员工的需求层次是不同的，这就要求在岗位设计时考虑一些人性方面的东西。

在 21 世纪，激励越来越受到管理者的重视，因为它是对员工从事劳动的内在动机的了解和促进，使员工在最有效率、最富有创造力的状态下工作。岗位设计直接决定了员工在所从事的工作中干什么、怎么干，有无机动性，能否发挥主动性、创造性，有没有可能形成良好的人际关系等。优良的岗位设计能保证员工从工作本身寻得意义与价值，可以使员工体验到工作的重要性和自己所负的责任，及时了解工作的结果，从而产生高度的内在激励作用，形成高质量的工作绩效及对工作高度的满足感，达到最佳激励水平，为充分发挥员工的主动性和积极性创造条件，组织才能形成持续发展的竞争力。

（二）组织因素

组织因素包括专业化、工作流程和工作习惯三个方面。

1. 专业化

专业化就是按照所需工作时间最短、所需努力最少的原则分解工作，结果是形成很小的工作循环。

2. 工作流程

工作流程问题是考虑在相互协作的工作团体中，每个岗位负荷的均衡性问题，以保证不出现所谓瓶颈状况，保障工作的连续性。

3. 工作习惯

工作习惯是在长期工作实践中形成的传统工作方式，它反映工作集体的愿望，这往往成为岗位设计的制约因素。

（三）工作环境

工作环境是指工作场所、工作地。岗位设计要求优化工作环境，即利用现代科学技术，改善工作环境中的各种因素，使之适合劳动者的生理和心理，建立起人–机–环境的最优系统。

影响工作环境的因素包括物质因素和自然因素。其中，物质因素包括：①工作地的组织。工作地的组织是要根据生产工艺要求和人体活动规律使工作地上的劳动者、劳动工具和劳动对象的关系做到最优化结合，既能方便员工操作、提高工效，又能保证环境安全卫生，使员工心情舒畅。②照明与色彩。适宜的照明和适度的色彩环境给人以舒适感，有利于稳定员工心理，促进工作效率的提高。③合理配置设备、仪表和操纵器，以适应人体运动特征，提高工作效率。

影响工作环境的自然因素包括：空气、温度、湿度、噪声以及厂区绿化等因素。由于优化工作环境涉及的范围很广、因素很多，需要综合利用多种学科，如生理学、心理学、人体工程学、工效学、环境学等知识，才能完成企业优化劳动环境的艰巨任务。

（四）工作时间

工作时间是规定劳动者在工作场所从事生产劳动或工作的时间。工作时间不能无限延长，只能在国家规定的法定工作时间内适当变动，时间长短取决于劳动者的生理需要和社会需要。

岗位设计中工作时间的设计是根据岗位的性质和特点进行工作时间制度设计，合理的工作时间设计既能改善工时利用状况，提升劳动生产率，又能体现以人为本，保障劳动者的身心健康。

（五）员工因素

人是组织活动中最基本的要素，员工需求的变化是岗位设计不断更新的一个重要因素。岗位设计的一个主要内容就是使员工在工作中得到最大的满足，随着文化教育和经济发展水平的提高，人们的需求层次提高了，除了一定的经济收益外，他们希望在工作中得到锻炼和发展，对工作质量的要求也更高了。

只有重视员工的需求并开发和引导其兴趣，为他们的成长和发展创造有利条件和环境，才能激发员工的工作热情，增强组织吸引力，留住人才，否则随着员工的不满意程度增加，带来的是员工的冷漠和生产低效，以致人才流失。因此，岗位设计时要尽可能使工作特征与要求适合员工个人特征，使员工在工作中能发挥最大的潜力。

二、岗位设计内容

组织结构设计明确了部门或团队，这些部门或团队又需要哪些岗位，岗位工作内容是什么？职责有哪些？岗位关系如何等问题都要明确，这也是岗位设计的内容。具体包括工作内容、岗位职责和岗位关系设计三个方面。

1. 工作内容

工作内容的设计是岗位设计的重点，一般包括工作广度、深度、工作的自主性、工作的完整性以及工作的反馈五个方面。

（1）工作的广度。即工作的多样性。岗位设计得过于单一，员工容易感到枯燥和厌烦，因此设计工作时尽量使工作多样化，使员工在完成任务的过程中能进行不同的活动，保持工作的兴趣。

（2）工作的深度。设计的工作应具有从易到难的层次，对员工工作的技能提出不同的要求，从而增加工作的挑战性，激发员工的创造力和克服困难的能力。

（3）工作的完整性。保证工作的完整性能使员工有成就感，即使是流水作业中的一个简单程序，也要是全过程，让员工见到自己的工作成果，感受到自己工作的意义。

（4）工作的自主性。适当的自主权能增加员工的工作责任感，使员工感到自己受到了信任和重视。认识到自己工作的重要，使员工工作的责任心增强，工作的热情提高。

（5）工作的反馈。工作的反馈包括两方面的信息：一是同事及上级对自己工作的反馈，如对自己工作能力、工作态度的评价等；二是工作本身的反馈，如工作的质量、数量、效率等。工作反馈信息使员工对自己的工作效果有个全面的认识，能正确引导和激励员工，有利于工作上精益求精。

2. 岗位职责

岗位职责设计主要包括岗位的责任、权力、方法以及工作中的相互沟通和协作等方面。

（1）岗位责任。岗位责任设计就是员工在工作中应承担的职责及压力范围的界定，也就是工作负荷的设定。岗位责任的界定要适度，工作负荷过低、无压力，会导致员工行为轻率和低效；工作负荷过高、压力过大，又会影响员工的身心健康，会导致员工的抱怨和抵触。

（2）岗位权力。权力与责任是对应的，责任越大权力范围越广，二者脱节，会影响员工的工作积极性。

（3）工作方法。包括领导对下级的工作方法，组织和个人的工作方法设计等。工作方法的设计具有灵活性和多样性，不同性质的工作根据其特点采取的具体方法也不同，不能千篇一律。

（4）沟通。沟通是一个信息交流的过程，是整个工作流程顺利进行的信息基础，包括垂直沟通、平行沟通、斜向沟通等形式。

（5）协作。整个组织是有机联系的整体，是由若干相互联系、相互制约的环节构成的，每个环节的变化都会影响其他环节以及整个组织运行，因此各环节之间必须相互合作、相互制约。

3. 岗位关系

组织中的岗位关系表现为协作关系、监督关系等各个方面。

从工作内容、岗位职责和岗位关系三个方面设计岗位，可以保证事得其人，人尽其才，人事相宜，优化了人力资源配置，为员工创造能够发挥自身能力和实现自我价值的机会，并且可以提高工作效率，实现有效管理。

三、岗位设计程序

岗位设计要遵循一定的程序和步骤，一般情况下，分以下几个步骤。

1. 成立小组

成立岗位设计小组，成员应包括岗位设计专家、管理人员和一线员工。岗位设计小组需要了解影响岗位设计的诸多因素，调查、诊断和评估现有岗位的基本特征，分析比较需求与现状的差距等。

2. 岗位分析

对于初创组织，要对完成组织目标的所有活动进行分析、描述和整理，对于岗位的性质、任务、责任大小、繁简难易程度、任职资格等进行说明，这是岗位分析的内容。如果是已有组织，要通过岗位分析对岗位进行诊断，分析是否应对原有岗位进行重新设计，应从哪些方面进行改进等，选择哪些岗位设计方法，为岗位设计提供前提与依据。

3. 制定岗位设计方案

根据工作调查和评估的结果，由岗位设计小组提出可供选择的岗位设计方案。岗位设计方案中包括工作特征的改进对策以及新工作体系的工作职责、工作规程与工作方式等。在方案确定后，可选择适当部门与人员进行试点，检验效果。

4. 评价与推广

根据试点情况及研究岗位设计的效果进行评价。评价主要集中于三个方面：员工的态度和反应、员工的工作绩效、企业的投资成本和效益。如果岗位设计效果良好，应及时在同类型工作中推广应用，在更大范围内进行岗位设计。

四、岗位设计应注意的问题

岗位设计涉及组织中各种因素，在岗位设计的过程中，除了要切实保证岗位任务目标的明确性、分工协作的合理性和责权利的对应性之外，还要从企业生产全过程出发，对岗位的设置进行总体性评价，对企业应该设置多少岗位、设置什么样的岗位，进行整体性的分析研究。具体设置岗位时，应注意五个方面的问题。

（1）根据企事业单位的总体发展战略的要求，对现存的组织结构模式以及组织机构的设置进行评价：是否存在资源配置不合理、运行规则不适应、纵向管理不顺畅、横向管理不协调的地方，应当对现存组织进行何种调整或重大的变革。

（2）在组织结构模式和组织机构设置科学合理的前提下，所有岗位工作责任和目标是否具体、明确，是否足以保证组织的总任务和总目标实现？

（3）岗位设置的总数目是否符合最低数量的要求，即是否以尽可能少的岗位设置承担尽可能多的工作任务？

（4）站在组织总体系统的高度俯视每个岗位，各个岗位之间的上下级、平级的关系如何？它们之间的关系是否协调？能否在组织中发挥积极有效的作用？

（5）最后，再次对组织中的每个工作岗位进行剖析：它的存在是否体现了科学化、合理化和系统化的设置要求。更具体地说，就是考虑这一岗位的工作内容是否充实、丰富和饱满，责任权限是否明确、具体和清晰。

第 4 节　岗位设计与再设计的方法

一、岗位设计的方法

对于一个新成立的组织，需要进行岗位设计，也是岗位设置的过程。可以采用组织分析法、关键使命法、流程优化法、标杆对照法等岗位设计方法。

（一）组织分析法

组织分析法是在明确组织愿景和使命的前提下设计组织结构，然后根据具体的业务流程需要，设计不同的岗位。首先，要明确各职能、各层级之间在主要职责上的决策流程和汇报关系；其次，进行职能分析，明确各部门的使命和关键职责；然后，明确各职能、各层级之间在主要职责上的决策流程和汇报关系；最后，在部门内部对职责、任务进行细化分类，再分解到各个岗位上。

组织分析法的优点是能深入解决许多细节问题，尤其适合一个大型的传统组织，应用范围较广，岗位设计能够与企业发展战略保持一致。缺点是往往会成为基于对一个比较理想的组织结构的设计。这种方法要求企业有一个相对稳定的业务环境和发展战略，具有明确的目标，否则难以形成相对稳定的组织结构和职责分工。

（二）关键使命法

关键使命法是指对组织成功或战略目标实现起关键作用的岗位进行设计的方法，通常适用于岗位设计的时间和预算受到限制的情况。

关键使命法的优点在于注意力集中于关键岗位，可以用较少的投资获得较高的回报，注意力集中于企业的关键业务领域，可以确保得到业务利益，这种方法灵活多变，可以用于不同类型的组织。缺点在于不是一个综合的岗位设计方法，在岗位与岗位之间的衔接处理相对较差，可能因为把整个组织的业务分成关键与非关键部分而造成组织内部的摩擦，使用这种方法的人员需要具有较深的专业知识，对组织需求有较深入的了解。

关键使命法的操作步骤是：

（1）根据已经梳理的组织结构，分析各部门的关键业务和关键职责，明确需要设定的关键岗位。

（2）通过岗位分析，确定各关键岗位的核心角色，界定岗位职责、工作目标与要求，形成科学规范的岗位说明书。

某银行关键使命法应用示例，如图 6－3 所示。

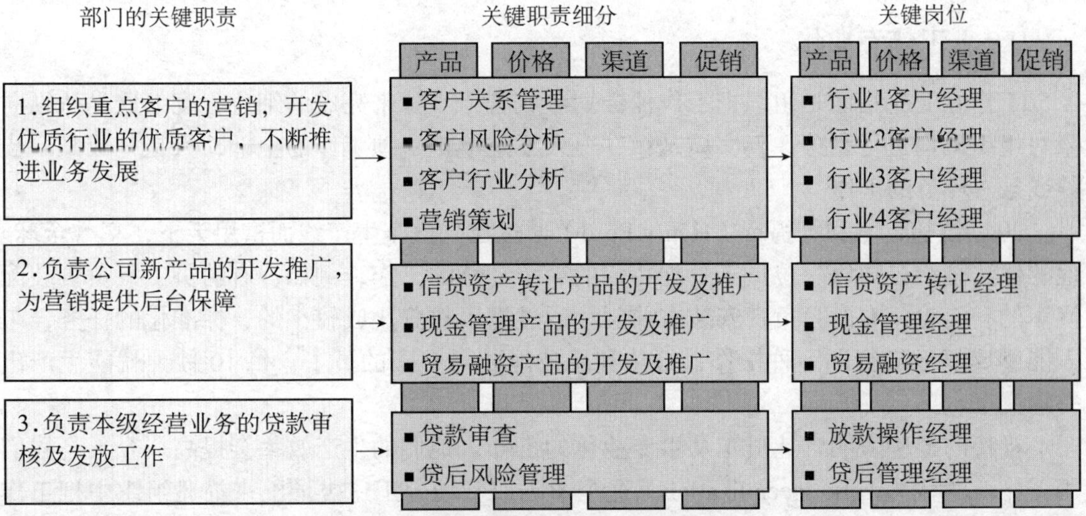

图 6－3　某银行关键使命法应用示例

资料来源：朱颖俊．组织设计与工作分析．北京：北京大学出版社，2018.

（三）流程优化法

流程优化法是通过梳理、优化企业的内部各项流程，根据需要设计岗位。企业首先要明确核心流程，可以通过价值链分析，确定哪些流程是直接创造价值的业务活动，哪些是为价值创造提供辅助支持服务的管理和辅助流程，然后设计相关岗位。这种方法要求岗位设计人员必须十分熟悉工作流程，否则很难实施。

流程优化法的优点是注重新的管理信息系统对在岗者的影响，服从系统的要求，根据新的信息系统进行调整。缺点是没有真正投入大量的资源进行岗位设计，可能会导致较差的结果。这种方法通常适用于较小的岗位设计项目。

（四）标杆对照法

标杆对照法是选取本行业内成功的企业作为标杆，分析其组织结构和岗位设置数据，根据分析结果进行本企业岗位设计的方法。这种方法比较直观、简单，但由于各企业的战略、自身条件等存在差异，在实际应用中要根据自身情况不断进行调整。这种方法适用于要求不太精确的岗位设计。

标杆对照法的优点是简单易行，不需要外部人力资源专家，可以由企业内部人员进行岗位设计，设计成本低，能够很快帮助企业完成粗略的岗位设计。缺点是照搬其他企业的岗位设计，容易脱离本企业实际，造成管理混乱，同时需要对标杆企业有详细透彻的了解。

二、岗位再设计的方法

岗位再设计是对企业原有岗位的重新设计，其目的是优化人力资源配置，为员工创造更多发挥自身能力及优势的机会，提高工作效率。岗位再设计的方法包括工作专业化、岗位轮换、工作扩大化、工作丰富化、工作塑造法和工作时间制度等方法。

（一）工作专业化

工作专业化指的是组织把工作任务划分成若干步骤来完成的细化程度，这是从纵向来对组织机构进行划分，其实质是：一个人不是承担一项工作的全部，只是完成某一步骤或某一环节的工作。

20世纪初，亨利·福特（Henry Ford）通过建立汽车生产线而富甲天下，享誉全球。他的做法是给公司每一位员工分配特定的、重复性的工作，例如，有的员工只负责装配汽车的右前轮，有的只负责安装右前门。通过把工作分化成较小的、标准化的任务，工人能够反复地进行同一种操作，福特利用技能相对有限的员工，每10秒钟就能生产出一辆汽车。

福特的经验表明，让员工从事专业化的工作，他们的生产效率会提高。今天，我们用工作专业化（work specialization）这个术语或劳动分工这类词汇来描述组织中把工作任务划分成若干步骤来完成的细化程度。

20世纪40年代后期，工业化国家大多数生产领域的工作都是通过工作专业化来完成的。管理人员认为，这是一种最有效地利用员工技能的方式。在大多数组织中，有些工作需要技能很高的员工来完成，有些则不经过训练就可以做好。如果所有的员工都参与组织制造过程的每一个步骤，那么就要求所有的人不仅具备完成最简单任务所需的技能，而且具备完成最复杂任务所需的技能。结果，除了从事需要较高的技能或较复杂的任务以外，员工有部分时间花费在完成低技能的工作上。由于高技能员工的报酬比低技能的员工高，而工资一般是反映最高技能水平的，因此，付给高技能员工高薪，却让他们做简单的工作，这无疑是对组织资源的浪费。

通过实行工作专业化，管理层还寻求提高组织在其他方面的运行效率。通过重复性的工作，员工的技能会有所提高，比如安装、拆卸工具及设备所用的时间会减少。同样重要的是，从组织角度来看，实行工作专业化，有利于提高组织的培训效率。挑选并训练从事具体的、重复性工作的员工比较容易，成本也较低。对于高度精细和复杂的操作工作尤其是这样。例如，如果让一个员工去制造一整架飞机，波音公司一年能造出一架大型波音客机吗？最后，通过鼓励专门领域中进行发明创造，改进机器，工作专业化有助于提高效率和生产率。

20 世纪 50 年代以前，管理人员把工作专业化看作提高生产率的不竭之源，或许他们是正确的，因为那时工作专业化的应用尚不够广泛，只要引入它，几乎总能提高生产率。但到了 60 年代以后，越来越多的证据表明，好事做过了头就成了坏事。在某些工作领域，达到了这样一个顶点：由于工作专业化，人的非经济性因素的影响（表现为厌烦情绪、疲劳感、压力感、低生产率、低质量、缺勤率上升、流动率上升等）超过了经济性影响的优势。

现在，大多数管理人员并不认为工作专业化已经过时，但也不认为它还是提高生产率的不竭之源，他们认识到在某些类型的工作中工作专业化所起到的作用以及使用过头可能带来的问题。例如，在麦当劳快餐店，管理人员运用工作专业化来提高生产和售卖汉堡包、炸鸡的效率。大多数卫生保健组织中的医学专家也使用工作专业化。

对于工作专业化带来的问题，如果通过丰富员工的工作内容，允许他们做完整的工作，让他们加入需要相互交换工作技能的团队中，他们的产出会大大提高，工作满意度也会提升。

工作专业化的优点有以下几个方面：

（1）工作人员只需较少的时间就可掌握工作的方法和步骤。

（2）工作速度较快，产出高。由于将工作分解为许多简单的高度专业化的操作单元，可以最大限度地提高员工的操作效率。

（3）对工作人员的技能和受教育程度的要求较低，因此，既可利用廉价的劳动力，又可节省培训费用和有利于员工在不同岗位之间轮换。

（4）由于具有标准化的工序和操作规程，便于管理部门对员工的生产数量和质量进行控制，保证生产均衡和工作任务的完成。

工作专业化的缺点有以下几个方面：

（1）工作任务的细分不容易做到完美，会导致工作的不平衡，工作人员忙闲不均。

（2）由于工作环节增多，不同环节之间要求有更多的协作，物流、信息流都较复杂。

（3）工作的重复性容易导致效率低下、质量降低等不利的行为结果。

（二）岗位轮换

岗位轮换是一种短期的工作调动，是指在组织的几种不同职能领域中为员工做出一系列的工作任务安排，或者在某个单一的职能领域或部门中为员工提供在不同工作岗位之间流动的机会。

在同一岗位时间长了，就会产生厌烦感，适当的轮换岗位会使员工有一种新鲜感，工作本身的趣味性由此产生。当员工到了一个新的工作岗位，就面临新岗位的挑战，岗位轮换可以培养员工适应新环境的能力，对一般员工来说，可以使员工掌握多种技能。在不同岗位轮换，可以增加员工的交流机会，当员工能胜任新的工作岗位，便可得到一种只有在工作任务完成时才会感到的满足感。对于管理人员来说，能加强对企业工作的全面了解，提高对全局性问题的分析能力。

激励员工，减少员工工作的单调性，提高员工的工作质量，从长期的角度来提高企业的生产率，是岗位轮换制出现并在实践中得到广泛应用的内在因素。激励员工首先应该弄清员工的需要，目前许多激励理论都对人的需要因素进行了有效的研究。在实践中，对企业管理影响较大的是按来源把需要分为内在性需要和外在性需要的理论。

外在性需要靠组织所掌握和分配的资源来满足，包括物质性的需要和社会性需要，其中物质性的需要主要指工资、奖金和其他福利待遇。员工想要得到理想的工资和福利是非常正常的事情，但企业的发展需要资金的积累，过度的工资和福利增长是企业难以承受的，多数企业在物质性的需要上难以达到员工所期望的目标。因此，员工的这种需要往往难以得到较好的满足。社会性需要指友谊、温暖、特殊的亲密关系、信任、认可、表扬、尊重、荣誉等，这些需要具有抽象性、低成本等特点，但也具有易变性，其激励作用强。

内在性需要是指依靠工作活动本身或工作任务完成时所提供的某些因素而满足的需要。这种需要与员工工作本身有关，此时工作本身具有激励性而不再是工具性的了。内在性需要的满足取决于员工自身的体验和判断，它是人们从工作本身所获得的满足。

岗位轮换的好处是明显的，它不仅丰富了员工的工作活动内容，减少工作的枯燥感，提高了员工的积极性，而且扩大了员工所掌握的技能范围，使员工能够很好地适应环境的变化，也为员工在内部的提升打下基础。不少大公司内部提升的管理人员都要求有在几个不同部门或职位工作的经验。岗位轮换还有助于降低员工的离职率。很多员工离职都是由于对目前的工作感到厌倦，希望尝试新的挑战性的工作。如果能够在公司内部给员工提供流动的机会，让他们有机会从事自己喜欢的有挑战性的工作，他们也许就不到公司外部寻找机会了。

岗位轮换的不足之处是它只限于少部分岗位的轮换，大部分岗位是无法轮换的。将一名员工换到一个新的岗位，需要时间重新熟悉工作，因此员工轮换到新的职位的最初一段时间，生产力水平会有所下降。岗位轮换的实施需要给员工提供各种培训以使他们掌握多种技能，适应不同的工作，所需要的培训费用较高。同时，岗位轮换是牵一发动全局的，因为变动一个员工的工作职位就意味着其他相关职位随之变动，增加了管理人员的工作量和工作难度。

在进行岗位轮换时要注意的问题有以下几个。

（1）对于过于敏感或有高度机密性的职位，不合适进行岗位轮换。

（2）一般来说，岗位轮换首先在同一个岗位类别中的职位之间开始，再考虑不同岗位类别之间的岗位轮换。

（3）岗位轮换要有序进行，以免影响正常的工作秩序和工作效率。

（4）充分考虑员工个人的意愿，不能强制进行岗位轮换。因为有的员工不一定喜欢过多地去尝试新的岗位和适应新的环境，而是希望专注于一个领域进行深入发展。

（5）注意岗位轮换的时间间隔。如果在过短的时间内员工工作岗位变换频繁，对于员工心理带来的冲击远远大于工作新鲜感带来的工作热情。一般来说一名员工在同一工作岗位上连续待5年以上，又没有得到晋升的机会，就可考虑岗位轮换。如果一名员工一直在同一组织中工作，考虑其晋升和岗位轮换的总数在7～8次较为合适。

（三）工作扩大化

工作扩大化是一种与工作专业化背道而驰的岗位设计方法，它是指工作范围的扩大，是增加一个员工任务的横向多样性，增加了工作种类和工作强度。工作扩大化使员工有更多的工作可做。通常新工作同员工原先所做的工作非常相似。这种岗位设计效率高，因为不必把产品从一个人手中传给另一个人而节约了时间。此外，由于完成的是整个产品而不是在一个大件上只从事某一项工作，这样在心理上也可以得到安慰。该方法是通过增加某一工作的内容，使员工的工作内容增加，要求员工掌握更多的知识和技能，从而提高员工的工作兴趣。例如，一个专门负责邮件分拣的分拣员的工作不仅包括分拣从各部门中收到的信件，还扩大到把收到的邮件送往各部门或外出寄送信件。

在20世纪60年代，扩大工作范围盛行一时，它增加了工作岗位的工作内容。具体来说，工作者每天所做的工作内容增加了，过去做一道工序，现在扩大为做多道工序。盛行一段时间之后，工作者对增加了一些简单的工作内容仍不满足，其原因在于扩大工作范围与轮换工作虽然增添了工作者的工作内容，但是在“参与、控制与自主权”方面没有增加任何新东西，因而必须寻求新的专业化与分工方式，以增强挑战性，提升自我价值。

工作扩大化是扩展一项工作的任务和职责，但是这些工作与员工以前承担的工作非常相似，只是工作内容在水平方向上的扩展，不需要员工具备新的技能，并没有改变工作的枯燥和单调。

（四）工作丰富化

工作丰富化的理论基础是赫茨伯格的双因素理论，工作本身是激励员工的最有效的手段。工作丰富化是工作责任的纵向深化，是工作内容和责任层次上的改变，旨在向员工提供更有挑战性的工作。通过完成工作的过程，让员工获得成就感、认同感、责任感，有利于员工的自身发展。

工作丰富化的核心是体现激励因素的作用，实现工作丰富化的条件包括以下几个方面。

（1）增加员工责任。不仅要增加工作本身的责任，还要增加控制产品质量，保持生产的计划性、连续性及节奏性的责任，使员工感到自己有责任完成一个完整工作的一个小的组成部分，同时，增加员工责任意味着降低管理控制程度。

（2）赋予员工一定的工作自主权和自由度，给员工充分表现自己的机会。员工感到工作的成败依靠他的努力和控制，与其个人职责息息相关，这时工作对员工就有了重要的意义。实现这一良好工作心理状态的主要方法是完善岗位（或职务）说明书，明确各岗位的职责，给予员工工作自主权，同时还跟员工心态有关，要打破怕承担责任的心理。

（3）反馈。将有关员工工作绩效的数据及时反馈给员工。了解工作绩效是形成工作满足感的重要因素，如果一个员工看不到自己的劳动成果，就很难得到高层次的满足感。努力克服有考核无反馈现象。反馈可以来自工作本身，以及管理者、同事等。

（4）考核。报酬与奖励要取决于员工实现工作目标的程度。

（5）培训。要为员工提供学习的机会，以满足员工成长和发展的需要。

（6）成就。通过提高员工的责任心和决策的自主权，来提高其工作的成就感。

工作丰富化试图使工作具有更高的挑战性和成就感，它通过赋予多样化的内容使工作丰富起来，具体做法有以下几点：

（1）在工作方法、工作程序和工作速度的选择等方面给员工更大的自由，或让他们自行决定接受还是拒绝某些工作内容。

（2）鼓励员工参与管理，鼓励员工之间相互交往。

（3）放心大胆地任用下属，以增强其责任感。

（4）采取措施以确保员工能够看到自己为工作和组织所做的贡献。

（5）最好是在基层管理人员得到反馈以前，把工作完成的情况反馈给下属。

（6）在改善工作环境和工作条件方面，如办公室或厂房、照明和清洁卫生等，要让员工参与并让他们提出自己的意见或建议。

（五）工作塑造法

员工的工作满意度成为很多组织最初设计岗位时考虑的因素，但一些高层管理者并没有真正理解工作满意度的内容，想当然地认为，工作成就非常突出的员工一定也会对他们的工作感到满意，但事实并非如此，只有工作满足员工的兴趣时，他们才会留下来。工作塑造是一门艺术，它使员工与那些能够表达兴趣的工作匹配起来，从而增加留住这些人才的机会。在工作中，这种快乐常常转化为奉献精神，它能使员工努力地工作而不会离开组织。

当管理者清楚每个员工的兴趣时，工作塑造就开始了。如果管理者允许进行工作塑造，该做些什么呢？工作任务中的任何一项变革都为工作塑造提供了机会。当工作塑造融入绩效评价时，它会变得更有效和更加系统化。员工的兴趣可能集中在：第一，新技术的应用。那些把新技术的应用作为兴趣的人痴迷于事物内部的改变，他们总是好奇地力图找出更好的方法来解决问题。第二，创新性成果。新项目中有很多未知因素，他们可以尝试创新，总是为新项目的启动欢欣鼓舞。第三，劝告和指导。对这些人来说，没有比教育别人更让人高兴的了，他们认为在组织里工作可以提供具有很高社会价值的产品和服务。第四，人际关系的管理。有这种兴趣的人喜欢在日常生活中与人打交道，他们从工作场所的人际关系中获得很大的满足感。第五，对企业的控制。不管这些人是否喜欢管理别人，他们能够从做出决定中获得满足感，这些决定会主导一个工作团队、一个业务单元、一个公司部门或整个组织的发展方向。第六，沟通与影响力。这些人喜欢表达自己的观点是因为他们纯粹为了从谈判、沟通中获得乐趣。[①]

（六）工作时间制度

20 世纪 70 年代以后，一些工业发达国家为了缓和劳资关系，适应科学技术、经济环境以及社会生产力发展的要求，试行了一系列新的工作时间制度。从国际劳工组织（International Labour Organization，ILO）历年的统计报告资料中可以看出，当今世界各国工作时间模式日趋多样化，并且越来越灵活。归纳起来，主要有三种制度。

1. 非全时工作时间制度

非全时工作制，亦称分职制，就是让两个人共同担任一个全时工作岗位，或者说把一个岗位工作分成两部分，由两个人分担，员工薪酬和待遇按实际的工作时间长短计算，每个员工在一周可以连续工作若干天，但必须少于 5 天，在一个工作日内必须少于 8 小时。

这种工作制度是 20 世纪 70 年代以来在欧美一些资本主义国家发展和推广起来的。当时主要由于失业问题日益严重，要求就业的人员增多，人数超过可能提供的工作岗位。在经济衰退通货膨胀的情况下，为了增加家庭经济来源，许多家庭妇女也要求参加工作，她们又希望自己有一定的可支配时间照顾家庭。有些老年员工也愿意在退休前有一个适应体力衰退而工时较短的工作岗位。实行非全时工作制，有利于安排就业，减少缺勤，增加员工的闲暇时间，在一些劳动资源比较缺乏的国家，可以吸收和鼓励妇女就业，缓和劳动力紧张的矛盾，也便于一些未到退休年龄的老年员工，保持较为充沛的精力进行工作，如果老年员工与青年员工共同在一个岗位上工作，还有利于以师带徒，培养技术人才等。因此，在一些西方国家实行非全时工作制的岗位日益增多。

2. 灵活工作时间制度

近些年来，西方国家为了使员工充分利用工时，提高劳动效率，广泛采用了各种灵活的时间制度。

（1）可变工作制。它没有固定的工作时间，只要完成当月工作量，便可以自行决定上下班时间。这种工作制度曾在德国几家大公司试行。公司有专门的电子设备记录和计算员工每月实际完成的工作任务量。如未完成的工作量超过 16 小时，就要按比例扣减薪水。

（2）班组工作制。对一个生产班组规定要完成的工时总数，班组每个成员工作多少时间由班组主管自行安排。荷兰有不少医院就采用这种形式安排全昼夜值班。这种工作制度不仅使医务人员满意，也使病人受益。

（3）“双人”工作制。如果一个工作地点有两个人轮流工作，那么他们在一个工作日内应该完成的工时数共为 16 小时，一个人在这个工作日具体工作多少时间，由他们自己协商安排。今天一名员工多做几小时，明天另一名员工多做几小时，但一周（5 天）内每人的工作时数一定要达到 40 小时。这种工作制度在法国某些缝纫工厂中广为采用。

（4）一周两天工作制。美国通用橡胶和轮胎公司曾对一部分员工实行这种工作制。

---

① 陈俊梁，陈瑜．工作分析：理论与实务．北京：中国人民大学出版社，2017.

所谓一周两天工作制，就是只让员工在星期六和星期天工作，每天 12 小时。这 24 小时相当于非假日时间里工作的 26 小时。采用这种工作制度，旨在保证生产不间断地进行。

（5）休假或赚钱的工作制。德国尼克斯道夫公司对那些传统上没有工时定额的管理人员实行一种称为“是休假还是赚钱”的工作制度。管理人员一年内除了规定休假六周之外，另外还有一周，可以自己决定是休假还是工作。如果他选择工作，便可获得高达 120 马克的日薪。规定的六周休假时间，同样可以自己安排，要是他愿意用来赚钱，可以利用休假时间赚钱。

（6）周工时选择制。员工可以在每个工作周中自行选择时间延长或缩短 2～4 小时，只要半年内的工时总额不少于规定的定额就行。员工的劳动报酬，则按其每周的实际工时数支付。

（7）有效的工作时间制度。过去瑞士实行 44 小时周标准工时制度，在西欧各国中是最长的，但瑞士表公司一下子把周工作时间缩短到 30 小时，该公司规定员工可以在周末工作 30 小时，完成一周的工作量，并能够得到原来工作 44 小时的工资，员工也可以在几个月的时间里一鼓作气完成一年的工作量。该公司认为优质产品出自心情愉快的员工之手，让员工最大限度地选择工作时间，能避免许多管理手段无法控制的质量差错。

3. 弹性工作时间制度

弹性工作时间制度是指在干满工作时间的前提下，工作日内可以有一部分时间由员工自行安排并选定上下班时间，以代替统一固定的上下班时间制度。这个制度是 20 世纪 60 年代末期从德国一些企业中兴起的，当时主要为了解决员工上下班交通拥挤的问题。从 20 世纪 70 年代开始，在西欧和拉美一些国家中，弹性工作时间制度的实施范围不断扩大。例如，1975 年英国约 70 万名员工实行弹性工作制，1977 年瑞士约有 40 万名员工也实行了这一制度。

弹性工作制的工作时间由两部分组成：一部分是“核心时间”，即规定在某几个小时内，所有的员工必须上班；另一部分是“弹性时间”，员工可以在这部分时间内自由选定上下班的时间，但两部分时间相加等于制度工作时间。例如，某公司规定工作时间为 8 小时，营业时间从早 6 时 30 分至晚 6 时。公司规定从早 9 时 30 分至下午 3 时为核心时间，其中有半小时为午餐时间，在这个时间内，全体员工都必须上班，其余的时间则为弹性时间。即早 6 时 30 分至 9 时 30 分和下午 3 时至 6 时，员工可以在这两段时间的 6 个小时内，任意选定 3 个小时作为上班的时间，超过规定的工作时间以加班加点计算。除上述的形式以外，还有各种不同的形式。如除规定核心时间、员工每两周必须干满 80 小时以外，其余时间可由员工自行安排；还有的不规定核心时间，只要求每周干满规定的工作时间，其上下班时间由员工自行选择。

实行弹性工作时间制度，可以减少员工的事假、病假、迟到和早退等情况，有利于解决上下班交通拥挤以及个人和家庭的生活困难，有利于提高工作效率。实行这种制度后，要相应改变管理方式，并建立相关的工作规范和考勤制度。

弹性工时制度的优点有两个：一是员工在工作时间上有了一定的选择自由，他们可以按照自己的需要作息，上下班可以避免交通拥挤，免除了担心迟到或缺勤的紧张感，并能安排时间参与私人的重要社交活动，便于安排家庭生活和业余爱好；二是由于员工感到个人的权益得到了尊重，满足了社交和尊重等高层次的需要，提高了工作满意度和士气。

当然，弹性工时制也有一定的缺点。首先，它会给管理者在核心时间以外指导下属人员工作造成困难，并导致工作轮班发生混乱。其次，当某些具有特殊技能或知识的人不在现场时，还可能造成问题难以解决，同时使管理人员的计划和控制工作更为麻烦，花费也更大。另外，许多工作并不宜转为弹性工时制，例如，百货商店的营业员、办公室接待员、装配线上的操作工，这些人的工作都与组织内外的其他人有关联，只要这种相互依赖的关系存在，弹性工时制就不是一个可行的方案。

本章小结

本章主要介绍了岗位设计的起源、内涵以及岗位设计的原则和意义。阐述了科学管理理论、人际关系理论、双因素理论、工作特征模型和社会技术理论等岗位设计理论。介绍了岗位设计影响因素、主要内容、程序；组织分析法、关键使命法、流程优化法、标杆对照法等岗位设计方法；工作专业化、岗位轮换、工作扩大化、工作丰富化、工作塑造法和工作时间制度等岗位再设计的方法。

本章习题

1. 简述岗位设计的基本原则。
2. 岗位设计具有何种重要的意义？
3. 岗位设计理论有哪些？
4. 简述岗位设计的因素。
5. 岗位设计方法有哪些？
6. 简述岗位轮换的优缺点。
7. 简述实现工作丰富化的条件。
8. 简述弹性工作制的含义。

团队练习

通过本章内容的学习，应该对岗位设计原则、理论、内容、程序和方法有基本的了解。本练习中，参与者组成5人左右团队，针对经常前往的餐厅或超市中的各个部门设计具体岗位。假设餐厅或超市的部门包括：行政部、采购部门、销售部、财务部、人力资源部5个部门，每个小组任意选择一个部门进行岗位设计（可以从管理岗、操作岗等岗位类型进行设计）。

第一步，各小组成员分别设计所选部门的具体岗位，并陈述设计思路、采用的岗位设计方法和岗位设计方案，要求每个成员均要设计与陈述。

第二步，组内讨论，各小组针对小组成员的岗位设计方案进行组内讨论，达成组内一致意见，形成本组部门岗位设计方案（包括遵循的岗位设计原则、采用哪种岗位设计方法、最终的岗位等）。

第三步，各小组汇报展示，每个小组选派 1 名代表将所选部门岗位设计方案口头报告给所有参与者，汇报时间控制在 10 分钟以内。其他小组可以提出疑问与建议，汇报小组负责解答。

第四步，各小组修改、完善所选部门岗位设计方案，并将最终部门岗位设计方案提交给指导者。

本练习主要是通过具体岗位的设计，帮助参与者了解岗位设计时要遵循的原则，要考虑各种影响因素以及采用的岗位设计方法。通过练习，充分调动每位参与者的积极性，集思广益，相互协作，科学判断，达成一致，让参与者更好地掌握岗位设计的相关知识。

案例分析

案例一

吉尔正在着手组建某公司的文字处理部门，第一步是把有关工作分门别类，形成一个个职务，以待分配任命。她仔细分析了文字处理工作在处理各种文件中的各个环节，由此得出了自己的分析结果。这些工作环节有 11 项内容：取来文字原件，或者口述录音资料；打开电动抄录器；备好一张空白的光盘；用键盘写入文件；在电脑显示屏上检查文件的每一页；在光盘上设一个目录；打印文件；在电脑显示屏上校对修改文字上的错误；打印修改好的文件；把光盘存入档案；把打印好的文件放在文件筐里。

在吉尔看来，这些工作都是文字处理工作的一般细节，不像生产工序那样可以分开，每项工作内容不用划分一个单独的岗位。于是，她将本部门要处理的文件分为 6 类：个人文件、正式信函、技术性报告、项目情况的报告、为各类报告做概要、各类数据图表。她在组建部门时，按照上述类别设置了 6 个岗位。由于有些岗位的工作量大，如打印正式信函，画数据图表，需要更多的人手，她就多安排一些人来做，而打印个人信件或写报告概要，就不需要太多的人。

六个月过去了，她听到有些员工抱怨，那些打印文件、画图表的人认为自己的工作老是在重复，不仅如此，这些员工的工作绩效也没有达到她设定的标准。

请结合案例回答下列问题：

1. 吉尔设计的岗位合理吗？为什么？
2. 吉尔如果想提高部门工作效率，应该怎样重新设计那些岗位？

案例二

通过岗位轮换、人员流动，使员工保持工作的创造性与敏感性，防止疲钝倾向的产生，这是海尔集团永葆企业活力的主要措施。海尔认为，如果工作内容空洞、乏味，员工的才能就要退化，长期在一个岗位上工作，员工的本事就会越来越小，道理就在于用进废退。岗位轮换制度就是使员工不断接受挑战，培养其职业生涯发展的本领，累积昔升的本钱，同时也使工作更加丰富多彩。对于管理人员来说，要求他们有对企业工作的全面了解和对全局性问题的分析判断能力，显然，要培养这种能力，只在狭小的部门内做自下而上的纵向晋升是远远不够的，因此必须让管理人员在不同部门间横向移动，开阔眼界，扩大知识面，并且与企业内各部门的同事有更广泛的交往接触。海尔集团在岗位轮换制度中规定了有些岗位的工作年限，到了时间就必须换岗。制度刚开始执行时，有的干部提出异议，认为专业性强的岗位没法换岗，于是海尔上下展开了一场大讨论。

英特尔公司为了让员工保持最佳的工作状态，也经常让员工调换工作。1998 年，公司 6.7 万名员工中有 10%在公司内部进行了工作调换。这种做法让英特尔的组织始终保持一种流动状态。英特尔公司的产品开发周期为 6 个月，每一个身处其中的人都要有极强的适应力，如果做不到这点就无法在公司里生存。为了让新手更快地适应高速运转的工作环境，英特尔有一系列的程序，帮助新人通过公司的日常运作跟上当今科技发展的步伐。

微软公司为了能有效地激发员工的工作积极性并挖掘这些天才的潜在创造力，允许合格人员到其他专业部门寻求新的挑战，但规定只有在某一特定领域积累了几年的经验之后才能换工作。

请结合案例回答下列问题：

1. 三家公司在岗位轮换方面各有什么特点？

2. 你从本案例中得到什么启示？

延伸阅读

沃尔沃汽车公司的工作再设计

汽车制造业是瑞典工业中的一个重要领域，沃尔沃汽车公司（Volvo）又是其中的佼佼者。该公司的管理本来一直沿用传统方法，重技术、重效率、重监控，直到 1969 年，工人的劳动态度问题变得十分尖锐，公司不得不考虑改革管理方法。

沃尔沃公司领导分析了传统汽车制造的岗位设计，认为它最大的问题是将人变成机器的附庸。所谓装配线不过是一条传送带穿过一座充满零部件和材料的大仓库罢了。这套生产系统的着眼点是那些零部件而不是人。人分别站在各自的装配点上，被动地跟在工作件后面，疲于奔命地去“照葫芦画瓢”。这套制度的另一个问题是形成了一种反社交接触的气氛。工人们被分别隔置在分离的岗位上，每个岗位的作业周期又那样短（一般为 30～60 秒），根本没法偷闲片刻。因此，沃尔沃试图通过用自动机器来取代较繁重的工作，来向工人表明，公司是尊重人的。但随即发现此方法治标不治本。这时公司才觉醒，在工作方面要治本必须进行彻底的再设计。因此，他们在设计卡尔玛轿车厂时，希望能体现以人为主而不是以物为主的精神，决定取消传统的装配传送带。以人为中心来布置工作，就是要使人能在行动中互相合作、讨论，自己确定如何来组织。管理要从激励着眼，而不是从限制入手。因此，该厂工人都自愿组成 15 ~ 25 人的作业组，每组分管一定的工作，如车门安装、电器接线、车内装潢等。组内可以彼此换工，也允许自行跳组。小组可自行决定工作节奏，只要跟得上总体生产进程即可，何时暂歇、何时加快可以自定。每组各设有进出车体缓冲存放区。

这个厂的建筑也颇独特，由三栋两层及一栋单层的六边形厂房拼凑成十字形。建筑的窗户特别大，分隔成明亮、安静又相对独立的小车间。没有了传送带，底盘和车身是由专门的电动车传送来的。这种车沿地面敷设的导电铜带运动，由计算机按既定程序控制。当发现问题时，工人可以手工操作，使它离开主传送流程。例如见油漆上有一道划痕，工人便可把它转回喷漆作业组，修复后再重返主流程。车身在电动车上可作90°滚动，以消除传统作业中因工人姿势长期固定而引起的疲劳。同时，各作业组自己检验质量并承担责任。当发现某质量问题一再出现时，这个情况立即在相应作业组终端屏幕上显示出来，并附有以前如何解决同类问题的资料。这个屏幕不仅报忧，也报喜，质量优秀稳定的信息能及时得到反馈，产量、生产率、进度数据则定期显示。

据1976年的调查，该厂几乎全体职工都表示喜欢新方法。沃尔沃公司便又陆续按这种非传统方式建造了另外四家新厂，每厂规模都是不到600名职工。当时这一改革相当冒险，因为一旦失败，经济上代价高昂，公司信誉也会有巨大损失。卡尔玛工厂的成功鼓励他们再进一步。卡尔玛改革的核心是群体协作，工人以作业组为单元活动。这是一个另起炉灶的新建小厂，它是否也能用于按传统观点设计并运转多年的大型老厂呢？这是一种颇为不同而风险更大的改革尝试。沃尔沃在西海岸哥德堡市建有一家8 000人的托斯兰达汽车厂，是1964年完全按传统装配线设计建造的。它生产的汽车构成该公司产品的主体，改造略有不慎必将影响到生产，损失将是巨大的。因此，总部一直没有对它采用任何改革措施。该厂管理人员在工会和全体职工配合下自己搞起了工作再设计的试验。这个厂设有吸收工人参加并有较大发言权的各级工作委员会及咨询小组55个，没有工人的同意，改革寸步难行。任何改革总要引起短期的不习惯与不方便，工资制度上也要适应由个人奖到小组集体奖的转变。这个厂改革的第一步是放权，尽量使冲压、车身、喷漆和装配四大车间成为自主的实体，因为每个车间各有独特的问题，不能一刀切。例如，1973年车身车间组成一个专题工作组来解决降低噪声与粉尘问题。车间主动请来应用美术学院的专家，经几处摸索，把这个车间变成了全公司最明亮整洁的场所之一。改革自己的工作条件，变成了一种有吸引力的挑战。各级工作委员会和咨询组都有一定的经费解决自己的问题，于是形成了浓郁的改革气氛。又如车内装潢车间，流水线上设有15个装配点。早在该厂刚投产的1964年，工人中就有人主张经常换换岗位，因为老在同一岗位上干，不但乏味，而且身体某些部位易疲劳。可是另一些工人不愿意，直到1966年这些工人才自己定了一套轮换制度，每人都学会这15个岗位上的操作技术而成为多面手，每天轮换一至数次，并负责检验自己干的活计，纠正缺陷。这时，他们不但体验到换岗能减轻劳累，而且培育出一种群体意识。后来他们把全组工作的计划与检查都接受过来，使工作更加丰富化，全组缺勤率与离职率大幅度下降，工作质量也提高了。工作从轮换到扩大化直至丰富化，人们对工作的满意度逐步提升。托斯兰达厂在1970年仅3%的装配工人搞工作轮换，1971年达到10%，1972年达到18%，然后开始加速，1973年达到30%，1977年已达60%。改革自己的工作内容成了多数工人的自然要求。但总有少数人，特别是年纪偏大的，始终不喜欢任何改变。到1976年末，该厂的装配车间才开始有人跟传统的装配线告别，组成了两个各有9人参加的作业组，每组承包一定辆数的汽车装配，作业改到装配工作台上进行。9 名组员什么都干，从底盘装配到车身与车门安装，直至最后内部装修与检验。每组每周要开生产组务会，研究生产情况及解决问题的办法。渐渐地装配工作台完全取代了装配线。

诚然，这种工厂的基建与设备投资要比常规厂高，占地面积也要大些，但沃尔沃公司称它的得远大于失，赔钱的买卖它是不会干的。装配台平均每小时装配成一辆车，生产率至少不低于装配线，而工人满意度大增，离职率从 40% ~ 50% 降到 25%，质量有所上升。尽管瑞典的劳动力成本一直是全世界最高的，但沃尔沃能一直赚钱，利润占销售额的百分比仍属汽车业中三家最高者之一。

资料来源：董临萍 . 工作分析与设计 . 上海：华东理工大学出版社，2008.

第7章 岗位评价

|学习目标|

1.了解岗位评价的内涵。

2.掌握岗位评价指标体系的构建方法。

3.掌握岗位评价的步骤与程序。

4.掌握岗位评价的方法。

引导案例

我们为什么只拿这么多薪水?

“我们为什么只拿这么多薪水?”这是伟业公司不少员工发出的疑问。伟业公司是一家从事各种文化活动策划、设计、组织等业务的公司，在同行业里属于经营效益较好的，因此，公司平均的薪酬水平高于市场水平。但是为什么仍然有员工对自己的薪酬感到困惑和不满意呢?

原来，伟业公司实行的是一套比较简单的薪酬制度。这套制度将职位按照责任大小分成4个等级：员工级、主管级、经理级、高层管理。每个等级里又分成两个档，本着向业务部门倾斜的原则，业务开发部和项目管理部这两个部门取其中的较高档，其他部门取其中的较低档。于是问题就出来了。

有些部门（例如创意设计部）的员工认为，公司大大小小的业务还不是靠我们的工作才能成功吗?我们的贡献理应是很大的，与行政事务部门比较起来，我们的工作技术含量、难度都比他们大得多，但是，就因为我们不是主管，就比他们的主管人员拿的薪水低，这样太不合理了。不一定主管人员的贡献就比员工大，那要看是什么部门的主管和员工。

其实部门主管、经理等管理人员也有意见。有人认为，每个部门的工作量、任务难度是不同的，不应该所有部门都一刀切，应该有些差别。还有的主管人员认为，如果出了问题，我们所承担的责任比员工大得多，所以我们的薪水与员工的差别应该拉得再大一些。

思考题

1. 公司的平均薪酬水平高于市场水平，为什么仍有员工感到不满？

2. 你认为如何解决这一问题？

第1节 岗位评价概述

一、岗位评价的内涵

岗位评价又称为工作评价或职位评价，是在岗位分析的基础上，按照一定的客观标准，从工作任务量、繁简难易程度、岗位责任大小、岗位劳动环境以及所需人员的资格条件、劳动技能等方面出发，对岗位进行的系统衡量、评比和估价的过程。

岗位评价的实质是将工作岗位的劳动价值、岗位承担者的贡献与工资报酬有机结合起来，通过对岗位劳动价值的量化比较，得出各个岗位在组织中的相对价值顺序，以确定企业中各个岗位的地位及薪酬等级结构的过程。

岗位评价起源于美国。1838 年美国国会通过一项政府职员岗位评价法案，试图建立一种评价政府职员工作岗位价值的合理方法，通过岗位职责和任职资格来确定其报酬，实现同工同酬。1871 年美国创造了文职人员分类方法，但是直到 1909 年该方法才在州级层面首次使用，之后相关学者提出了排序法、分类法、评分法和因素比较法四种岗位评价方法。

二、岗位评价的特点

1. 岗位评价的对象是岗位

岗位评价的对象是岗位本身的价值，即客观存在的与岗位相关的“事”和“物”而不是岗位现有的人员。在岗位评价过程中，不能以现有岗位人员的各项标准以及岗位工作表现为出发点进行岗位评价，应该脱离岗位人员的相关特征去独立、科学地评价岗位本身价值。

2. 岗位评价是对企事业各类岗位的相对价值进行衡量的过程

岗位评价是依照一定的标准对组织中各类岗位的相对价值进行测量、评估的过程。岗位的评价指标与标准是相对的，从严格意义上讲，不同的岗位评价指标和标准是无法完全统一或一致的，即使统一评价指标和标准，评价出来的岗位价值也是相对而言的，不存在绝对的评价标准和评价价值。

岗位评价的结果更多的是同一部门或系统内部不同级别的岗位价值的比较，即建立部门或系统内部的岗位价值体系，体现不同级别岗位的工作繁简难易程度、劳动环境、工作压力、劳动强度、劳动技能等特征。

3. 岗位评价需要运用多种学科的理论和方法

岗位评价应用劳动经济学、心理学、组织行为学、人力资源管理学等多门学科的理论知识技术，采用排序法、分类法、评分法、因素比较法和海氏评价法等多种方法进行评价，才能做到科学合理。

三、岗位评价的原则

（一）系统原则

岗位评价要遵循系统原则，即从组织整体角度衡量和判断岗位价值，以动态的、联系的角度进行岗位评价，最终建立一个完整的、有效的岗位价值评价体系。

（二）实用性原则

岗位评价要从企业实际出发，选择适合企业特点的评价要素，如岗位的繁简难易程度、工作任务程度、岗位责任大小、劳动环境以及所需的资格条件、劳动技能等特征，岗位评价结果可以应用于薪酬管理等人力资源管理活动。

（三）标准原则

标准化是现代科学管理的重要手段，是现代企业人力资源管理的基础，其作用是能够统一技术要求，保证工作质量，提高工作效率和减少劳动成本。岗位评价尽可能采用标准化的程序、方法和手段，以保障岗位评价的公开、公平、公正。岗位评价的标准化具体表现在评价指标、评价标准的一致性，评价方法和数据处理的统一性等方面。

（四）能级原则

能级原则又称为管理的能级对应原则，是根据管理的功能把管理系统分成不同的级别，把相应的管理内容和管理者分配到相应的级别中去，各占其位，各显其能。岗位评价的能级原则就是根据岗位的工作性质、工作繁简难易、责任大小、任务轻重等因素评价不同能级的岗位相对价值，构成不同能级的岗位体系。

（五）优化原则

优化原则是指在一定的约束条件下，使系统的目标函数达到最大值或最小值。在岗位评价各项工作环节、评价方法和操作步骤上要遵循优化原则，即使随着社会进步，岗位内容、责任发生变化，岗位价值也可能有变化，但是所有的调整都要符合优化原则，在保障所有员工的利益基础上，使组织效率达到最优。

（六）独立原则

岗位评价专家及小组其他成员必须独立地、客观地对各个岗位进行科学评价，不允许成员之间互相讨论、互相协商来完成打分过程，以确保岗位评价的科学性和合理性。

四、岗位评价的作用

岗位评价不仅可以建立完整的组织工作结构，使岗位之间的联系更加公平、有序，还可以提升组织工作效率。岗位评价的作用主要表现在以下几个方面。

1. 有效衡量岗位的相对价值

岗位评价是在工作分析的基础上，按照一定的客观衡量标准，对岗位的繁简难易程度、责任权限大小、工作环境以及所需的资格条件等方面进行系统的、定量的评价，有效确定岗位的相对价值。

2. 建立岗位价值评判标准

在客观地衡量岗位自身价值的基础上进行横向、纵向比较，使性质相同或相近的岗位有统一的评价标准，便于比较岗位间相对价值的高低。

3. 为岗位归级列等奠定了基础

系统全面的岗位评价制度为各个岗位归级列等奠定了基础。根据不同的岗位价值，科学建立组织整体的岗位结构及体系，确认正式有效的组织岗位工作结构。

4. 为建立公平合理的薪酬体系提供科学依据

通过岗位评价确定岗位等级之后，就可以确定岗位工资的差异。据此建立一个体现岗位价值的公平合理的薪酬体系，实现同工同酬，不仅可以解决薪酬的内部公平问题，也可以让员工感受到自己所在岗位对于公司的重要程度。

五、岗位评价应掌握的信息

（一）信息来源

岗位评价所需要的信息可以通过直接信息和间接信息两个渠道获得。

1. 直接信息来源

直接信息来源是指直接在现场获取工作岗位信息，获取信息的方式包括问卷调查法、访谈法、工作日写实、测时、工作日志法和抽样调查等，从直接信息来源所获得的信息真实、准确、全面，但是需要投入大量的人力、物力和时间进行岗位调查。

2. 间接信息来源

间接信息来源是指通过对组织现有的人事文件，如工作说明书、岗位管理制度、员工手册、劳动规范等进行分析，获取岗位的相关信息。通过间接信息来源获取，虽然节省人力、物力和时间，但是所获得的信息过于宏观、抽象和片面，在一定程度上将会影响评价的质量，需要对间接信息进行客观的、科学的辩证分析才可有效利用。

（二）信息内容

岗位评价所需的信息主要包括以下内容。

（1）岗位名称与编码。

（2）岗位工作位置，包括岗位所在的厂、车间、科室、工段、作业组及工作地以及这些组织所具有的职能、所执行的任务。

（3）担任本岗位人员的职务，担任相同岗位的人数。

（4）本岗位过去若干年内的使用人数、出勤率、加班加点情况、离岗退休、辞职、升迁、调动的情况如何？产生的原因是什么？

（5）本岗位担当什么工作任务？任务的主要项目和内容如何？使用什么样的设备、工具，加工什么产品？

（6）本岗位受谁领导，为谁服务，又领导谁，上下左右的关系如何？

（7）执行本岗位工作的必要条件。包括：胜任本岗位工作的必备知识、胜任本岗位工作的实际经验、胜任本岗位工作的决策能力、担任本岗位工作需要具备的操作使用设备、工具仪表、仪器的能力以及其他必备的条件。

（8）本岗位的劳动时间和能量代谢率以及相关的生理测定指标。

（9）本岗位定员定额的执行情况，现行劳动定额水平如何？在正常条件下工人完成生产任务的数量、质量如何？原材料、动力、工时的利用消耗情况如何？

（10）本岗位的劳动环境和工作环境如何？是否在良好的环境下工作？是否有粉尘、噪声、热辐射、有毒有害气体？在恶劣的环境下需要工作多长时间？

（11）执行本岗位工作的危险性。本岗位事故的发生率如何？产生的原因和后果是什么？对人体会造成什么样的危害？

（12）本岗位的负荷程度。执行本岗位的工作任务时，会给劳动者带来多大的负荷量？是否需要以异常的姿势进行作业？要求集中注意力的程度如何？高负荷工作的持续时间有多长？

（13）本岗位需要进行哪些专业训练？

（14）本岗位对其他岗位的监督责任如何？

（15）本岗位对员工的体格、体力有什么特殊要求？

第 2 节　岗位评价的程序

按照岗位评价的流程，岗位评价程序一般包含以下几个环节。

一、制定详细的岗位评价计划

制定详细、具体的岗位评价计划对于有效实现评价目标至关重要。完整的评价计划应该包括明确岗位评价的日的，确定岗位评价的时间安排，评价小组的建立方式，外部评价专家和内部评价人员的科学选择，岗位评价结果的汇总与分析，以及评价报告的撰写等。岗位评价计划的制定需要用系统的、联系的、发展的观点进行，需要对岗位评价工作进行全面、细致和严谨的分析。

二、建立评价委员会，培训评价人员

岗位评价是一项专业性很强的工作，需要组建评价委员会。在组建评价委员会的过程中，首先，要科学确定参加评价的外部专家和内部相关人员；其次，确定评价小组的具体人数，一般情况下为5～13人为宜，评价人员涵盖各部门、各层次、各类型的岗位人员，各部门参与岗位评价的成员人数必须相当；再次，对评价人员进行相关培训，使其具备一定的评价技能，具有良好的分析能力，能够将岗位需要与具体任职人员条件区别开来，明确各工作之间的相互关系，熟悉有关薪资管理的理论及技术等；最后，评价人员要具备认真负责的敬业精神，如能够客观、公正地进行岗位评价，能够顾全组织整体利益，组织内部的各部门人员与聘请的外部专家之间要团结合作，相互理解与支持，以小组讨论的形式最终达成共识。

评价委员会进行岗位评价时，应该注意发挥评价委员会的积极作用，减少或抑制其消极作用及负面影响。评价委员会的积极作用体现为能够科学确定标杆岗位，合理确定评价要素以及参与实际评价等；管理不到位则可能会出现消极或不利影响，如同事间合作不利，标杆岗位选择不正确，评价方法选择不当，以及脑力劳动与体力劳动评价方法混同使用等。

三、划分岗位类别

按照岗位的工作性质，将组织中的全部岗位进行类别划分，先划分大类，如企业的生产、销售、研发、行政管理等岗位，高校教师的教学岗、教学科研岗、科研岗等岗位。岗位类别的多少，应根据组织的规模、产品或服务繁杂程度等具体情况来确定。不同类别的岗位可以采用同一评价体系，也可以采用不同评价体系，要根据企业具体情况决定。

四、构建岗位评价指标体系

岗位评价指标体系包括岗位评价指标、权重和标准。能否确定科学合理的岗位评价指标体系是决定岗位评价成败的关键。在确定岗位评价指标体系时要注意其效度和信度问题。信度是指不同的评价者使用同一套岗位评价指标体系在不同的时间对相同岗位进行评价时所得结果的稳定性或一致性问题；效度是指一套评价体系在评价某一岗位价值时的准确性问题。

在岗位评价指标体系的构建过程中，首先，要确定岗位评价指标，岗位评价指标应该结合岗位特点，运用较为科学的、能够对岗位各方面进行有效测量的关键指标，如技能、责任、强度、环境等；其次，要确定指标权重，即某一项评价指标的占比情况，反映该指标的重要程度，权重的确定可以采用主观经验法或德尔菲法等方法；最后，要确定指标标准，如果评价指标能够量化，可以依照国家或部颁的岗位分级标准，不能量化的指标，企业可以自己制定评价标准和评价规则。

五、设计评价表格

构建完成岗位评价指标体系后，要结合组织岗位的实际情况，依据科学的岗位评价原则，制定相应的评价表格，如单个岗位的评价表格（见表 7－1）和组织岗位评价汇总表格（见表 7－2）等，作为记录评价信息的有效工具。

表 7－1　单个岗位评价表格

岗位名称：		评价等级	评价分数	合计
评价项目	评价要素			
劳动技能（30%）	文化知识			
	操作技能			
	复杂程度			
	预防、处理事故复杂程度			
劳动责任（25%）	质量责任			
	原材料消耗责任			
	经济效益责任			
	安全责任			
劳动强度（35%）	体力劳动强度			
	脑力消耗程度			
	岗位作业姿势			
	岗位工时利用率			
劳动环境（10%）	作业条件危险性			
	有害气体危害			
	噪声危害			
	辐射危害			
合 计				

表 7－2　组织岗位评价汇总表

排序	岗位部门	岗位名称	评价分数				
			工作责任	工作技能	劳动强度	劳动环境	合计
1							
2							
3							
4							
5							

续表

排序	岗位部门	岗位名称	评价分数				
			工作责任	工作技能	劳动强度	劳动环境	合计
6							
7							
8							
9							
10							

六、开展岗位评价工作

全面开展岗位评价工作之前，要先选择几个重要的岗位进行试点，以便总结经验、发现问题、采取对策、及时纠正。然后按照评价计划的具体时间、具体要求等相关规定全面落实岗位评价活动；岗位评价活动应该是以公开的、透明的方式进行，同时体现出其动态的、发展的基本特征。

七、公示与交流

岗位评价的过程中要及时和员工进行沟通与交流，岗位评价的结果要及时公示，确保员工理解和接受岗位评价的过程与结果。同时，建立申诉委员会，及时发现岗位评价中的问题并予以纠正，保证岗位评价的公平公正。

八、全面总结

岗位评价工作结束之后，要进行全面总结，撰写岗位评价报告和评价工作总结，以便吸取岗位评价工作的经验和教训，为以后岗位分类分级等工作的顺利开展奠定基础。

第3节　岗位评价指标体系

岗位评价指标体系包括岗位评价指标、指标权重和评价标准。岗位评价指标是指从哪些方面评价岗位，权重反映了指标的重要程度，评价标准是对指标评价、分级的尺子。

一、岗位评价指标的设计原则

岗位评价指标的确定是岗位评价体系建立的前提和基础。评价指标要从影响岗位工作的诸多要素中提取，影响岗位劳动状况和劳动量的要素是众多的、复杂的和多样化的，既不能也没必要把所有的指标都作为岗位评价的要素。只有正确选择重要的、合适的、有代表性的评价指标或要素，才能对组织岗位进行全面、科学、客观的评价。因此，岗位评价指标的选择与确定应遵循以下几个原则。

（一）少而精原则

岗位评价指标较多，在确定岗位评价的有效指标时，应该从企业实际出发，能够有效体现岗位劳动特点和性质，如从岗位的劳动责任、劳动强度、劳动技能和劳动环境等方面提取尽量简化的指标。结构精简的评价指标体系便于评价人员掌握和运用，可以缩短评价、汇总、整理等工作的周期，节省人力、物力和时间，提高岗位评价的效率。

（二）普适性原则

岗位评价指标应该是对同一系统不同层级的岗位劳动具有普遍的适用性和代表性，而不是仅仅适用或反映个别的特殊劳动。因此，要结合企业实际情况，确定与生产劳动密切相关的具有普适性或共性的指标。

（三）可评价性原则

岗位评价指标具有可评价性，实现量化分析与比较，评价结果才具有科学性，才能体现岗位劳动的相对价值及其差异。这就要求不同岗位的评价指标可以在数量或质量上进行对比，能按统一的评价标准做出独立的评价，并且能进行定量对比分析。

（四）全面性原则

确定评价指标时，要充分考虑评价指标能够综合反映岗位劳动者的劳动状况和劳动量，可以从多方面选择多个评价要素，通过多要素综合评价来实现全面、科学的评价，体现不同岗位的劳动差别及其对组织的贡献。

二、岗位评价指标

岗位评价指标可选范围较大，数量较多，国内学者经过多年的研究和探索认为，影响岗位员工工作的数量和质量的评价指标体系包括 5 个方面，即劳动技能、劳动责任、劳动强度、劳动环境以及社会心理因素，如图 7－1 所示。

1. 劳动技能

劳动技能是指岗位在生产过程中对劳动者技术素质方面的要求。主要反映岗位对劳动者智能要求的程度。劳动技能指标分为 5 个二级指标：技术知识要求、操作复杂程度、看管设备复杂程度、品种质量要求程度和处理预防事故复杂程度。

2. 劳动责任

劳动责任是指岗位在生产过程中的责任大小，主要反映岗位劳动者智力的付出和心理状态。劳动责任分为 6 个二级指标：质量责任、产量责任、看管责任、安全责任、消耗责任和管理责任。质量责任是指岗位工作对产品或服务质量指标的责任大小；产量责任是指岗位工作对产品或服务生产数量责任的大小；看管责任是指岗位所看管的设备、仪器对组织生产过程的影响大小；安全责任是指岗位工作对组织生产过程中安全因素的影响程度；消耗责任是指岗位物资消耗对成本的影响程度；管理责任是指岗位工作在计划、组织、领导和控制等管理工作上的责任大小。

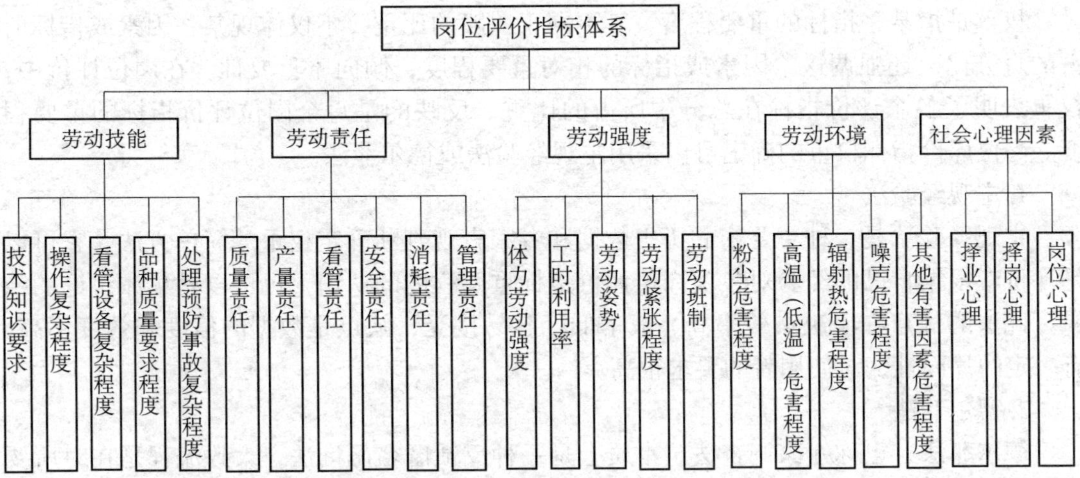

图 7－1　岗位评价指标体系图

3. 劳动强度

劳动强度是指岗位在生产过程中对劳动者身体的影响。主要反映岗位劳动者的体力消耗和生理、心理紧张程度。劳动强度指标分为 5 个二级指标：体力劳动强度、工时利用率、劳动班制、劳动姿势和劳动紧张程度。

4. 劳动环境

劳动环境是指岗位的劳动卫生状况，主要反映岗位劳动环境的舒适程度，以及有害因素对劳动者健康的影响程度。劳动环境指标分为 5 个二级指标：粉尘危害程度、高温（低温）危害程度、辐射热危害程度、噪声危害程度及其他有害因素危害程度。

5. 社会心理因素

社会心理因素是指劳动者在社会中所处的地位和人与人之间的关系对劳动者心理上的影响程度。社会心理因素包括 3 个二级指标：择业心理，即岗位劳动对劳动者择业心理的影响程度；择岗心理，即岗位劳动对劳动者择岗心理的影响程度；岗位心理，即岗位本身对劳动者心理的影响程度。①

五个方面的岗位评价指标，按照指标的性质和评价方法不同，可分为软指标和硬指标两类。软指标是目前尚不能用仪器设备或其他技术方法测定的指标，主要由测评人员主观评价得出，包括劳动责任、劳动技能、劳动心理中的各项指标；硬指标是指可以通过仪器仪表或其他技术方法测定出来结果的指标，包括劳动强度和劳动环境中的各项指标，因此，也称为测定指标。

上述评价指标较全面地体现了各行业生产类组织岗位劳动者的岗位劳动情况，但具体针对每个行业或不同企业而言，由于生产经营及管理情况各不相同，劳动环境和劳动条件各有差异，因此，各类组织在开展本单位岗位评价工作时，可以参考上述岗位评价指标，同时也要结合各自的具体实际情况，对岗位评价指标进行修正与完善。

---

① 安鸿章. 工作岗位研究原理与应用. 3 版. 北京：中国劳动社会保障出版社，2012.

三、岗位评价指标的权重

权重是指某一指标的重要程度，其不同于一般的比重，不仅体现某一因素或指标所占的百分比，还强调这一因素或指标的相对重要程度，倾向于重要性。在岗位评价中，权重表明了各个评价指标在总分中所占的比重，反映的是每个岗位评价指标的重要程度。岗位评价指标权重的确定可以采用主观经验法或德尔菲法。

1. 主观经验法

主观经验法是一种主要依靠历史数据和专家直观判断确定权重的简单方法。它可以是评价者根据自己的经验对各项岗位评价指标重要程度的认识，也可以是集体讨论的结果。此法的优点在于决策效率高、成本低、容易接受，缺点是数据的信度和效度不高，有一定的片面性，对使用者的要求很高。

2. 德尔菲法

德尔菲法，也称专家调查法，本质上是一种反馈匿名函询法，大致流程是在对所要预测的问题征得专家的意见之后，进行整理、归纳、统计，然后匿名反馈给各专家，再次征求意见，再集中，再反馈，直至得到一致的意见。

企业可以根据自己的需要和具体实际情况，选择合适的方法确定岗位评价指标权重。

四、岗位评价标准

岗位评价标准是在岗位调查、岗位分析的基础上，对评价指标体系的构成、各个评价指标的衡量尺度等所做出的统一规定。岗位评价标准一般包括岗位评价指标的分级标准和量化标准等。

（一）岗位评价标准分类

岗位评价标准根据指标类型不同划分为国家有关部门制定标准和企业自定标准两大类。

1. 国家标准或部颁标准

凡有国家标准或部颁标准，均以国家标准或部颁标准作为评价的分级标准。如国家标准《体力劳动强度分级》（GB3869-1997），规定了岗位体力劳动强度的级别，见表 7－3。

表 7－3　体力劳动强度分级标准

体力劳动强度级别	劳动强度指数
Ⅰ	≤ 15
Ⅱ	>15～20
Ⅲ	>20～25
Ⅳ	>25

资料来源：国家技术监督局 . 体力劳动强度分级（GB 3869-1997），北京：中国标准出版社，1997.

表 7－3 为体力劳动强度分级的国家标准，具体规定如下：

（1）Ⅰ级体力劳动：8 小时工作日平均耗能值为 3 558.8 千焦耳 / 人，劳动时间率为 61%，即净劳动时间为 293 分钟，相当于轻劳动；

（2）Ⅱ级体力劳动：8 小时工作日平均耗能值为 5 560.1 千焦耳 / 人，劳动时间率为 67%，即净劳动时间为 320 分钟，相当于中等强度劳动；

（3）Ⅲ级体力劳动：8 小时工作日平均耗能值为 7 310.2 千焦耳 / 人，劳动时间率为 73%，即净劳动时间为 350 分钟，相当于重强度劳动；

（4）Ⅳ级体力劳动：8 小时工作日平均耗能值为 11 304.4 千焦耳 / 人，劳动时间率为 77%，即净劳动时间为 370 分钟，相当于"很重"强度劳动。

此外，粉尘危害程度分级可以参考国家标准《粉尘作业场所危害程度分级》（GB5817－2009）的规定，高温危害程度分级可以参考国家标准《高温作业分级》（GB/T4200－2008）的规定；部颁标准如原冶金工业部的《冶金工业噪声危害程度分级》、原劳动部的《噪声作业分级》（LD80－1995）等。

2. 企业自定标准

对没有国家或部颁标准的指标的分级，则根据制定国家标准的基本思路、要求及有关规定，企业自行制定相应的岗位评价标准。

企业可以根据岗位评价五要素：劳动责任、劳动强度、劳动技能、劳动环境和社会心理因素，将每一要素区分为若干影响因素，这些影响因素又可以采用一定可测量、可比较的数量指标或质量指标来反映，即将每个评价指标细分细化，按照由高到低、由大到小，或者由优到劣、由难到易确定评价标准。表 7－4 是某企业专业技能方面的评价标准，评价岗位对任职人员在经营管理、计划、分析判断及专业技术应用等方面应达到的专业技术水平。

表 7－4　专业技能分级标准

分级	分级定义	点数
1	了解本专业工作内容，照章办事，具有完成一般性工作的能力	15
2	了解并初步掌握本专业工作内容及本专业有关的政策规定，具有简单的分析判断能力，能完成一般性技术管理工作	30
3	熟悉本专业工作内容和政策规定，有一定的分析判断能力，能够独立解决处理本专业范围内的问题，受过培训，能独立承担本专业中一般项目的设计、技术、经营管理工作	45
4	熟悉本专业工作内容和政策规定，具有一定的综合分析和独立判断及解决本专业较为复杂问题的能力，受过一定的培训，有一定的工作经验和开拓能力，能独立承担本部门或本专业相关的项目	60
5	有较高的管理、技术业务水平和综合、独立判断和解决处理本专业复杂问题的能力，受过系统的培训，有较丰富的工作经验，具有较强的开拓能力，能够独立主持或组织本部门、本专业内重大项目的研究和设计开发	75
6	精通本专业，具有解决重大、疑难问题和全面主持工作的组织能力，受过全面系统的培训，有丰富的工作经验，具有很强的开拓能力，能独立承担管理或技术项目，具有较强的综合分析和独创能力	90

(二)制定岗位评价标准的基本要求

如果没有国家或部颁标准，组织在制定岗位评价标准时应该遵循如下原则：
(1)联系岗位实际，规范术语，体现评价的专业性、科学性和实用性。
(2)具有可评性、可操作性和应用性，尽量避开模糊概念和词语。
(3)结合单位特点，参考社会相关组织评价标准，注重通用性。
(4)关注组织内部各个指标的结构体系，体现评价的比较特点。

五、岗位评价指标体系实例

目前国内大多数企业的岗位评价体系由评价指标、评价标准和评价分值三因素构建而成，从岗位责任、岗位技能、岗位强度和岗位环境四个主要方面对某一岗位进行单项打分、分数汇总和综合评价，如表 7－5、表 7－6 所示。

表 7－5　某企业岗位评价指标、评价标准和评价分值表

评价指标		评价标准	评价分值
岗位责任(250)	风险控制	有一些小的风险，基本不会给企业造成影响	5
		有一定的风险，会给企业造成小范围的影响	10
		有较大的风险，会给企业带来较严重的损害	20
		有极大风险，会使企业经营或管理出现危机	35
	成本控制	损失较小，金额在 5 000 元以下	5
		损失一般，金额在 5 000 元以上，20 000 元以下	10
		损失较大，金额在 20 000 元以上，100 000 元以下	20
		损失非常大，金额在 100 000 元以上，500 000 元以下	30
		损失巨大，金额在 500 000 元以上	45
	指导监督	无监督职责，只对自己负责	5
		监督、指导下属 5 人以下	10
		监督、指导下属 5～10 人	20
		监督、指导下属 10～20 人	30
		监督、指导下属 20 人以上	40
	内部联系	仅与本部门员工进行工作联系，偶尔与其他部门一些员工联系	5
		与本部门和其他部门职工有密切的工作联系	10
		与所有一般职工有密切的工作联系，或与其他部分部门管理人员有工作协调的必要	20
		与各部门经理及以上人员有密切的工作联系，在工作中需要保持随时联系和沟通	30
	外部协调	偶尔需要与外界沟通、协调	5
		需要与外部单位发生一般的业务联系	15
		需要与外部单位保持密切的、长期的联系	25

续表

评价指标		评价标准	评价分值
岗位责任（250）	工作影响	仅对自己的工作结果负责	5
		需要对自己所在班组的工作结果负责	10
		需要对本部门工作结果负责	25
		需要对企业整体的工作结果负责	40
	决策范畴	所做决策只影响自己	0
		所做决策只影响自己所在班组	10
		所做决策影响部门所有人员	20
		所做决策影响企业整体利益	35
岗位技能（200）	学历要求	高中、职高或中专	5
		大学专科	10
		大学本科	20
		研究生	30
	知识结构	只需要掌握单一学科知识	5
		需要了解相近专业的知识	10
		需要掌握两门跨专业学科知识	20
		需要掌握两门以上跨专业学科知识	30
	专业技能	不需要具备专业技能	0
		需要具备初级水平的专业技能（初级）	10
		需要具备较高水平的专业技能（中级）	25
		需要具备特别突出的专业技能（高级）	35
	管理能力	需要基本的管理技能	10
		需要一般的管理技能	20
		需要较强的管理技能	30
		需要非常强的管理技能和决断能力	40
	创新能力	程序化、规范化工作，不需要创新	0
		工作基本规范化，偶尔需要开拓创新	10
		工作需要一般的创新	25
		工作本身需要大量创新	35
	灵活性	属于常规性工作，很少或不需要灵活性	5
		经常需要灵活处理工作中的问题	20
		工作非常规，需要在复杂多变的环境中灵活地处理重大的偶然性问题	30

续表

评价指标		评价标准	评价分值
岗位强度（200）	工作压力	一般事务性工作，几乎没有压力	10
		工作任务多样化，有一定的工作压力	20
		工作比较复杂，有较大的压力	30
		工作极为复杂，有非常大的压力	40
	注意力	基本不需要集中精力，只从事一般事务性工作	5
		需要集中精力，从事较难的管理工作	15
		必须集中精力，从事较复杂的管理工作	25
		必须高度集中精力，从事非常复杂的经营管理工作	40
	体力	基本不需要消耗体力	5
		需要消耗较少的体力	10
		需要消耗较多的体力	20
		需要消耗大量的体力	35
	紧张程度	基本没有紧迫感	5
		有时比较紧张，但时间持续不长	15
		工作的节奏、时限很难控制，明显感到工作紧张	30
		需要较快的工作节奏，持续保持高度紧张	40
	工作规律	一般没有忙闲不均的现象	10
		有时忙闲不均，但有规律性	20
		经常忙闲不均且没有规律，需要加班	35
		工作经常忙闲不均，且忙的时间持续很长，经常加班	45
岗位环境（100）	工作设备	工作设备简单，较容易操作	5
		工作设备有些复杂，偶尔需要指导和培训	10
		工作设备较为复杂，需要经过专业培训才能上岗	20
		工作设备非常复杂，需要非常高的专业技能	30
	危险性	无粉尘、噪声、辐射等危险因素，没有危险性	5
		有一定粉尘、噪声、辐射等危险因素，存在一定的危险性	10
		粉尘、噪声、辐射等危险因素较多，有较大的危险性	25
		粉尘、噪声、辐射等危险因素非常多，有很大的危险性	40
	舒适性	环境较好，工作舒适	5
		环境一般，较为舒适	10
		环境不好，不太舒适	20
		环境较差，极不舒适	30

表 7－6　中科院某研究所科研岗位评价体系

方面	序号	维度	释义	权重	分值	等级
职责 40%	1	监督管理	该岗位所要监督和管理的下属人员数量	10%	100	5
	2	对组织的影响	该岗位对组织战略的贡献大小和影响力度	30%	300	5
能力 60%	3	学历和经验	该任职人员的学历水平	10%	100	2
			该任职人员的工作年限			4
	4	职称	该任职人员的职称等级	20%	200	7
	5	资源获取能力	该岗位所需要的获取经费数量的能力	20%	200	5
			该岗位所需要的获取资源的影响力的能力			5
	6	领导能力	该岗位需要的领导能力	10%	100	4

对某一岗位进行单项打分和分数汇总后，可以按照各项岗位分值进行排序，从而确定企业所有岗位的相对价值体系，如表 7－7、表 7－8 所示。

表 7－7　某企业部分岗位分值汇总排序表

排序	岗位名称	岗位分值
1	经理	730
2	生产副经理	715
3	人力副经理	700
4	行政副经理	680
5	综合办公室主任	610
6	技术工程师	580
7	质量助理	470
8	安全助理	425
9	人事助理	360
10	综合会计	345
11	纪检干事	320
12	党群干事	275

表 7－8　某企业岗位评价结果排序表

序号	岗位名称	序号	岗位名称
1	总经理	4	总经理助理
2	党委书记	5	财务部主任
3	副总经理	6	设备工程部主任

续表

序号	岗位名称	序号	岗位名称
7	市场部主任	41	生产部润叶操作工
8	综合部主任	42	财务部出纳员
9	生产管理部主任	43	生产部电气维修工
10	物资供应部主任	44	生产部机械维修工
11	安全环保部主任	45	市场部统计员
12	质检工艺部主任	46	质检工艺部水检质检员
13	设备工程部副主任	47	质检工艺部物检质检员
14	生产管理部设备副主任	48	综合部办事员
15	生产管理部生产副主任	49	物资供应部采购员
16	市场部副主任	50	生产部司炉工
17	综合部副主任	51	生产部打包操作工
18	财务部副主任	52	生产部水处理工
19	质检工艺部副主任	53	安保部安技员
20	物资供应部副主任	54	生产部真空回潮操作工
21	安全环保部副主任	55	市场部发货员
22	财务部主办会计	56	生产部统计员
23	生产管理部生产班长	57	物资供应部统计员
24	生产管理部电气技术员	58	质检工艺部统计员
25	市场部业务员	59	纯化工段质量员
26	生产管理部锅炉班长	60	综合部驾驶员
27	生产管理部维修班长	61	物资供应部夹包工
28	质检工艺部工艺员	62	生产部值班电工
29	综合部综合文秘	63	生产部润滑工
30	物资供应部纯化工段班长	64	物资供应部保管员
31	财务部总账会计员	65	设备部设备配件保管员
32	设备工程部机电技术员	66	综合部打字收发员
33	财务部核算会计员	67	纯化工段核算员
34	综合部后勤管理员	68	生产部空压工
35	设备部固定资产管理员	69	物资供应部电梯工
36	综合部绩效薪酬管理员	70	安保部护卫员
37	质检工艺部化验员	71	安保部监控系统操作员
38	安保部综合体系管理员	72	综合部服务员
39	生产部复烤操作工	73	综合部保洁员
40	生产部打叶操作工		

资料来源：陈庆．岗位分析与岗位评价．2 版．北京：机械工业出版社，2011.

第4节　岗位评价方法

目前常用的岗位评价方法主要有五种：排列法、分类法、因素比较法、评分法和海氏评价法，其中排列法、分类法属于定性评价方法，评分法、因素比较法、海氏评价法属于定量评价方法。

一、排列法

排列法是一种简单的评价方法，是对岗位整体的相对价值进行排序比较。

（一）排列法的操作步骤

排列法的操作步骤如下：

（1）成立评价小组。评价小组人员的确定对评价结果的影响很大，因此，应该选择管理部门和员工都认可的人员组成评价小组，成员既有管理部门推荐的人员，也有员工代表。

（2）做好各项准备工作。岗位评价之前，首先要了解岗位情况，收集有关岗位方面的资料、数据。岗位评价要以工作描述、任职资格和工作说明书为基础，如果缺乏这些资料，则需要先做好岗位分析工作。这样，评价人员根据工作说明书等资料就可以熟悉岗位的工作职责，以利于岗位评价顺利进行。

（3）确定评价要素。评价人员在进行岗位评价之前可以选择一组能够客观把握的评价要素，如工作责任、复杂难易程度等，以便根据每个评价要素进行评价。

（4）岗位评价。评价人员根据选定的评价要素分别对本单位同类岗位的重要性逐一做出评判。

（5）汇总排列。将评定人员对每个岗位的评价结果汇总，得到最后的综合评价结果。

（二）排列法的种类

排列法包括简单排列法、选择排列法和成对比较法三种方法。

1. 简单排列法

简单排列法是由评价人员凭借自己的工作经验，简单地根据岗位的相对价值按高低次序进行排列。

例如，某企业有A，B，C，D，E，F，G 7个岗位，由甲、乙、丙三人组成的评价小组采用排列法进行评价。首先，每个评价人员对7个岗位的重要性逐一做出评判，最重要的排在第一位，逐级往下排列。然后将所有评价人员对每个岗位的评价结果汇总，得到序号和，将序号和除以参加评定的人数，得到每一岗位的平均排序数。最后，根据平均序数的大小，评定出岗位的相对价值，评价结果如表7－9所示。

表 7－9 简单排列法示例

岗位	A	B	C	D	E	F	G
甲评定结果	1	3	4	2	5	6	7
乙评定结果	2	1	4	3	—	5	—
丙评定结果	1	—	2	3	6	4	5
评定序数和（∑）	4	4	10	8	11	—	—
参加评定人数	3	2	3	3	2	3	2
平均序数	1.3	2	3.3	2.67	5.5	5	6
岗位相对价值的次序	1	2	4	3	6	5	7

根据表 7－9 的结果可知，被评定的 7 个岗位的相对价值，按重要性由大到小排列次序应为 A，B，D，C，F，E，G。

2. 选择排列法

选择排列法也称交替排列法，是简单排列法的推广。选择排列法利用的是人们容易发现极端，不容易发现中间的心理，在所有岗位中挑出价值最高的作为标杆，然后挑出价值最低的，把它们作为第一名和最后一名，接着在剩下的岗位中再挑选出价值最高和最低的，分别排列在第二名和倒数第二名，依次类推，最终将所有岗位按照价值高低顺序全部排列。

例如，某公司综合办公室有 10 个管理岗位，即：A，B，C，D，E，F，G，H，I，J。评价者首先判断 10 个岗位中相对价值最高的一个 B，放在排序第一的位置，同时选出岗位相对价值最低的一个 H，放在排序最后的位置。然后从剩余的 8 个岗位中选出相对价值最高的一个 C，放在第二个位置，同时选出相对价值最低的一个 I 放在倒数第二的位置，如表 7－10 所示；最后，评价者在剩余的 6 个岗位中选出相对价值最高者和最低者，并将其代码分别填写在表 7－10 的相应位置

表 7－10 选择排列法示例

排序	岗位代码	岗位价值	排序	岗位代码	岗位价值
1	B	相对价值最高的岗位	6	F	
2	C	相对价值仅次于最高的岗位	7	J	
3	G		8	E	
4	A		9	I	相对价值略高于最低的岗位
5	D		10	H	相对价值最低的岗位

3. 成对比较法

成对比较法亦称配对比较法、两两比较法。该方法要比上述的岗位评价法更加准确有效。其操作步骤是：首先将每个岗位按照所有的评价要素（如岗位责任、劳动强度、

环境条件、技能要求等）与其他所有岗位一一进行对比；然后将各个评价要素的考评结果整理汇总，求得最后的综合考评结果。

如某企业财务处有A，B，C，D，E，F六个岗位，按照岗位责任、知识水平、劳动强度、劳动环境两两比较并进行排序，知识水平成对比较结果如表7－11所示。同理，对其他要素进行成对比较，最后，将评价结果汇总，就可以得到综合评价结果，如表7－12所示。

表7－11　知识水平成对比较表

	A	B	C	D	E	F	排序
A	0	+	+	+	+	+	6
B	–	0	+	+	–	+	4
C	–	–	0	–	–	+	2
D	–	–	+	0	–	+	3
E	–	+	+	+	0	+	5
F	–	–	–	–	–	0	1
汇总	－5	－1	+3	+1	－3	+5	

说明：用表上纵列的岗位与横行的岗位进行比较，以横行的岗位为对比基础，如果比本岗位（如A岗位）知识水平要求高，划上正号“+”，如果比本岗位知识水平要求低，则划上负号“–”。本表是以横行岗位作为对比的基础。

表7－12　成对比较法汇总表

岗位评价要素	A	B	C	D	E	F
岗位责任	6	5	4	2	3	1
知识水平	6	4	2	3	5	1
劳动强度	5	6	1	2	4	3
劳动环境	5	6	1	4	3	2
排序号汇总	22	21	8	11	15	7
岗位价值由高到低排序	6	5	2	3	4	1

成对比较法是在同一时间内仅在两对岗位之间进行比较，克服了其他排列法需要同时在许多岗位之间进行比较的缺点。在岗位数量不多的情况下，成对比较法简便易行，但是当岗位数量增加时，成对比较的次数明显增加，因此，成对比较法适用于岗位数量较少的评价。

（三）排列法的优缺点

排列法的优点：第一，简便易行，容易沟通、理解和应用；第二，费用少，成本低；第三，每个岗位作为一个整体来评定，避免了对工作要素的分解引起的矛盾和争论。排列法对于岗位数量较少的企业来说，其评价结果往往是令人满意的。

排列法的缺点：第一，评价结果主观性强。排列法完全是评定人员凭借经验和认识主观地进行评价，缺乏严格、详细的评判标准，评价结果取决于评定人员的判断能力，评价结果难以保证公平公正。第二，适用范围较窄。那些岗位较多的组织，岗位分布一般呈宝塔形，即高级岗位较少，中级岗位较多，基层岗位数量很大。这种情况下，对基层岗位进行排序，很难区分岗位的重要性。因此，这种方法只适用于生产单一、岗位较少的中小型组织。

二、分类法

分类法又称归级法或等级描述法，是排列法的改进。分类法是在岗位分析的基础上，采用一定的科学方法，按岗位的工作性质、特征、繁简难易程度、工作责任大小和人员必须具备的资格条件，对组织全部（或规范范围内）岗位所进行的多层次的划分，即先确定等级结构，再根据工作内容对工作岗位进行归类。

（一）分类法的操作步骤

（1）岗位分析。由企业内专门人员组成评价小组，收集各种岗位相关资料。

（2）岗位横向分类。按照生产经营过程中各类岗位的作用和特征，将组织全部岗位划分为若干大类，然后，按照每个大类中各个岗位的性质和特点划分为若干中类，最后，根据每个中类岗位性质的显著特征，将岗位划分为若干小类。

（3）岗位纵向分级。将各个小类中的岗位分成若干层级，最少分为5～7档，最多的可分为15～20档。如某公司管理岗位分为7级，专业技术岗位分为13级。

（4）明确规定各档次岗位的工作内容、责任、权限。

（5）明确各档次（等级）岗位的资格要求。

（6）评定出不同类别、不同岗位之间的相对价值和关系。

表7－13是某公司应用分类法的例子。

（二）分类法的优缺点

分类法的优点有以下几个：

（1）比较简单，所需经费、人员和时间相对较少。这种方法在工作内容不太复杂的部门，能在较短的时间内得到满意的结果。

（2）由于每个等级标准均参考工作内容、责任和资格要求等制定，其结果比排列法更准确、客观。当出现新的工作或工作变动时，按照等级标准很容易确定其等级。

（3）由于等级的数量以及等级与组织结构之间的相应关系在各个工作列等之前已经确定，因此采用分类法分出的等级结构能如实反映组织结构的情况。

（4）分类法应用起来比较灵活，适应性强。

分类法的缺点也很明显，有三个方面：

（1）由于确定等级标准上的困难，对不同系统的岗位评价存在着相当大的主观性，导致许多难以定论的争议。

（2）由于等级标准常常直到分类结果之后才能确定，影响了评价结果，其准确度较差。

（3）分类法适用于结构简单的小型企业。

表 7－13　某公司的分类法举例

工作等级	各工作等级中的工作类型	等级分类定义举例
10 级	CEO	1 级：办公室的一般支持性职位 一般情况下，办公室的一般支持性职位向一线主管人员或者部门管理人员汇报工作。 这些职位通过完成以下任务为其他职位提供综合性支持服务：操作办公室中的常规设备（如传真机、复印机、装订机等）；文件存档以及邮件的归类和传递。这些职位通常要遵守标准的办事程序，同时处理日常事务。一些非常规的事件及问题往往交给主管人员或者相关人员来处理。要求从事这些工作的人员具备基本的办公设备知识，并且了解一般性的办事程序。这些工作人员包括邮件处理职员以及传真操作员。
9 级	副总裁	
8 级	高级经理	
7 级	中层经理	
6 级	专业 3 级	
5 级	专业 2 级	
	主管级职位	
4 级	专业 1 级	
	技术 3 级	
	职员 / 行政事务 3 级	
3 级	技术 2 级	
	职员 2 级	
2 级	技术 1 级	
	职员 1 级	
1 级	办公室的一般支持性职位	

资料来源：刘昕．人力资源管理．2 版．北京：中国人民大学出版社，2015.

三、评分法

评分法又称点数法、要素计点法，是应用最广泛、最复杂的量化评价方法。该方法首先选定岗位的主要影响因素，并采用一定点数（分值）表示每一因素，然后按预先规定的衡量标准，对现有岗位的各个因素逐一评比、估价，求得点数，经过加权求和，最后得到各个岗位的总点数。评分法适用于生产过程复杂，岗位类别、数目多的大中型企业。

（一）评分法的操作步骤

1. 首先确定岗位评价的主要影响因素

岗位评价所选定的因素是与执行岗位工作任务直接相关的重要因素，归纳起来大致有四个方面。[①]

（1）岗位的复杂难易程度。包括执行本岗位任务所需的知识、技能、受教育程度、必要的训练、必要的实际工作经验等。

---

① 安鸿章．工作岗位研究原理与应用．3 版．北京：中国劳动社会保障出版社，2012.

（2）岗位的责任。包括对所使用的设备、器具、原材料、产品等的责任；对下属监督的责任，对主管上级应负的责任；对保管的文件资料、档案的责任等，即对涉及岗位的人、财、物等方面的责任。

（3）劳动强度与环境条件。包括执行岗位任务的体力消耗、劳动姿势、环境、温度、湿度、照明、空气污染、噪声等因素。

（4）岗位作业紧张、困难程度。如操作时精神上的紧张程度，视觉、听觉器官的集中注意程度及持续时间的长短，工作的单调性等。

2. 根据岗位的性质和特征，确定各类岗位评价的具体项目

确定岗位评价的具体项目就是明确各个评价因素及其定义，让岗位评价人员清楚地了解每一个评价因素的具体内容。

一般情况下，车间内各生产岗位的评价项目包括：体力劳动的熟练程度；脑力劳动的熟练程度；体力和脑力劳动的劳动强度、紧张程度；劳动环境、条件对劳动者的影响程度；工作危险性；对物、财、人以及上下级的责任等。

职能科室各管理岗位的评价项目一般包括：受教育程度；工作经验、阅历；工作复杂程度；工作责任；组织、协调、创造能力；工作条件、所受的监督与所给予的监督等。

无论何种性质的岗位，普遍采用的评价项目一般包括以下几个方面：

（1）劳动负荷量。执行任务时的能量代谢率，其衡量标准可参照国家标准。

（2）工作危险性。该项工作所伴随的危险性，及其后果的伤害程度，引起职业病的可能性，其衡量标准为该项工作的技术安全统计指标和国家发布的职业病目录。

（3）劳动环境。本岗位的自然和物质环境因素。其衡量标准为温度、湿度、照明、空气、噪声、振动、通风、色彩等环境监测指标。

（4）脑力劳动紧张、疲劳程度。完成本岗位规定的工作时，人员脑力劳动及精神上的负荷量。其衡量指标为工作单调程度，工作速度和要求的精密度，工作要求的决策反应机敏程度，工作注意力集中程度与持续时间。

（5）工作复杂繁简程度。其衡量标准是岗位任务牵涉面的深度和广度。

（6）知识水平。执行本岗位任务必需的文化基础理论知识，即所受的教育程度。其衡量标准为参加各类正规学校学习的时间、获得的学位等。

（7）业务知识。与本岗位有关的必要的专业知识。其衡量标准为有关的必要知识的广度和深度。

（8）熟练程度。执行本岗位任务所需技能的熟练程度及掌握该技能的困难程度。其衡量标准为掌握该项技能以及达到某种水平所需要的时间。

（9）工作责任。执行本岗位任务在管理上的责任以及对物、财所负的责任。其衡量标准为该岗位的职责范围、权限以及发生责任事故后的损失程度。

（10）监督责任。执行本岗位任务时对下级的指导及监督考察的责任。其衡量标准为该岗位要求的组织能力、给予他人监督的责任大小。

3. 确定各个评价因素的等级

为了提高评价的准确性，需要把各个评价因素细分成不同等级，明确每一个等级的定义。例如，美国管理技术协会在20世纪40年代制定的《国民职位评价方案》对生产、维修、仓库、销售、服务人员采用四大类、11个要素进行岗位评价，其评价因素和分级定义见表7－14所示。

表7－14 美国《国民职位评价方案》评价要素及分级定义

因素	子因素	子因素定义	等级	各等级定义
智能	1. 知识	为了令人满意地完成该项工作，所需要具备的知识水平及相应的训练程度	1	能进行整数的读、写、加减运算；会使用固定的度量衡仪器仪表；能阅读说明书。这一级工作不需要讲解能力
			2	能进行整数、小数和分数的加减乘除运算；会运用简单的公式、图表；会使用可调的度量衡器具；会写检查报告，进行记录，使用可比性资料。这一级工作需要讲解的能力
			3	会进行数学运算，并使用复杂的图表、说明；能使用各种类型的精密度量衡器具，受过相当于1～3年的专业训练
			4	能运用高等数学知识进行数量运算及分析；能使用各类精密度的测量仪表，受过某种行业或社会公认的技巧训练，或受过相当于2年制的技术学科学校的专业教育
			5	会运用高等数学知识；具有机械、电力、化工、土木工程等有关应用工程理论及实践的综合知识，相当于受过4年制技术专科或者大学本科的教育训练
	2. 经验	在正常条件下，要达到工作规定的工作质量和数量标准所需具备的最短的实际工作时间，既包括在本工作已工作过的时间，也包括以往从事与本工作有关的工作的时间，两方面经验要结合在一起考虑	1	3个月以内（包括3个月）
			2	2～12个月
			3	1～3年
			4	3～5年
			5	5年以上

续表

因素	子因素	子因素定义	等级	各等级定义
智能	3. 才智、创造力	为完成该工作所需具备的判断、决定、计划和活动能力以及所需要的智能程度	1	按说明进行工作，几乎不需要进行判断和决定；按程序使用简单的设备，几乎不需要调整或选择程序
			2	按说明和程序进行工作，对程序和方法需要做一些小的调整和选择
			3	需要在规定的工作程序与方法范围内，对设备、装置、程序和操作方法进行判断分析和计划
			4	要求有相当的判断能力和计划能力，要相当主动而机智地进行决策，以完成该工作内非常规的困难工作
			5	能对涉及面广，很复杂的计划项目和目标进行主动而机智的工作，具有广泛的概括判断能力
责任	1. 对各种仪器设备所负责任	对防止因错误或粗心而造成的仪器设备损坏所负责任；按损坏可能造成的损失金额分为 5 级	1～5	
	2. 对材料或产品所负责任	对防止材料和产品损失所负责任；要考虑到补救的可能性，用制造费用表示；按照可能损失的金额分为 5 级	1～5	
	3. 对他人安全所负责任	在使用安全装置，遵守安全规则的情况下防止对其他工作人员的健康和安全产生危害所负的责任；按可能产生危害的严重程度分为 5 级	1～5	
	4. 对他人工作所负责任	指导和维持他人工作的责任，分 5 级，所负责任人数越多，责任越大，级别越高	1～5	

续表

<table>
<tr><th>因素</th><th>子因素</th><th>子因素定义</th><th>等级</th><th>各等级定义</th></tr>
<tr><td rowspan="10">体力</td><td rowspan="5">1. 体力</td><td rowspan="5">从事该工作所需使用的体力程度</td><td>1</td><td>微不足道（如不断地举起或移动很轻的物体，很少需要搬动普通重量的物体）</td></tr>
<tr><td>2</td><td>很轻</td></tr>
<tr><td>3</td><td>轻</td></tr>
<tr><td>4</td><td>一般</td></tr>
<tr><td>5</td><td>重</td></tr>
<tr><td rowspan="5">2. 注意力集中程度</td><td rowspan="5">运用脑力和视力的紧张程度；注意力集中及持续程度越高，级别越高</td><td>1</td><td>由于生产自动化等原因，只需间或地加以注意，精神和视力长时间地保持松弛状态</td></tr>
<tr><td>2</td><td>经常要保持对工作的注意力</td></tr>
<tr><td>3</td><td>持续地保持对工作的注意力</td></tr>
<tr><td>4</td><td>需要精力与视力的高度集中</td></tr>
<tr><td>5</td><td>需要精力与视力的高度集中，进行高度紧张而准确的活动</td></tr>
<tr><td rowspan="2">工作环境</td><td>1. 工作条件优劣程度</td><td>工作环境中灰尘、污垢、烟雾、潮湿、高温、噪声、振动等对工作环境的影响程度；分 5 级，影响越严重，级别越高</td><td>1～5</td><td></td></tr>
<tr><td>2. 危险性</td><td>在考虑了劳动保护设施和规则的情况下，可能发生的工伤事故及其对健康的危害程度；分为 5 级，危害可能性越大，后果越严重，级别越高</td><td>1～5</td><td></td></tr>
</table>

资料来源：康士勇．薪酬设计与薪酬管理．北京：中国劳动社会保障出版社，2005.

4. 确定评价因素的权重与配分

首先，确定总点数，即各个评价因素点数之和。总点数的确定与划分的等级数量有关。然后，根据各个项目在总体中的地位和重要性确定权重。权重的大小应根据企业实际情况以及各类岗位的性质和特征加以确定。例如，美国《国民职位评价方案》中的评价因素权重及配分如表 7－15 所示。

表 7－15　美国《国民职位评价方案》评价因素配分与权重

<table>
<tr><th>因素</th><th>子因素</th><th>子因素等级</th><th>最高点数</th><th>合计数</th><th>权重（%）</th></tr>
<tr><td rowspan="3">智能</td><td>1. 知识</td><td>5</td><td>70</td><td rowspan="3">250</td><td rowspan="3">50</td></tr>
<tr><td>2. 经验</td><td>5</td><td>110</td></tr>
<tr><td>3. 才智、创造力</td><td>5</td><td>70</td></tr>
</table>

续表

因素	子因素	子因素等级	最高点数	合计数	权重（%）
责任	1. 对各种仪器设备所负责任	5	25	100	20
	2. 对材料或产品所负责任	5	25		
	3. 对他人安全所负责任	5	25		
	4. 对他人工作所负责任	5	25		
体力	1. 体力	5	50	75	15
	2. 注意力集中程度	5	25		
工作环境	1. 工作条件优劣程度	5	25	75	15
	2. 危险性	5	50		
合计			500	500	100

资料来源：康士勇．薪酬设计与薪酬管理．北京：中国劳动社会保障出版社，2005.

5. 确定各评价子因素的配分

各个评价子因素的配分可以采用等差法和等比法两种方法确定。

（1）等差法。等差法是用每一个子因素的总点数除以子因素级数，得出的数值作为最低一级的点数，这个数值也作为各级点数的等级级差。

等差法的计算公式为：

$$y_i = \frac{X}{n} \times i$$

式中，y_i——第 i 级的点数；X——各子因素的总点数；n——分级数；i——第 i 级。

根据等差法确定美国《国民职位评价方案》各子因素配分如表 7－16 所示。

表 7－16　美国《国民职位评价方案》各子因素等差配分表

因素	子因素	级别 1	级别 2	级别 3	级别 4	级别 5
智能	1. 知识	14	28	42	56	70
	2. 经验	22	44	66	88	110
	3. 才智、创造力	14	28	42	56	70
责任	1. 对各种仪器设备所负责任	5	10	15	20	25
	2. 对材料或产品所负责任	5	10	15	20	25
	3. 对他人安全所负责任	5	10	15	20	25
	4. 对他人工作所负责任	5	10	15	20	25
体力	1. 体力	10	20	30	40	50
	2. 注意力集中程度	5	10	15	20	25
工作环境	1. 工作条件优劣程度	5	10	15	20	25
	2. 危险性	10	20	30	40	50

资料来源：康士勇．薪酬设计与薪酬管理．北京：中国劳动社会保障出版社，2005.

（2）等比法。等比法首先确定各级之间的等比级差。级差根据企业的需要确定，级差越大，薪酬激励性越大。

等比法的计算公式为：

$$y_i = \frac{X}{(1+r)^{n-i}}$$

式中，y_i——第 i 级的点数；X——各子因素的总点数；n——分级数；i——第 i 级；r——等比级差。

上述美国《国民职位评价方案》中，假设等比级差为30%，则根据等比法确定各子因素配分如表7－17所示。

表7－17　美国《国民职位评价方案》各子因素等比配分表

因素	子因素	级别1	级别2	级别3	级别4	级别5
智能	1. 知识	25	32	42	54	70
	2. 经验	39	50	65	85	110
	3. 才智、创造力	25	32	42	54	70
责任	1. 对各种仪器设备所负责任	9	11	15	19	25
	2. 对材料或产品所负责任	9	11	15	19	25
	3. 对他人安全所负责任	9	11	15	19	25
	4. 对他人工作所负责任	9	11	15	19	25
体力	1. 体力	18	23	30	38	50
	2. 注意力集中程度	9	11	15	19	25
工作环境	1. 工作条件优劣程度	9	11	15	19	25
	2. 危险性	18	23	30	38	50

资料来源：康士勇．薪酬设计与薪酬管理．北京：中国劳动社会保障出版社，2005.

6. 岗位评价

评价小组根据各岗位实际情况，对照各个评价因素逐一评价，确定各个岗位在每一个评价因素上所得的点数，最后将点数汇总即得到该岗位的总点数。表7－18是通过评分法评价某公司秘书岗位的评价结果，总点数是216点。

表7－18　某公司秘书岗位评价结果

因素	子因素	级别	得分
智能	1. 知识	3	42
	2. 经验	3	66
	3. 才智、创造力	2	28
责任	1. 对各种仪器设备所负责任	2	10
	2. 对材料或产品所负责任	1	5
	3. 对他人安全所负责任	1	5
	4. 对他人工作所负责任	2	10

续表

因素	子因素	级别	得分
体力	1. 体力	1	10
	2. 注意力集中程度	4	20
工作环境	1. 工作条件优劣程度	2	10
	2. 危险性	1	10
合计			216

7. 岗位归级

为了将企业相同性质的岗位归为一定等级，可将岗位评价的总点数分为若干级别，如表 7－19 所示。并根据具体岗位总点数的大小进行归类。

表 7－19　岗位评价结果分级表

等级	点数（分）	等级	点数（分）
1	110 及以下	8	291～320
2	111～140	9	321～350
3	141～170	10	351～380
4	171～200	11	381～410
5	201～230	12	411～440
6	231～260	13	441～470
7	261～290	14	471～500

表 7－18 显示某公司秘书岗位总点数为 216，在表 7－19 中属于第 5 级，故该秘书岗位等级是 5 级。

（二）评分法的优缺点

评分法的优点主要体现在：

（1）可靠性强。评分法运用具有准确和清楚定义的因素，对工作岗位进行系统的比较，能够减少评价中的主观随意性。

（2）易于接受。评分法是若干评定要素综合平均的结果，并且有较多的专业人员参与评价，提高了评价的准确性。

（3）适应性强。原因有两个：一是可选择的因素多；二是评价人员无须熟悉每项工作的全部详细情况，只是按照工作说明书中各个因素对每项工作进行分析。

（4）稳定性强。当引进新的工作或现存工作发生变化时，不必在相同职组内再与其他所有工作进行系统比较，只根据评价体系就很容易确定其等级。

评分法的缺点主要体现在：

（1）需要相当的时间和人力。评分法需要对每个工作进行深入研究，在评价每个因素时，经常要经过两三个评价人员的个别评价，之后还要进行汇总，这项工作相当烦琐，要花费大量的时间。

（2）评价系统难以建立。评价因素、权重及其等级标准的确定，要求评定人员具有相当高的技能水平。

（3）具有一定的主观性。评价因素的选择、等级的确定与定义和因素权重不可避免地带有某种程度的主观色彩。

四、因素比较法

因素比较法由美国高速交通股份公司的 E.J. 本奇和他的助手于 1926 年提出，是一种量化的岗位评价方法。因素比较法是按照确定的评价因素对选定的标准岗位进行评分定级，制定出标准岗位分级表，把非标准岗位与标准岗位分级表对比并评价相对位置的方法。

因素比较法要先选定岗位的主要影响因素，然后将工资额合理分解，使之与各影响因素相匹配，最后根据工资数额的多寡决定岗位的高低。

（一）因素比较法的实施步骤

1. 确定标杆岗位

从全部岗位中选出 15～20 个主要岗位，其所得到的劳动报酬（工资总额）应是公平合理的（必须是大多数人公认的），标杆岗位要有代表性，并且工作内容相对稳定。

2. 确定评价因素

在对岗位进行工作分析的基础上，选定各岗位共有的影响因素，作为评价的基础。一般包括以下五项：智力条件、技能、责任、身体条件和工作环境条件。

3. 标杆岗位排序

将每一个主要岗位的每个影响因素分别加以比较，按程度的高低进行排序。

4. 分解工资总额

评价小组对每一岗位的工资总额经过认真协调，按上述五种影响因素分解，找出对应的工资份额。

例如，某公司选取的标杆岗位是：A 会计；B 出纳；C 秘书；D 司机；E 勤杂工。分别按照智力条件、技能、责任、身体条件和工作环境五项评价因素进行排序和分配工资额，如表 7－20 所示。

表 7－20　岗位评价排序与工资额对照表

岗位日工资额（元）	智力条件		技能		责任		身体条件		工作环境	
	序号	工资额（元）	序号	工资额（元）	序号	工资额（元）	序号	工资额（元）	序号	工资额（元）
A（125）	1	32	1	26	2	36	4	16	3	15
B（110）	2	21	4	20	1	40	5	15	4	14
C（100）	3	18	3	22	4	26	3	17	2	17

续表

岗位日工资额（元）	智力条件		技能		责任		身体条件		工作环境	
	序号	工资额（元）	序号	工资额（元）	序号	工资额（元）	序号	工资额（元）	序号	工资额（元）
D（105）	4	9	2	23	3	28	2	19	1	26
E（65）	5	5	5	5	5	9	1	20	1	26

5. 对其他岗位进行评价

将企业中尚未进行评定的其他各岗位与标杆岗位对比，按照相近条件的标杆岗位工资计算被评价岗位工资，累计后就是本岗位的工资。如 H 岗位与标杆岗位比较后，得到评价结果如表 7－21 所示。

表 7－21　H 岗位评价结果表

岗位评价指标	与标杆岗位对比	日工资额（元）
智力条件	H 与 B 相似	21
技能	H 与 D 相似	23
责任	H 与 A 相似	36
身体条件	H 与 B 相似	15
工作环境	H 与 B 相似	14
合计		109

6. 归级列等

当各个岗位的工资总额确定以后，按其价值归级列等，编制出岗位系列等级表。

（二）因素比较法的优缺点

因素比较法的优点包括：

（1）评价结果较为公正。因素比较法把各种不同工作岗位中的相同因素相互比较，然后将各种因素的工资累计，主观性减少了。

（2）耗费时间少。进行评价时，所选定的影响因素较少，从而避免了重复，简化了评价工作的内容，缩短了评价时间。

（3）减少了工作量。因素比较法是先确定标准岗位的系列等级，以此为基础分别对其他各类岗位再进行评定，大大减少了工作量。

因素比较法的缺点包括：

（1）各影响因素的相对价值在总价值中所占的百分比完全是考评人员的直接判断，这必然会影响评定的精确度。

（2）操作起来比较复杂，而且很难对员工做出解释，尤其是给各个因素标注货币值的时候，很难说明理由。

五、海氏评价法

(一) 海氏评价法简介

海氏评价法（Hay Group）又叫指导图表 – 形状构成法（guide chart – profile），是由美国工资设计专家爱德华·海（Edward Hay）于1951年研究提出，是以评分法为基础，通过不断改进和完善形成的岗位评价方法，它有效地解决了不同职能部门的不同职务之间相对价值难以比较和量化的难题，在世界各国上万家大型企业中应用并获得成功，被企业界广泛接受。

海氏评价法将付酬要素提炼为适用于所有岗位的三大要素：知识技能、解决问题的能力和承担的岗位责任。三个要素之间是一种投入 – 产出的关系，如图7－2所示。

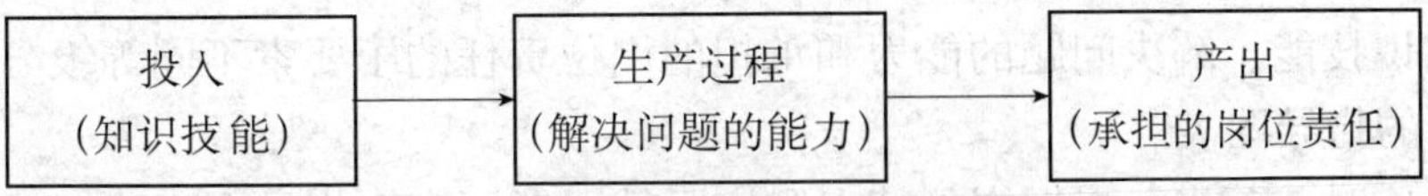

图7－2　海氏三要素之间的关系

(二) 海氏评价体系

海氏三要素中知识技能、解决问题的能力和承担的岗位责任分别由数量不等的子要素构成，从而形成了海氏三要素的评价体系，如表7－22所示。

表7－22　海氏三要素评价体系

海氏三要素	要素定义	子要素	子要素定义	等级
知识技能	绩效达到可接受程度所必须具备的专门业务知识及其相应的实际操作技能	专业知识技能	对从事该岗位要求的职业领域理论、实际方法与专门知识的理解。该子要素分为8个等级，从基本的（第1级）到权威专门的（第8级）技能	8
		管理技能	为达到所要求的绩效水平而具备的计划、组织、执行、控制、评价的能力和技巧。该子要素分为5个等级，从基本的（第1级）到全面的（第5级）技能	5
		人际关系技能	该职务所需要的沟通、协调、激励、培训、关系处理等主动而活跃的活动技巧。该子要素分为3个等级，从基本的（第1级）到关键的（第3级）技能	3
解决问题的能力	在工作中发现问题，分析诊断问题，提出、权衡与评价对策，做出决策等的能力	思维环境	环境对职务行使者的思维的限制程度。该子要素分为8个等级，从高度常规性的（第1级）到抽象规定的（第8级）	8
		思维难度	为了得出结论、作出决策、提供解答或发现新事物而进行的思维努力的特征。该子要素分为5个等级，从重复性的（第1级）到无先例的（第5级）	5

续表

海氏三要素	要素定义	子要素	子要素定义	等级
承担的岗位责任	岗位人员的活动对工作最终结果可能造成的影响及承担责任的大小	行动的自由度	岗位人员能在多大程度上对其工作进行个人指导与控制。该子要素分为9个等级，从自由度最小的第1级（有规定的）到自由度最大的第9级（一般性无指引的）	9
		岗位对后果形成的作用	岗位对后果形成的作用是岗位最终结果的特征。该子要素分为后勤、辅助、分摊、主要4个等级	4
		岗位责任的程度	工作失误可能造成多大的经济损失。该子要素分为4个等级：微小、少量、中量和大量	4

资料来源：朱勇国．工作分析与研究．北京：中国劳动社会保障出版社，2008.

赋予知识技能、解决问题的能力和承担的岗位责任的子要素不同等级分值，即可形成三个不同的指导图表。

评价岗位时，首先，根据岗位特点和实际情况对照三个指导图表确定该岗位在知识技能、解决问题的能力和承担的岗位责任三个要素的等级分值；其次，确定该岗位三个要素的权重；最后将分值加权求和即可得到该岗位的总分，并归级列等。

（三）海氏评价法的优缺点

海氏三要素评价法的优点包括：

（1）易于操作。海氏三要素评价法在知识技能、解决问题的能力和承担的岗位责任三个评价要素下分为多个子要素，而且每一级评价要素均有详细的定义和指导图表，岗位评价容易进行。

（2）可靠性强。海氏三要素指导图表中的每个要素和对应的数据都是经过科学设计、推导和验证而得的，具有很强的逻辑性，经得住考验和反复使用。

（3）评价准确。海氏三要素评价法能根据岗位特点划分岗位类型，并据此确定三要素的权重比例，从而计算相对应的岗位价值得分，结果较为精确。

海氏三要素评价法的缺点包括：

（1）评价要素选择不全面。该方法只是从知识技能、解决问题能力和承担岗位责任三个方面设计评价指标，忽略了工作环境、劳动强度等因素的影响，不能反映岗位的全部影响因素。

（2）适用范围较窄。该方法用三要素对岗位评价，主要适用于管理人员和专业技术人员，适用范围较窄。

六、各种评价方法比较

排列法、分类法、因素比较法、评分法和海氏评价法五种评价方法各有优缺点和适用范围，这5种岗位评价方法的比较如表7－23所示。

表 7-23 各种岗位评价方法比较

方法	是否量化	评估对象	比较的方法	主要优点	主要缺点
排序法	非量化	对岗位整体进行评估	岗位与岗位之间比较	简单、容易操作、省时省力	主观性强，无法准确确定相对价值，适用于小型企业
分类法	非量化	对岗位整体进行评估	岗位与特定的级别标准进行比较	灵活性高，适用性强	对岗位等级的划分和界定存在一定的难度，无法确定相对价值
评分法	量化	对岗位要素进行评估	岗位与特定的级别标准进行比较	可以较准确确定相对价值，适用于多类型岗位	工作量大，费时费力，评价系统建立困难
因素比较法	量化	对岗位要素进行评估	岗位与岗位之间比较	可以较准确确定相对价值	因素的选择较困难，市场工资随时在变化
海氏评价法	量化	对岗位要素进行评估	岗位与特定的级别标准进行比较	易于操作、可靠性高、评价准确	评价要素选择不全面，适用于管理人员和专业技术人员

本章小结

本章主要讲授了工作岗位评价与分类的基本原理与基本方法、基本步骤等主要内容。第1节主要介绍了岗位评价的内涵、原则与作用；第2节主要介绍了岗位评价程序，包括制定计划、成立评价委员会等八个步骤；第3节介绍了岗位评价的指标体系，包括指标、标准与权重；第4节主要介绍了排列法、分类法、因素比较法、评分法和海氏评价法等岗位评价方法，并对各种评价方法进行了比较。

本章习题

1. 简述岗位评价的内涵和特点。
2. 简述岗位评价的原则。
3. 简述岗位评价的作用。
4. 简述岗位评价的程序。
5. 简述岗位评价的指标构成。
6. 简述岗位评价的主要方法。
7. 简述评分法的优缺点。
8. 简述因素比较法的优缺点。
9. 简述海氏评价法的优缺点。

团队练习

通过本章内容的学习，应该对岗位评价的程序、岗位评价指标体系构建、岗位评价方法有了具体的了解。本练习中，参与者组成5人团队，利用小组成员的社会资源，调查一家公司的岗位评价情况，分析该公司岗位评价中存在的问题，并重新设计岗位评价指标体系（包括指标、权重与评价标准）。

第一步，各小组通过小组成员的社会资源与某公司建立联系并进行沟通，赢得信任与支持，以获知该公司岗位评价的相关情况，包括岗位评价指标体系（指标、权重、评价标准）如何，评价程序是否合理，以及采用何种评价方法（排列法、分类法、评分法、因素比较法、海氏评价法）等。

第二步，各小组针对调查公司的岗位评价情况进行组内讨论，分析该公司岗位评价中存在的问题，并重新构建某类岗位评价指标体系。

第三步，各小组组长陈述所选公司岗位评价中存在的问题（包括评价指标、评价程序与所用评价方法），并展示本组重新设计的岗位评价指标体系。其他小组可以提出疑问与建议，汇报小组负责解释，最终统一认识。

第四步，各小组根据其他小组建议修改分析报告及岗位评价指标体系，形成最终报告，呈交给指导者。

本练习通过真实企业岗位评价分析以及构建企业某类岗位评价指标体系，真实反映每位参与者的分析判断能力、沟通能力、创新能力、归纳总结能力等，同时还能锻炼参与者的口头表达能力、书面表达能力等。

案例分析

案例一

某国际机场是一家在海外上市的股份制企业，在上一个财务年度取得了喜人的业绩，董事会决定在本财务年度对作出贡献的各类岗位员工进行一次薪酬调整，具体的调整方案是技术人员、管理人员在原有薪酬等级的基础上普调一级，一线生产人员的薪酬水平可以在原有基础上提高15%。由于公司在过去两年中对生产设备做了全面的更新改造，生产人员的岗位环境和工作条件、劳动强度、技能要求以及工作责任都发生了很大的变化，为了体现对内公平、对员工公正的薪酬原则，公司决定对一线的生产岗位进行一次全面的岗位评价。

资料来源：安鸿章．工作岗位研究原理与应用.3版．北京：中国劳动社会保障出版社，2012.

请结合案例回答下列问题：

1. 该公司有必要对一线生产岗位进行一次全面的岗位评价吗？请说明理由。
2. 应当如何对一线生产岗位进行全面的岗位评价？

案例二

某公司是沿海地区一家规模较大的民营房地产企业，初创期只有十几人，设立4个部门：财务部门、项目前期、工程管理、行政部门。员工的薪酬都是由赵总经理决定。随着公司规模迅速扩大，部门数量由原有的4个增加到10个，人员也由过去的十几人发展到现在的600多人。人员的增加，诸多的人力资源管理问题也频频出现，员工抱怨

“我们工作任务多、责任重，但是和其他岗位员工工资差不多”。这种抱怨在不同部门、不同岗位员工之间逐渐蔓延，出现了消极怠工现象，工作效率明显下降。面对这种情况，赵总经理让人力资源部李经理2个月内完成岗位评价工作，以确定不同岗位的薪酬水平。李经理发愁了，人力资源部算上自己一共4个人，基本没有岗位评价的经验，2个月内完成岗位评价任务，难度很大啊。

请结合案例回答下列问题：

1. 该公司出现了什么问题？原因是什么？

2. 李经理该如何开展岗位评价工作？

延伸阅读

某公司岗位评价方案

为正确评价各个部门、职位在集团公司的相对重要性，促进员工数量、质量的提高，激励员工的工作积极性，使公司获得最大限度的回报，特制定本办法。

员工岗位价值由7大要素进行评定：（1）对公司的影响；（2）解决问题；（3）责任范围；（4）监督；（5）知识经验；（6）沟通；（7）环境风险。每个要素由二级子要素组成，二级子要素又可能由分子要素组成，根据各个分子要素的权重标定相应的分值。所有的分子要素分值相加总分为100分。集团公司所有岗位按照因素影响大小进行评定。

一、对公司的影响（40%，40分）

指本岗位工作结果给集团公司带来的影响程度，包括基本影响和成长促进两方面的二级要素。

1. 基本影响（60%，24分）

包括收入、成本、质量三方面的影响。“关系到”是指直接的影响；“领域”指某个专业职能；“区域”指某个事业部；“地区”指事业部中的几个公司。

A. 收入（50%，12分）：按岗位对公司收入的影响程度分为六级。

B. 成本（费用）（30%，7.2分）：按成本费用管控范围的弹性对公司的影响程度分为五级。

C. 质量（20%，4.8分）：按产品、工作质量责任大小分为六级。

具体见表7–24。

表7－24　基本影响要素分值表

	级别代码	级别内容	分值
收入（12分）	1级	无直接的影响	0.5
	2级	关系到某个地区的局部收入	2
	3级	关系到一个项目的局部或某个地区的收入	4.5
	4级	关系到某个区域或某个项目的收入	7
	5级	关系到某几个区域或项目的收入	10
	6级	关系到全局的收入	12

续表

成本（费用）（7.2分）	1级	关系到局部单项工作的成本或间接控制和影响某个项目或领域的成本	1
	2级	关系到某个项目或领域的局部成本或间接控制和影响某个领域的成本	2.5
	3级	关系到某个领域的成本或间接控制和影响某几个领域的成本	4.5
	4级	关系到某几个领域的成本或间接控制和影响全局的成本	6
	5级	关系到全局成本	7.2
质量（4.8分）	1级	对某类作业局部环节质量负责	0.8
	2级	对某类作业质量负责	1.6
	3级	对质量的控制负责	2.2
	4级	对质量体系的一个方面负责	3
	5级	对质量体系的两个以上方面负责	4
	6级	对质量体系整体负责	4.8

2. 成长促进（40%，16分）

指该岗位对公司战略及中长期发展的贡献或对公司整体运营风险的控制。根据贡献大小程度分为八级，无贡献为0，见表7–25。

表7－25　成长促进要素分值表

成长促进要素	1级	2级	3级	4级	5级	6级	7级	8级
	无明显贡献	项目的局部贡献	某个领域的单个项目贡献	某个领域的多个项目贡献	某个领域贡献	子战略贡献	多个子战略贡献	整体战略贡献
分值	1	3	5	7	9	12	14	16

二、解决问题（权重20%，20分）

指本岗位经常面临并要解决的专业业务问题的复杂性和创造性，故影响岗位问题解决难度要素的子要素有两个：复杂性和创造性。

1. 复杂性（50%，10分）

指本岗位由解决问题本身的性质、管理幅度和难度决定的工作内容、工作过程和方法的复杂程度。分为五级：

1级——问题已经确定。工作内容或问题确定（很少有其他选择），基本属于个别、具体环节的操作，工作步骤和过程是例行的，即该岗位在工作中经常面临的问题具备明确的操作步骤及解决方式，例如：缺货处理等。

2级——问题需要一定的方法确定。工作内容或问题比较确定，但涉及若干方面的操作，可以进行工作步骤、过程、方法的选择，基本上相对独立地工作，即问题需要依据常规的方法判断，例如：质检等。

3级——问题需要深入研究确定。工作内容或问题有一定的不确定性，涉及较复杂的专业业务问题，通常要从其他问题的相关性入手加以解决。拟订工作步骤和方法及实施过程可在他人指导下或参考有关资料和借鉴他人经验独立完成，即通过大量信息数据的收集并进一步分析讨论后判断，例如：市场策划、技术研发。

4级——问题判断有一定明确概率。工作内容或问题有不确定性，较多涉及复杂专业业务问题，需要将多个相互独立的问题联系起来与若干部门协调加以解决。拟订工作步骤、方案和实施过程中要独立地参考多种资料和掌握有关因素的动态，并吸收运用国内外新的管理技术和方法。即问题的原因、出处或正确性的判断可遵循一定的规律，例如：分公司总经理要解决市场销量下滑的问题。

5级——问题判断无明确概率。工作内容或问题解决目标有较大的不确定性，工作任务包括承担企业重要业务项目、管理课题，拟订工作计划、工作标准，解决企业、行业专业系统的疑难业务问题，要跨越多个部门、专业统筹考虑相关管理目标，整体上掌握企业经营管理的现状和动态，系统地吸收、运用、创造性借鉴国内外先进管理技术方法。即问题所涉及的因素难以把握、判断本质的难度大、无一定的规律可循，例如：战略发展规划的制定、中长期企业整体经营规划等。

2. 创造性（50%，10分）

指本岗位完成工作任务必须融合各种信息而做出的有关判断和创新的程度。分为五级：

1级——按程序制度解决。无须或较少需要判断，发生意外务必请示。例如，记账、生产作业。

2级——按政策规定解决。要根据有关环境条件的要求和限制进行简单判断，确定工作步骤和过程。例如：结算薪资、招聘考核、物流配送、销售订单的处理等。

3级——需要寻求新的解决方法。要通过深入调研和思考，在涉及复杂概念的工作分析中，做出有效的判断和必要的创新，即在现有政策规定之外寻找更合理的解决方法，例如：市场策划、对管理体系的改进。

4级——需要进行预测判断解决。要通过全盘分析思考，在涉及大量复杂概念和相关因素的重新组合与协调工作中，做出正确的判断和较大的创新。例如：年度经营计划、人力资源规划、技术研发等。

5级——需要进行风险性决策解决。需要通过较为艰巨的研究和探索，在解决重大实际问题中，做出有价值的判断和重大的创新。例如：投资决策、战略发展规划等。

解决问题要素分值表如表7–26所示。

表7–26　解决问题要素分值表

复杂性（50%）	分值	创造性（50%）	分值
1级——问题已经确定	1	1级——按程序制度解决	1
2级——问题需要一定的方法确定	4	2级——按政策规定解决	3
3级——问题需要深入研究确定	7	3级——需要寻求新的解决方法	6
4级——问题判断有一定明确概率	9	4级——需要进行预测判断解决	9
5级——问题判断无明确的概率	10	5级——需要进行风险性决策解决	10

三、责任范围（权重10%，10分）

指赋予本岗位职权的大小，履行职责进行沟通和工作联系的范围、目的以及所需的岗位专业知识内容和水平。包括工作独立性、工作内容广度、知识广度三个二级要素。

1. 工作独立性（40%，4分）

根据岗位上级关系性质将该岗位工作时的独立程度分为以下六个等级。

1级：分工明确时刻受到控制（后勤服务、工人）

2级：间歇性受控制（质检、销售员）

3级：根据指令性阶段受控制（行政人员）

4级：按照阶段性目标工作（部门经理、项目经理、分公司经理、工程师）

5级：按照原则工作以效果控制（总监级、高工级）

6级：按照战略目标工作（总裁级、教授级）

2. 工作内容广度（40%，4分）

根据该岗位工作的难易程度和波及范围大小将工作内容广度分为八个等级。

1级：重复的简单劳动（后勤服务员、工人）

2级：从事某一方面的单项工作（司机、保安、质检、技术研发人员）

3级：从事某一方面的几项工作（行政管理人员、助工）

4级：从事某一方面的管理工作（主管、工程师）

5级：从事两个以上方面的管理工作（部门经理）

6级：领导一个领域的工作（总监、高工）

7级：领导两个以上领域的工作（运营总监、财务总监、教授）

8级：全面负责所有工作（总裁）

说明：

"方面"：指相同或不同的基本业务单元，如培训、仓库管理。

"领域"：指某个职能范围或部门，如战略管理、人力资源、财务、营销、研发等。

3. 知识广度（20%，2分）

指该岗位工作所需精通（含四级以上）的专业知识，主要包括以下几个方面的专业知识：财务、营销、技术、制造、人力资源、战略管理、供应链管理等。

责任范围要素分值表见表7-27。

表7-27 责任范围要素分值表

工作独立性（40%）	分值	工作内容广度（40%）	分值
1级：分工明确时刻受到控制	0.5	1级：重复的简单劳动	0.5
2级：间歇性受控制	1	2级：从事某一方面的单项工作	1
3级：根据指令性阶段受控制	2	3级：从事某一方面的几项工作	1.5
4级：按照阶段性目标工作	2.5	4级：从事某一方面的管理工作	2
5级：按照原则工作以效果控制	3.5	5级：从事两个以上方面的管理工作	2.5
6级：按照战略目标工作	4	6级：领导一个领域的工作	3

续表

知识广度（20%）（财务、营销、技术、制造、人力资源等）	分值	工作内容广度（40%）	分值
1级：需要其中任意2项岗位的知识	0.5	7级：领导两个以上领域的工作	3.5
2级：需要其中任意3项岗位的知识	1	8级：全面负责所有工作	4
3级：需要其中任意4项岗位的知识	1.5		
4级：需要其中任意5项以上岗位的知识	2		

四、监督（10%，10分）

指该岗位必须指导、培养人员从事专业工作与学习，并对其工作学习情况进行管理、考核。包括人数、层级类别、下属专业素质三个二级要素。

1. 人数（30%，3分）

假设目前公司总人数为200人左右，人数等级分为五级：1级0～5人，2级6～19人，3级20～99人、4级100～199人、5级200人以上（根据公司不同发展时期的实际情况进行调整）。

2. 层级类别（40%，4分）

指该岗位所在岗位级别，根据岗位组织结构设计将层级类别分为六级：6——总裁级、5——副总裁（教授）级、4——总监（高工）级、3——部门经理（工程师）级、2——主管（助工）级、1——专员（技术员）级。

3. 下属专业素质（30%，3分）

根据下属岗位人员的专业水平分为三级。

监督要素分值表见表7–28。

表7－28　监督要素分值表

层级类别（40%）	分值	人数（30%）	分值
1——专员（技术员）级	0.6	1级——0～5人	0.7
2——主管（助工）级	1.2	2级——6～19人	1.2
3——部门经理（工程师）级	1.8	3级——20～99人	1.7
4——总监（高工）级	2.4	4级——100～199人	2.2
5——副总裁（教授）级	3.6	5级——200人以上	3
6——总裁级	4		
下属专业素质（30%）	级别代码	级别名称	分值
	1级	高级职称	3
	2级	中级职称	2
	3级	初级职称	1

五、知识经验（权重 5%，5 分）

1. 知识（40%，2 分）

指从事本岗位工作必须具备的基本学校教育、其他进修等所获得的知识，即国家承认的高中、中技、中专、大专、本科、研究生等学历证明和知识水平。

2. 经验（60%，3 分）

指从事本岗位工作必须具备的在专业工作实践中积累的经验，该经验分为职务经验（从事与本岗位职责要求相同的工作的年限）和行业经验（从事与本公司同行业工作的年限）两个子要素，并根据年限分为四个等级。

知识经验要素分值表见表 7-29。

表 7－29　知识经验要素分值表

<table>
<tr><td rowspan="5">知识（40%）</td><td colspan="2">级别</td><td colspan="2">分值</td></tr>
<tr><td colspan="2">1 级——中专以下，初中以上</td><td colspan="2">0.6</td></tr>
<tr><td colspan="2">2 级——大专以上</td><td colspan="2">1</td></tr>
<tr><td colspan="2">3 级——本科以上</td><td colspan="2">1.5</td></tr>
<tr><td colspan="2">4 级——研究生以上</td><td colspan="2">2</td></tr>
<tr><td colspan="5">经验（60%）</td></tr>
<tr><td>职务经验（60%）</td><td>分值</td><td colspan="2">行业经验（40%）</td><td>分值</td></tr>
<tr><td>1 级——1 年以内</td><td>0.6</td><td colspan="2">1 级——1 年以内</td><td>0.4</td></tr>
<tr><td>2 级——1～2 年</td><td>0.9</td><td colspan="2">2 级——1～2 年</td><td>0.6</td></tr>
<tr><td>3 级——2～3 年</td><td>1.2</td><td colspan="2">3 级——2～3 年</td><td>0.8</td></tr>
<tr><td>4 级——3～4 年</td><td>1.5</td><td colspan="2">4 级——3～4 年</td><td>1</td></tr>
<tr><td>5 级——4 年以上</td><td>1.8</td><td colspan="2">5 级——4 年以上</td><td>1.2</td></tr>
</table>

六、沟通（权重 10%，10 分）

沟通是信息传达和理解的过程，也是情感交流的过程，要通过使用一定的沟通技巧、沟通频率和内外条件因素（与内外沟通），进行思想情感交流或对问题解决方法进行探讨，从而更好地达到工作目标。沟通包括：沟通频率、沟通技巧、内外因素（与内外沟通）三个二级子要素。

1. 沟通频率（30%，3 分）

1 级——较少：工作职责明确，基本根据标准、制度工作，工作中与其他岗位人员交流较少。例如：保安、司机、生产工人、技术人员。

2 级——经常：工作中面临的变化较多，经常与其他岗位人员交流。例如招聘、培训、考核。

3 级——频繁：工作内容和工作效果需要多次与其他岗位人员交流才能完成。例如：人力资源部经理、营销中心总监、物控信息总监。

2. 沟通技巧（50%，5 分）

根据沟通中的语言表达能力、思维逻辑、理解能力、交流亲和力、反应敏捷度等各项技能运用的效果，将沟通技巧分为三个等级，即 1 级——普通级、2 级——中级、3 级——高级。

1 级——普通级：能够为工作事项与他人进行较清晰的思想交流，能够在书面沟通时抓住重点，让人易于理解。

2 级——中级：能够进行较为深入的交流，沟通技巧较高，具有较强的说服力和影响力，书面沟通时方法规范，表达清晰。

3 级——高级：沟通时有较强的个人魅力，影响力极强，书面沟通时有很强的感召力。

3. 内外因素（与内外部沟通）（20%，2 分）

根据沟通范围及对象分为四个等级：1 级——部门内部沟通；2 级——部门间沟通；3 级——作为客户沟通；4 级——与客户（公共关系）沟通。

沟通要素分值表见表 7–30。

表 7－30　沟通要素分值表

沟通频率（30%）	分值	沟通技巧（50%）	分值
1 级——较少	1	1 级——普通级	1
2 级——经常	2	2 级——中级	3
3 级——频繁	3	3 级——高级	5
内外因素（20%）			分值
1 级——部门内部沟通：本部门各岗位人员			1
2 级——部门间沟通：其他部门各岗位人员			1.4
3 级——作为客户沟通：与供应商相关外部关系			1.8
4 级——与客户（公共关系）沟通：与客户或外部公共关系			2

七、环境风险（5%，5 分）

指该岗位工作所处环境对人员的有害或无害影响和潜在危险程度以及工作场所接触有害环境的概率，包括工作风险和环境条件两个要素。

1. 环境条件（60%，3 分）

是指包括生理条件（不同强度的体力、脑力劳动等）和自然环境（户内外高温、严寒及其他恶劣气候，噪声，作业或施工现场接触有毒物质，不同程度危险性设备、科学实验的操作，外地陌生环境等）两方面要素的总称。

A：生理条件分为三个等级：

1 级——较好：简单轻度体力劳动或者无难度脑力劳动，如司机、文书、后勤服务员等。

2 级——正常：经常性轻度的体力劳动和一般难度、深度的脑力劳动，如生产工人、车间主任、（包括中层）行政管理人员、经理、总监、工程师等。

3 级——较差：经常性高强度的体力劳动（包括可能会影响身心健康的劳动）、需要脑力高度投入并运用发挥的劳动，如教授、高工、运营总监、财务总监、总裁、搬运工等。

B：自然环境分为三个等级：

1级——较好：岗位工作环境只要求一般的安全措施，不需要特别的健康安全预防措施或长期户外工作，如行政管理人员、办公室职员等。

2级——一般：岗位工作环境潜伏着一定程度的危险性，只要求一般的安全预防或间断的户外工作，如销售员、司机等。

3级——恶劣：岗位工作环境存在着一定的危险性和不舒适，需要特别的安全预防措施，如承受有毒物质或气体、高温、尘土、油垢、噪声、振动或接触传染菌及刺激化学物品和放射性物质等（指在此类工作环境中工作时间超过总工作时间一半以上者），如各生产工厂工人、研发人员。

2. 工作风险（40%，2分）

指岗位的责任风险及所面临的或将会承担的公司内部政治、关系等风险。

1级——一般：无明显的工种风险，不直接面对工作矛盾冲突的工作岗位。

2级——较大：具有一定的风险，工作中经常面临内外部的矛盾。

3级——恶劣：具有竞争性、淘汰率高、工作矛盾冲突大、要求精确率的工作岗位。

环境条件及工作风险要素分值表见表7–31。

表7－31　环境风险要素分值表

生理条件	自然环境		
	1级——较好	2级——一般	3级——恶劣
1级——较好	0.5	0.8	1
2级——正常	1	1.2	1.5
3级——较差	1.5	2	3
工作风险	级别代码	级别内容	分值
	1级	小（一般）	0.5
	2级	中（较大）	1.5
	3级	大（恶劣）	2

岗位价值的最终得分等于岗位评价指标各个因素的分值各乘以权重之和，即：岗位价值＝“对公司的影响”分值＋“解决问题”分值＋“责任范围”分值＋“监督”分值＋“知识经验”分值＋“沟通”分值＋“环境风险”分值。

资料来源：https：//wenku.baidu.com/view/40ec60f125c52cc58ad6be2f.html.

第8章 岗位分类

| 学习目标 |

1.了解岗位分类的定义、专业术语、相关术语、功能与意义。

2.理解岗位分类的原则与标准。

3.掌握岗位横向分类、纵向分级的定义和步骤。

引导案例

摄影公司的岗位分类改革

某摄影公司的主要业务是摄影、冲印底片和制作艺术照片，公司由50名员工组成，其中包括8位管理人员。艺术部的工作是挑选相片，进行艺术处理，并装订成册。在工作设计之前，主管人员接收所有的任务，将它们归类整理，然后按员工的技术水平分派任务，指定完成期限；工作负担过重时，主管本人也要完成一部分工作，完成工作后，他必须检查所有的产品，并修补有问题的部分。报酬的高低以完成任务的数量来定而不考虑工作难易程度，这使那些有经验的员工从事耗时多的复杂工作而报酬偏低，那些做着简单工作的新雇员却得到高收入。员工的不满情绪日益增加，2个月内有3名员工离开了该公司。于是该摄影公司对艺术部的工作进行了重新设计，共分成两个组：普通艺术照组和婚礼肖像组，每个组由一名熟练员工任组长，负责分工和训练新员工，除了刚来的新人，每个员工负责自己的工作，一旦出现错误直接返回给本人，主管不再负责修复，工作过程中出现问题时员工直接与顾客协商；报酬支付方式在原有的数量基础上乘工作难度系数，工作难度越高，系数越大，报酬也越高。这些改变使艺术部的月产量增加了30%，质量也大大提高，雇员也安心工作。

思考题

1. 该摄影公司如何结合业务实际进行工作岗位分类？效果如何？
2. 为更好地开展岗位薪酬管理，该摄影公司如何进一步完善岗位分级工作？

第1节 岗位分类概述

一、岗位分类概念

岗位分类也称岗位分级、岗位归级列等，是在岗位调查和岗位分析的基础上，采用一定的科学方法和手段，根据组织岗位本身的工作性质、繁简难易程度、工作责任大小和人员必须具备的资格条件，从横向和纵向两个维度对组织中所有岗位进行划分与定位，从而区别出岗位的类别和等级，构建不同系统、不同部门与不同层级岗位相互交叉的内部岗位系统，作为人力资源管理各项工作的基础和依据。

岗位分类包括狭义和广义上的分类。从狭义角度来看，岗位分类是指组织内部不同系统、不同部门之间岗位的横向划分与确定；从广义角度来看，工作评价是岗位分类分级的一个部分，是对相同性质的同类岗位相对价值的衡量、比较和评定，岗位分类是对一定范围内所有岗位的多层次的分类、分级、分等，即岗位分类包括不同系统、不同部门间的岗位横向划分以及同一系统、同一部门内部的岗位纵向分级。

岗位分类是在岗位调查、岗位分析、岗位设计与岗位评价基础上进行的，也是工作岗位研究的重要组成部分。岗位分类明确了组织内部各个岗位的系统或部门归属情况，及其在系统或部门岗位系统中的层级与地位，为组织人力资源管理过程中的绩效考核与薪酬管理打下坚实基础。

二、岗位分类专业术语

（一）职系

职系是以工作性质为标准对职位所作的最基本层次的划分。同一个职系的工作性质、特征相同，尽管其工作的难易程度、责任轻重以及所需的资格条件不尽相同。职系是最基本的职位升迁系统，一般情况下，职务升降只能在同一个职系中进行。简言之，一个职系就是一种专门职业，如大学教师职系。

（二）职组

职组是工作性质相近的若干职系综合而成，或者说是两个以上工作性质相近的所有职系的集合。例如，教师就是一个职组，它包括小学教师、中学教师、大学教师等。

（三）职门

职门指由若干工作性质和特征大致相近的所有职组构建而成的职业门类。职门是对职位所作的最初层次的划分，是工作性质大致相近的职组的集合。凡不同职门的职位，其工作性质迥然不同。

（四）职级（岗级）

职级是唯一的纵向划分，是同一职系不同岗位纵向分类中最重要的概念，指根据岗位工作任务、繁杂程度、责任大小、岗位资格等的不同，将同一职系内的岗位分成不同的岗位级别，各岗位级别实行不同的岗位管理与薪酬待遇。如大学教师可划分为助教、讲师、副教授和教授，各自薪资待遇不同。

（五）职等（岗等）

职系不同、工作性质不同或主要职务不同，但其工作任务、繁杂程度、责任大小、岗位资格等条件充分相同的职级归纳为职等。同一职等的所有职位，不管它们属于哪个职系的哪个职级，其薪金报酬基本相同。如教学系列中的讲师与行政系列中的科级干部的职务等级和薪酬待遇基本相同。职等与职级的区别在于：它不是同一职系内不同岗位之间的等级划分，而是不同职系之间的相似岗位等级的比较和平衡。

综上所述，职系、职组是按照组织岗位工作性质和特点对岗位所进行的横向分类，岗级和岗等是按照岗位的复杂程度、责任大小、技能要求、劳动强度及劳动环境等要素指标对岗位所进行的纵向分级。岗位分类的最终结果是在微观层面将组织的所有岗位纳入由职系、职组、岗级和岗等构成的岗位结构体系之中，以科学界定各个岗位的相对价值与地位，合理开展各个岗位的薪酬与福利管理。

三、岗位分类相关术语

（一）岗位分类与职业分类

职业分类是岗位分类的前提和基础，是与岗位分类密切相关的重要术语。职业分类与岗位分类是特殊与一般的关系，宏观层面的职业分类对微观企事业的岗位分类起着重要的指导和规范作用，同时，企事业的岗位分类也为职业分类体系的完善和丰富起到了促进作用。

职业分类是指按一定的规则和标准把一般特征和本质特征相同或相似的社会职业分成并归纳到一定类别系统中去的过程。确定职业分类、制定国家职业标准是构建国家职业资格体系的一项重要基础工作。随着市场就业机制的形成，职业资格证书制度已经成为我国就业制度的重要组成部分，它是加强职业能力建设、提高劳动者素质、促进就业和再就业的重要手段。

1986 年国家统计局和国家标准局参照国际标准和方法，首次颁布了中华人民共和国国家标准《职业分类与代码》（GB6565 – 1986），启动了编制国家统一职业分类标准的系统工程。《职业分类与代码》将全国职业分为 8 个大类、63 个中类、303 个小类。

1992 年国家劳动部会同国务院各行业部委组织编制了《中华人民共和国工种分类目录》，该目录根据管理工作的需要，按照生产劳动的性质和工艺技术的特点，将当时我国近万个工种归并为分属 46 个大类的 4 700 多个工种，初步建立起行业齐全、层次分明、内容比较完整、结构比较合理的工种分类体系，为做好职业分类工作打下了良好基础。

20 世纪 90 年代中期，随着社会主义市场经济体制的逐步建立和科学技术的迅猛发展，我国的社会经济领域发生了重大变革，对职业管理提出了新的要求。为此，国家提出要制定各种职业的资格标准和录用标准，实行学历文凭和职业资格两种证书制度。《中华人民共和国劳动法》规定："国家确定职业分类，对规定的职业制定职业技能标准，实行职业资格证书制度。"

1995 年 2 月，劳动和社会保障部、国家统计局和国家质量技术监督局联合中央各部委共同成立了国家职业分类大典和职业资格工作委员会，组织社会各界上千名专家，经过四年的艰苦努力，于 1998 年 12 月编制完成了《中华人民共和国职业分类大典》，并于 1999 年 5 月正式颁布实施。《中华人民共和国职业分类大典》是在广泛借鉴国际先进经验（如《国际标准职业分类》ISCO－88）和深入分析我国社会职业构成现状的基础上，按照工作性质同一性的基本原则，对我国社会职业进行了科学划分和归类，比较全面客观地反映了当时我国社会职业结构状况，体现了职业活动本身固有的社会性、目的性、规范性、稳定性和群体性的特征，是我国第一部对职业进行科学分类的权威性文献，填补了我国职业分类的空白，对加强职业教育和职业培训，推动职业资格证书制度建设，促进人力资源开发具有重要意义。《中华人民共和国职业分类大典》把我国职业划分为由大到小、由粗到细的四个层次：大类（8 个）、中类（66 个）、小类（413 个）和细类（1 838 个）。细类为最小类别，亦即职业。8 个大类分别是：第一大类：国家机关、党群组织、企业、事业单位负责人，其中包括 5 个中类，16 个小类，25 个细类；第二大类：专业技术人员，其中包括 14 个中类，115 个小类，379 个细类；第三大类：办事人员和有关人员，其中包括 4 个中类，12 个小类，45 个细类；第四大类：商业、服务业人员，其中包括 8 个中类，43 个小类，147 个细类；第五大类：农、林、牧、渔、水利业生产人员，其中包括 6 个中类，30 个小类，121 个细类；第六大类：生产、运输设备操作人员及有关人员，其中包括 27 个中类，195 个小类，1 119 个细类；第七大类：军人，其中包括 1 个中类，1 个小类，1 个细类；第八大类：不便分类的其他从业人员，其中包括 1 个中类，1 个小类，1 个细类。从职业结构看，职业的分布有三个特点：第一，技术型和技能型职业占主导。占实际职业总量 60.88% 的职业分布在"生产、运输设备操作人员及有关人员"这一大类，它们分属我国工业生产的各个主要领域。从这类职业的工作内容分析，其特点是以技术型和技能型操作为主。第二，第三产业职业比重较小，仅占实际职业总量的 8% 左右。三大产业中的职业分布，以第二产业的职业比重最大。第三，知识型与高新技术型职业较少。现有职业结构中，属于知识型与高新技术型的职业数量不超过总量的 3%。

为保证各地劳动力市场使用的职业分类与代码的科学和规范，有利于劳动力市场信息联网，劳动和社会保障部在主持编纂《职业分类大典》的同时，根据重新修订的职业分类国家标准《职业分类与代码》(GB/T6565－1999)和《职业分类大典》，制定了《劳动力市场职业分类与代码(LB501－1999)》，并于2002年进行了修改。新标准《劳动力市场职业分类与代码(LB501－2002)》分为6个大类，56个中类，236个小类，17个细类。

《中华人民共和国职业分类大典》颁布后，随着社会经济的发展和科技的进步，职业结构发生了相应的变化，产业结构的调整在职业领域也产生了相应影响，大量新的职业不断涌现，既包括全新职业，也包括原有职业内涵、从业方式因技术技能发展产生较大变化的更新职业。为及时反映这些新职业的发展变革，2004年8月起，劳动和社会保障部建立了新职业信息发布制度，对职业分类与职业标准开发实行动态管理，并通过信息发布制度，系统介绍新职业名称、定义、主要工作内容以及从业人员状况等情况。同时，劳动和社会保障部定期组织专家对《中华人民共和国职业分类大典》进行了增补修订，并及时颁布增补本(2005、2006、2007增补本)。《中华人民共和国职业分类大典(2005增补本)》是在保持总体框架不变的原则下，重点对信息产业、现代服务业和制造业领域的新职业进行增补，共77个职业；《中华人民共和国职业分类大典(2006增补本)》结合新职业信息发布重点对信息产业、现代服务业和制造业领域的新职业(工种)以及信息产业新调整的职业进行增补，共82个职业(工种)；《中华人民共和国职业分类大典(2007增补本)》在保持基本结构和分类原则不变的情况下，收录了2007年发布的31个新职业，主要是现代服务业、制造业等领域的新职业。实践证明，新职业的开发对引导职业教育和职业培训改革、规范企业用工和从业人员从业行为、促进就业和再就业、完善劳动力市场建设、加强人力资源能力建设具有重要作用。

为了适应我国经济社会发展和人力资源管理的新需要，在职业分类上更加科学规范，内容上更加准确完整，2015年7月30日，国家职业分类大典修订工作委员会全体会议在北京召开，会议颁布了2015版《中华人民共和国职业分类大典》，主要从下列四个方面进行了修订与调整：第一，职业分类体系的调整。2015版《职业分类大典》调整后的职业分类结构为8个大类、75个中类、434个小类、1 481个职业，与1999版相比，2015版维持了8个大类不变，增加9个中类和21个小类，减少了547个职业(新增347个职业，取消894个职业)，新增职业包括“网络与信息安全管理员”“快递员”“文化经纪人”等，取消职业包括“收购员”“平炉炼钢工”“凸版和凹版制版工”等。第二，职业信息描述内容的修订。2015版《职业分类大典》维持142个类别信息描述内容基本不变，修订220个、取消125个、新增155个类别信息描述内容；同时，维持612个职业信息描述内容基本不变，修订522个、取消552个(不含342个“其他”余类职业)、新增347个职业信息描述内容。第三，职业信息描述项目的调整。2015版《职业分类大典》将1999版“下列工种归入本职业”的表述调整为“本职业包含但不限于下列工种”，其含义有两个：一是同时包括与对应职业名称重名的工种；二是对检验、试验、修理、包装、营销等因其工作性质相似、数量众多、无法穷尽的工种未予列举。第四，绿色职业的确认与标识。2015版《职业分类大典》对具有“环保、低碳、循环”特征的职业活动进行研究分析，将部分社会认知度较高、具有显著绿色特征的职业确定为绿色职业，共计127个；首次对绿色职业进行了标识，统一以汉语拼音首字母“L”进行标识，如环境监测员、太阳能利用工、轮胎翻修工等职业。2015版《职业分类大典》全面客观地反映了现阶段我国社会的职业构成、内涵、特点和发展规律，标志着我国职业分类管理工作进入了一个新的发展阶段。

各类职业分类标准是以企业单位、国家机关岗位分类为基础制定的，这类标准建立之后，企业单位在进行岗位分类时便可依据、参照或执行这些标准。

（二）岗位分类与职位分类

职位分类是以公务员职位为对象，以职位的工作性质、难易程度、责任大小及所需资格条件为评价因素，把职位划分成不同的类别和等级，作为人事管理基础的一种人事分类方法。职位分类制度是公务员各项管理制度的基础和依据。我国《公务员法》第十六条规定：国家实行公务员职位分类制度。实际上是 以职位分类为基础，职位分类与品位分类相结合。

企业岗位分类与国家公务员的职位分类在功能定位、制定程序、适用范围、研究对象、实施难度等方面有许多相似之处，但也有一定的区别。

1. 功能定位和制定程序不同

职位分类作为一种国家公务员人事行政制度，一般是由国家专门的组织机构负责制定，经过国家立法程序，以法律的形式公布、实施，带有很大的强制性。企业岗位分类则根据企业的实际情况具体制定、实施，上级主管部门提出的分类方法是参考性标准，不具有强制性。

2. 适用范围和研究对象不同

职位分类适用于国家各级政府及其职能部门和机构，研究对象和规定的范围是国家公务员的各级各类岗位；岗位分类适用于实行职位分类法以外的各种企业、事业单位，考察及研究的对象是企业单位中的各类生产、技术、经营、管理、服务岗位。

3. 实施难度和运行过程不同

一个国家公务员人事行政职位分类制度的形成往往需要十几年甚至几十年的时间，在经历不断摸索、调整和修改后，才能形成一套比较完善的、切合实际的职位分类体系，可以说职位分类在国家整个人事行政管理中是最重要、最复杂和最难处理的问题；企业岗位分类无论在实施难度还是运行过程方面，相对来说都比较容易一些。

（三）岗位分类与品位分类

品位分类（rank classification）是指以人的学历、资历和贡献大小为条件，将人员分成不同的品级，为人员聘用、考核、晋升、培训、奖励和薪酬等各项管理提供依据。英国是最早推行品位分类的国家。“rank”一词的含义是按高低大小排列而成的等级。由于中国古代文官制度用“品”来表示官员的等级，故译为“品位分类”。目前，品位分类仍是英国公务员制度的基础。高等行政官居于领导者的地位，较高级的官吏不但应有较高的特别大学教育或训练，而且其门第、家世及出身在社会上应有较高的声望。

岗位分类和品位分类的区别：

（1）分类标准不同。岗位分类以事为标准，事在人先，以事择人；品位分类以人为标准，人在事先，以人择事。

（2）分类的依据不同。岗位分类的依据是工作岗位的性质、繁简难易、责任轻重和所需资格条件，对事不对人；品位分类根据对人员的资历、学历和贡献程度分析，达到对人员进行分类的目的，对人不对事。

（3）适用范围不同。岗位分类适用于专业性、机械性、事务性强的岗位；品位分类适用于工作经常变化、工作效果不易量化的岗位或工作。

四、岗位分类的功能

岗位分类对组织发展来说至关重要，是各项人力资源管理科学化的基础，是实现对工作人员有效管理的保障，是组织开展岗位科学管理和持续发展的重要基础和前提，为实现人力资源工作的简化和公平准确创造了条件。其主要功能具体体现在以下几个方面。

（1）通过岗位分类可以科学构建组织内部完整的岗位结构体系，明确各个岗位的性质及其地位，便于发现组织中机构重叠、层次过多、职能交叉、授权不当、人浮于事、责任不明等问题，有利于组织岗位的科学管理。

（2）岗位横向分类明确了各个岗位的部门归属，有利于加强岗位分工管理与部门岗位之间的相互协作，岗位分类是组织设计科学化、系统化的主要手段，大大提高了岗位人员的工作效率，为各个部门定岗定员工作的开展打下基础，也给组织结构设计的改进明确了方向。

（3）岗位纵向分级划分出组织中岗位的纵横关系，明确了岗位之间的上下级关系，为部门内部岗位员工提供了职业生涯发展路径，能够调动员工的积极性、主动性，提高个体工作效率，促进员工的发展。此外，岗级相同的工作人员在一定条件下可以合理流动，实现岗位与人员的科学配置与优化等。

（4）岗位归级列等为组织内部岗位人员的薪酬管理提供了科学依据。“岗薪制”是依据岗位分级制定岗位工资的一种付薪模式。岗位纵向级别的划分是确定合理的工资差别或奖金差别的基础；岗位等级相同的确定是为了实现同工同酬，即完成同等价值的工作，支付同等的报酬。岗位分类是实现同工同酬，建立公平、合理的工资制度的基础和依据，有助于调动工作人员的工作积极性。

五、岗位分类的意义

岗位分类的意义体现在以下几个方面。

第一，岗位分类是各项人力资源管理科学化的基础。实行工作岗位分类后，可以避免人力资源管理工作中的“才职不称”“权责不清”“劳逸不均”“待遇不公”等弊端和问题。

第二，岗位分类是实现对工作人员有效管理的保障。岗位分类明确了各个岗位的主要任务和职责，为各岗位工作人员的绩效考核与薪酬管理提供科学依据和重要保障。

第三，岗位分类为实现人力资源管理的简化和公平准确创造了条件。组织岗位的横向分类、纵向分级和归级列等活动，不但简化了人力资源管理工作，提升了人力资源管理水平，而且为各岗位开展科学、公正、公平的其他人力资源管理活动提供了坚实可行的基础。

第2节 岗位分类的原则与标准

一、岗位分类的原则

工作岗位分类的基本原则是以“事”为中心，从企业实际出发，岗位的划类、归级、列等要力求适用、准确、可靠和精简。

（一）系统规划原则

岗位分类的主要目的就是从系统论的角度出发，科学构建一个横向部门划分与纵向层级定位交叉的岗位整体系统，以明确组织内部岗位的横向合作与纵向管理关系，进而开展科学的岗位管理工作。

（二）结构合理原则

组织内部岗位体系从宏观上可分为管理系列（M系列）、技术系列（T系列）和生产系列（W或O系列）。一般来说管理系列的岗位要相应少些，实现扁平化，提高沟通效率，节省管理成本；技术系列和生产系列的岗位可以结合组织的实际情况合理地多一些。

（三）横向归属原则

在岗位横向分类过程中，某一岗位务必实现系统或部门归属归类，不能出现模糊不定的情况。在岗位横向分类过程中，应遵循以下原则：单一原则、程度原则、时间原则和选择原则。岗位横向分类还应该注意以下问题：一是直接生产人员岗位的分类应根据企业的劳动分工与协作的性质与特点来确定，管理人员岗位的分类则应以他们具体的职能和责任来确定；二是岗位大类、中类和小类的数目多少与岗位划分的粗细程度有关，在岗位分类粗细选择方面，应以实用为第一原则，不宜将类别划分得过细，可通过控制类别的数目来限制划分的粗细程度。

（四）纵向能级原则

在岗位纵向分类过程中，同一系列或部门内部岗位之间的差别是客观存在的，主要体现在工作职责、工作任务、工作条件、人员资格及能力要求等方面，根据企业的生产类型、岗位的性质和特征，确定评价要素的地位和重要程度。如技术密集型企业，可将岗位技能要求因素排在首位；劳动密集型企业，可将岗位工作责任或劳动强度排在首位；技术工种岗位可依据岗位所配置设备的繁简难易、精确程度、价值高低等因素来评价；熟练工种岗位可根据对产品成本、质量、数量所负的责任进行评价。

（五）精简合理原则

精简合理原则是指一个组织的岗位分类分级数量不宜过多，要遵循数量精简与科学合理原则。岗位分类超过科学合理的数量会造成岗位虚设、机构膨胀、人浮于事；低于科学合理的数量则会造成职位短缺、人手不足，影响组织目标的实现。精简合理原则确保了组织机构的效率与效益。岗位横向分类宜少不宜多，一般组织应控制在两个类别以下，比较复杂的大型企业单位最多也不要超过三个类别，如管理类、技术类和生产类等；纵向岗位分级要坚持实事求是的原则，客观地进行岗位评价，明确各个岗位的重要性及其对组织的影响程度，科学地进行层级划分与合理定位，尽量减少组织中的管理层级，缩短命令链，进而提升信息传递的速度与管理效率。

（六）整分合原则

整分合原则是指一个组织必须在整体岗位结构规划下明确分工，在分工基础上进行有效合作，以增强整个组织的效应。在进行岗位分类时，应以组织的总目标与总任务为核心，从上至下层层分解，分解为一个个具体的分目标、分任务与子目标、子任务，直至分解落实到每一个岗位上。然后，对这些岗位从下至上进行综合，层层保证，确定各岗位上下间的隶属关系与左右间的协调合作关系，以确保实现组织系统的整体功能。

二、岗位分类的标准

（1）根据系统性原则，按照岗位的业务性质对岗位进行横向归类，找出岗位之间的内在本质联系，将关键业务要素相似的岗位归为一类。例如，虽然大学教师和中学教师在具体教学对象和教学方法上存在很大差别，但其工作性质是相同的，所以将他们归为一个类别。

（2）岗位分类的结构要科学合理。一般来说，组织中高层次的岗位如决策层、管理层的岗位要相对少一些，低层次的基层岗位如执行层、操作层的岗位应相对多一些，一般应呈金字塔形。

（3）岗位分类的依据是客观存在的“事”。从实际工作的性质、特征、任务量等具体情况出发，对岗位进行分类分级，而不能依据被调查者的简单陈述。一般来说，被调查岗位的现任者总是将自己的位置放在主导地位上，强调自己的岗位工作如何重要，工作量如何大，劳动条件如何差，等等。为了保证岗位分类的科学合理性，必须坚持实事求是的原则，以工作事实为依据，以分类标准为准绳。

（4）岗位分类反映了岗位工作诸因素上的差别。差别是客观存在的，但岗位分类在体现这些差别时要适度，既不应过大，也不应过小。在进行岗位分类时，过大过粗不能准确区分出岗位的差异；过小则会造成专业划分过细，造成管理过于僵化，缺乏弹性。近年来，随着岗位工作本身丰富化和扩大化的发展，岗位分类也呈逐渐粗线条管理和结构简化的发展趋势。

（5）岗位分类一般是静态分类。岗位分类归等，经过一段时间后，个别岗位的工作职责会发生变化，职责增加或者减少，导致工作的繁简难易程度以及人员资格条件发生变化。这样，就需要对岗位进行重新分类。为保证岗位分类具有良好的使用性，在分类过程中，要充分考虑这种情况，并做好预测，为分类留有一定的余地。这样，当未来岗位发生变化时，只需做一些较小的变动，就能适应组织管理的需要。

第3节 岗位分类的步骤

岗位分类是岗位科学管理的前提和基础，是一项复杂的系统性工程。进行岗位分类前，首先应开展好岗位调查工作，收集有关岗位的各种资料，包括组织结构图、工作岗位说明书、工作日志和员工手册等重要文件资料，科学、客观、全面地了解组织各个岗位的名称、特点与任务等信息，作为分类的依据。之后，岗位分类可以采取下列主要步骤。

一、岗位横向分类

（一）岗位横向分类的定义

岗位横向分类是根据各种岗位工作的不同性质和特点，以及按岗位在企业中的作用，将组织中看似繁杂的各种岗位划分为职门（大类）、职组（中类）和职系（小类）的过程。

（二）岗位横向分类的原则

在微观组织中，岗位横向分类在遵循单一原则、程度原则、时间原则和选择原则的前提下，可以基于组织结构的框架与体系，深入分析组织中所有岗位的工作性质、特征及其影响范围，将其划分、归属为不同的系统或部门。

（三）岗位横向分类的步骤

岗位横向分类的主要步骤如下。

首先，将企事业单位内全部岗位按照工作性质划分为若干大的职业门类，即职门划分。

其次，将各职门内的岗位，根据工作性质的异同继续进行细分，将大类细分为中类，把性质相同的工作岗位归入相同的职组，即职组划分。

最后，将同一职组内的岗位再一次按照工作的性质进行划分，即将大类下的中类再细分为若干小类，把性质相同的岗位组成一个职系，即职系划分。这也是岗位横向分类的最后一步，每一个职系就是一种专门的职业。

岗位横向分类步骤见图 8－1。

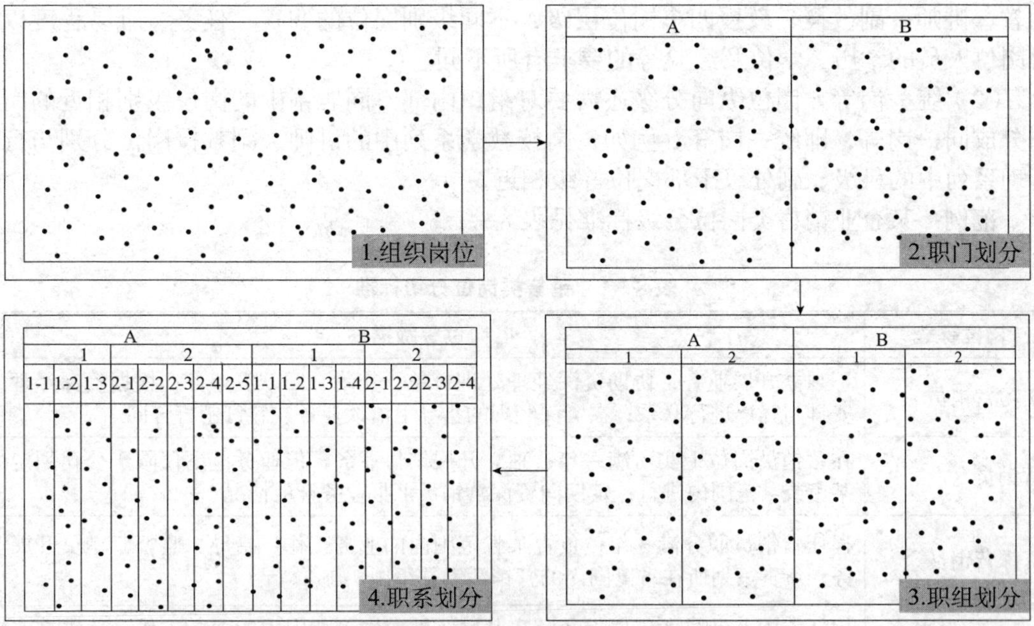

图 8-1 岗位横向分类示意图

（四）岗位横向分类方法

岗位横向分类的方法包括：（1）按照岗位承担者的性质和特点，对岗位进行横向区分；（2）按照岗位在企业生产过程中的地位和作用分类。

（五）岗位横向分类注意事项

在对岗位进行横向分类时，应注意以下几点：

（1）大型企事业单位的岗位分类范畴最多不宜超过三个层次。

（2）生产人员岗位的分类应根据企业劳动分工与协作的性质与特点进行，管理人员岗位的分类则应以其具体职能来划分。

（3）大类、小类的数目多少与划分的粗细程度有关，企事业单位在分类粗细方面，应以实用为第一原则，不宜将类别划分得过细。

二、岗位纵向分级

（一）岗位纵向分级定义

岗位纵向分级是在岗位横向分类的基础上，根据某一系统或部门内部岗位的工作职责、工作任务、难易程度以及人员资格、能力要求以及经验水平等因素，对同一职系中的岗位划分出不同的级别，即划分岗级。

（二）岗位纵向分级步骤

（1）按照预定的标准进行岗位排序，并划分出岗级。例如，高校教学岗可以划分为助教、讲师、副教授、教授四个岗位层级，不同级别岗位的职责、任务、难易程度以及对岗位人员的学历、学位及经验等的要求有所不同。

（2）统一岗等。岗位纵向分级还需要对组织内部不同职系中的岗位级别相近的岗位划分成同一岗等，即统一岗等。例如，高校教学系列中的讲师、副教授岗位分别与行政管理系列中的科级、副处级干部岗位等级相近。

范例：某企业销售类岗位分级标准见表 8－1。

表 8－1　销售类岗位分级标准

岗位等级	岗位等级描述
实习营销员	不独立开展业务，协助资深经理处理订单、交货、回款等业务；根据资深经理的安排与客户进行联系；在资深经理的指导下洽谈业务、签订销售合同
营销员	在营销员岗位上实习满一年；独立开展销售业务，但业务范围仅限于公司划定的某市或县范围内进行；定期向资深营销员汇报业务开展情况
资深营销员	担任营销员职务满 3 年；负责某省范围内的业务工作，指导、监督营销员开展业务；负责策划所在省范围内的营销活动并组织实施
片区经理	担任资深营销员 3 年以上；负责某区（辖数省）范围内的业务工作；负责在本辖区内落实公司的营销策略
销售中心经理	担任片区经理 3 年以上；主持公司的产品销售和市场开拓工作；在营销副总的指导下制定公司的营销策略，确保完成公司的营销计划

资料来源：陈庆 . 岗位分析与岗位评价 . 北京：机械工业出版社，2011.

（三）岗位纵向分级方法

生产性岗位纵向分级方法：

（1）选择岗位评价要素。

（2）建立岗位要素指标评价标准表。

（3）按照要素评价标准对各岗位打分，并根据结果划分岗级。

（4）根据各个岗位的岗级统一归入相应的岗等。

管理性岗位纵向分级方法：

（1）精简企业组织结构，加强定编定岗定员管理。

（2）对管理岗位进行科学的纵向分类。

（3）评价要素项目分档要多，岗级数目也应多于直接生产岗位的岗级数目。

（4）在对管理岗位划岗归级后，应对管理岗位岗级统一列等。

（四）岗位纵向分级注意事项

首先，坚持岗位纵向划分科学性与灵活性相结合的原则；

其次，开展专家评审辅助工作，保证岗位评价及分类的工作质量；

再次，科学、客观、合理确定评价因素的等级，以提高岗位评价的精确程度。

三、岗位归级列等

岗位归级指同一系列或部门岗位的纵向分级（职级），岗位列等是不同系列或部门之间岗级相同或相近的列为一等（职等）。

岗位归级列等是岗位纵向分级与横向列等的交叉融合，最终构建：（1）组织内部职级与职等相互交叉的岗位体系，见图 8－2；（2）不同体系、不同组织的岗位之间的职组、职系、职级和职等交叉对应结构表，见表 8－2。

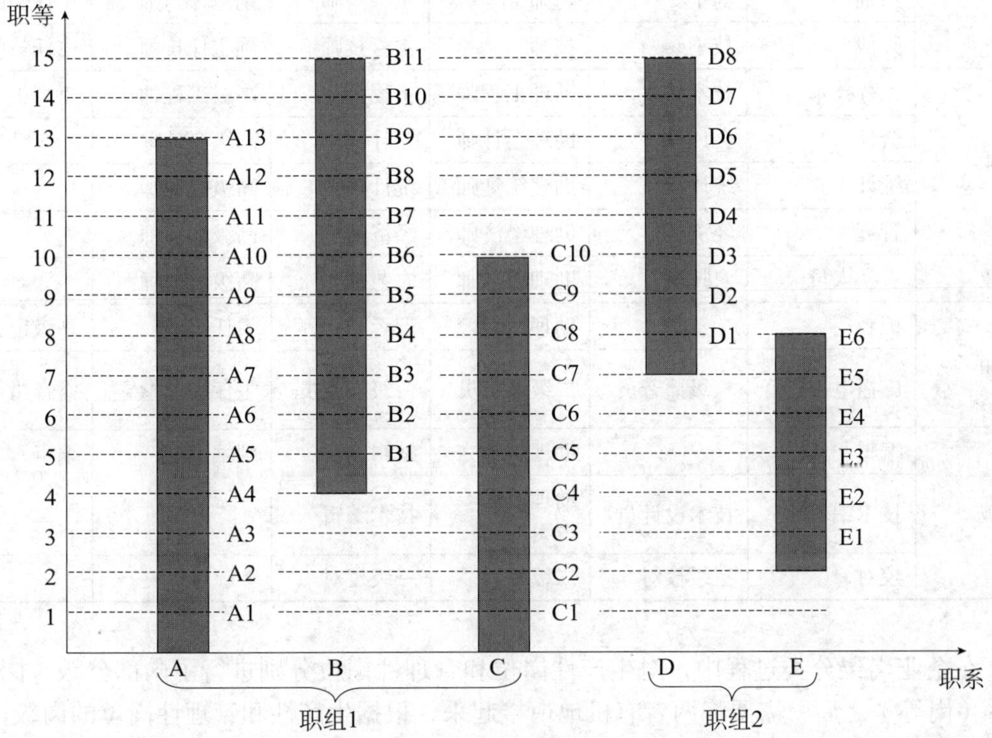

图 8－2　岗位归级列等示意图

岗位分类应建立在科学化和系统化的理论基础之上，它以职位为基本元素，是职系、职组与职级、职等交叉构造而成。

表 8－2　不同体系、不同组织岗位之间职组、职系、职级和职等交叉对应结构表

职组	职系 / 职级 / 职等	5	4	3	2	1
		员级	助级	中级	副高职	正高职
高等教育	大学教师		助教	讲师	副教授	教授
	科研人员		助理工程师	工程师	高级工程师	
	实验人员	实验员	助理实验师	实验师	高级实验师	
	图书、资料、档案	管理员	助理馆员	馆员	副研究馆员	研究馆员
科学研究	研究人员		研究实习员	助理研究员	副研究员	研究员

续表

职组 \ 职系 \ 职级 \ 职等		5 员级	4 助级	3 中级	2 副高职	1 正高职
医疗卫生	医疗、保健、预防	医士	医师	主治医师	副主任医师	主任医师
	护理	护士	护师	主管护师	副主任护师	主任护师
	药剂	药士	药师	主管药师	副主任药师	主任药师
	其他	技士	技师	主管技师	副主任技师	主任技师
企业	工程技术	技术员	助理工程师	工程师	高级工程师	正高工
	会计	会计员	助理会计师	会计师	高级会计师	
	统计	统计员	助理统计师	统计师	高级统计师	
	管理	经济员	助理经济师	经济师	高级经济师	
农业	农技人员	农技员	助理农艺师	农艺师	高级农艺师	
新闻	记者		助理记者	记者	主任记者	高级记者
	广播电视播音	三级播音员	二级播音员	一级播音员	主任播音指导	播音指导
出版	编辑		助理编辑	编辑	副编审	编审
	技术编辑	技术设计员	助理技术编辑	技术编辑		
	校对	三级校对	二级校对	一级校对		

在企业岗位分类过程中，对生产性岗位和管理性岗位分别进行了内部分级（岗级）列等（岗等）之后，需要将两者有机地衔接起来，根据生产性和管理性岗位的岗级，完成岗位的统一列等。

四、构建岗位结构图，编写岗位规范

根据岗位分类的结果，鉴于组织各类岗位的分布状况，构建组织岗位分类结构图；编写、完善组织内部各类岗位规范及岗位说明书，在岗位横向分类和纵向分类基础上对每一岗位制作标准化和尽可能定量化说明的书面文件，确保岗位分类制度的贯彻执行，为组织岗位的科学管理提供依据。

本章小结

本章主要介绍了岗位分类的定义，岗位分类专业术语与相关术语，岗位分类的功能与意义，岗位分类的原则与标准，岗位横向分类的定义、原则、步骤、方法与注意事项，岗位纵向分级的定义、步骤、方法与注意事项。

本章习题

1. 简述岗位分类的定义、功能与意义。
2. 简述岗位分类的原则与标准。
3. 简述岗位横向分类的主要步骤。
4. 简述岗位纵向分级的步骤与方法。
5. 简述岗位横向分类与纵向分级的注意事项。

团队练习

通过本章内容的学习，对工作岗位分类的原则、标准、步骤及方法有了一定的掌握。在这个练习中，参与者根据岗位分类的步骤与方法，选择一家比较了解的企业开展岗位分类调研工作。每组以4人为宜，小组成员通过对该企业岗位分类的深入调研，掌握该企业岗位分类的基本情况，并提出改进该企业岗位分类的合理建议。

第一步，创建岗位分类调研小组。根据成员自愿的原则，组建4人岗位分类调研小组。

第二步，选择比较了解的企业，对该企业的岗位分类情况进行调研，调研信息涉及该企业各个岗位的类型、性质、数量与结构等，了解该企业岗位横向分类、纵向分级的步骤与方法，获取岗位分类的相关文件资料和一手调研资料。

第三步，各小组在对企业岗位分类进行深入调研之后，结合所获取的岗位分类资料撰写调研报告，调研报告的内容包括：（1）企业岗位的类型、性质、数量、结构等；（2）企业岗位横向分类和纵向分级的依据、步骤和方法；（3）企业岗位分类存在的问题和影响因素；（4）企业岗位分类改进的建议与对策。

第四步，每个小组选派1名代表，按照指导者指定的顺序和汇报要求，分别进行岗位分类调研汇报，汇报时间为10分钟。

本练习通过开展企业岗位分类调研活动，在获取岗位分类资料与信息的基础上，科学分析当前企业岗位分类存在的主要问题及影响因素，并结合所学的岗位分类知识与技能提出改进的建议，为企业开展科学、合理的岗位分类打下坚实基础。参与者在团队练习过程中，不仅可以锻炼团队成员之间的协作能力、观察能力、分析能力及归纳能力，还能够运用所学的岗位分类知识帮助企业提升岗位分类及管理效率，科学创建岗位结构框架图，有效发挥各个岗位的效能，进而提升组织整体绩效。

案例分析

案例一

A公司是中国电力机车主要研制生产基地之一，公司主要产品为电力机车、城轨车辆、轨道工程车辆等，现有员工万余名，资产总额几十亿元，先后通过ISO9001质量管理体系、ISO14001环境管理体系和OSHMS职业安全健康管理体系认证。随着国家经济体制改革和企业管理体制改革的不断深入，企业面临日趋激烈的市场竞争，该公司认为定岗定编是进一步规范职位及人员配置标准，提升组织和个人工作效率，有效降低运行成本，防范企业经营风险，提升精细化管理水平的重要手段之一，是适应新形势的必然选择。

该公司邀请北京华恒智信人力资源顾问公司实施定岗定编项目。华恒智信专家组深入现场调研，对组织结构、岗位职责、制度、流程、信息数据、各层级人员访谈、工作量模板设计与验证、工作写实、工作量核定等进行了研究，发现了一些问题：（1）人均工作饱和度普遍不高；（2）在实际生产过程中，忙闲严重不均衡；（3）管理不配套、技术不配套、供应不配套等。华恒智信专家组针对公司实际，采取分层分类的方式而不是单一的方式进行定岗定编。有的侧重编制调整，有的是定岗优化，有的是合理的组织合并，有的是工作方式的改变，有的增加相应职能等；职能部门重点在定岗，生产部门重点在定编。

华恒智信专家组在定岗定编过程中，首先将岗位进行分类，包括直接生产类、职能保障类、经营管理类、工程技术类和辅助类；其次结合每类岗位的特点，确定每一类岗位定岗定编的主要因素。华恒智信顾问专家团队经过几个月的现场访谈、培训、写实与分析等，系统地对各类岗位进行梳理，科学地开展定岗定编工作，为该公司进一步规范岗位及人员配置标准，提升组织和个人工作效率，降低人工成本，提升企业竞争力奠定了坚实基础。

资料来源：https：//bbs.pinggu.org/thread-2966368-1-1.html.

请结合案例回答下列问题：

1. 为什么华恒智信专家组在定岗定编过程中首先要进行岗位分类？

2. 你认为岗位分类的原则和标准有哪些？

案例二

A 企业是中关村地区一家民营高科技企业，在国内数码产品研发及制造领域占有一席之地，并拥有一定的产品市场份额。虽然 A 企业一直以来十分注重人才引进和创新管理，但是该企业管理人员、技术研发人员、生产制造人员及后勤服务人员的工作岗位多年来很少进行调整。目前，外部竞争环境的急剧变化迫使该企业意识到需要对全部工作岗位进行重新分类与设计，以减少管理成本和人力成本，提高工作效率。企业高层领导认为，工作岗位的分类与设计是一项较为简单的人事管理工作，在较短时间内即可完成。人力资源部经过细致的调查研究认为，该项工作要根据企业的组织结构来确定岗位的横向分类和纵向设置，要依据岗位分类的基本原则，确定不同职能部门以及同一职能部门不同层级的岗位评价指标和评价体系，并参照一定的国家职业分类标准进行，这项工作需要一定的时间才能完成，而且需要各部门的积极配合才能确保顺利开展，这不是一件简单且较快就能够完成的事情。

请结合案例回答下列问题：

1. 你认为企业高层领导和人力资源部谁的观点更科学、更合理呢？

2. 如何科学开展工作岗位分类工作呢？

延伸阅读

国外高校教师岗位分类

国外高校尤其是发达国家的一流大学很早就对教师岗位进行了合理的界定和分类，并在此基础上进行有效的管理。

1. 国外一流大学教师岗位分类管理现状

美国的高校一般仅将从事教学工作的岗位界定为教师岗位，将教师岗位上的从业人员称为“faculty”，包括教师在内的所有教职员工则称为“staff”。美国高校对教师岗位的分类主要有两种：一种是按照教师岗位的层次划分，一般分为教授、副教授、助理教授、讲师、教员五个层次；另一种是按照聘用时间的长短划分，将教师岗位分为终身教职岗位、终身教职轨道岗位和非终身教职岗位三类。从对应关系上来看，一般将教授和副教授定为终身教职岗位，将助理教授（也有高校包括副教授和讲师）定为终身教职轨道岗位，将讲师和教员定为非终身教职岗位，非终身教职岗位又可分为固定聘期岗位和临时聘用岗位。这样，就将教师岗位的分类有机地结合了起来（见表1）。

表1 美国高校教师岗位分类设置情况一览表

<table>
<tr><td>分类Ⅰ</td><td>教授</td><td>副教授</td><td>助理教授</td><td>讲师</td><td>教员</td></tr>
<tr><td>分类Ⅱ</td><td colspan="2">终身教职教师</td><td>终身教职轨道教师</td><td colspan="2">非终身教职教师</td></tr>
</table>

从表1可以看出，美国高校将教师岗位在分层的基础上设置了终身教职和非终身教职，终身教职的教师岗位没有晋升或考核的压力（或压力很小），非终身教职的教师岗位实施“非升即走”的政策，在晋升为终身教职之前压力非常大。美国高校的终身教职一般包括教授和副教授，有些高校如哈佛大学只将教授定为终身教职岗位，副教授也属于终身教职轨道岗位，也面临着“非升即走”的压力。

英国的高校教师岗位分类主要有三种：一是按照职责划分，分为教学科研岗（岗位主要包含科研和教学）、科研岗（岗位全部或主要集中于科研）、教学岗（岗位全部或主要集中于教学）三类。这三类岗位的人员在满足一定的条件时可以相互转岗。如诺丁汉大学规定，只关注科研或只关注教学的人员在科研和教学同时开展工作时，可申请升职至讲师。二是按照级别（层次）划分，教学科研岗主要分为教授、准教授、高级讲师、讲师四类；教学岗主要分为讲师、教学助理、助教三类；科研岗即教育研究工作者，主要分为高级研究员、研究员、助理研究员三类。三是按照聘期长短划分，上述岗位中，教授、准教授和高级讲师没有规定任期，类似于终身教职；讲师及其他类别一般实行聘任制（非终身教职）。即在英国的高校教师队伍中既有终身教职的教授，也有非终身教职的临时讲师和短期契约的雇佣教师（见表2）。

表2 英国高校教师岗位分类设置情况一览表

<table>
<tr><td rowspan="2">分类Ⅰ</td><td colspan="4">教学科研岗</td><td colspan="2"></td><td colspan="3" rowspan="2">科研岗</td></tr>
<tr><td colspan="3"></td><td colspan="3">教学岗</td></tr>
<tr><td rowspan="2">分类Ⅱ</td><td rowspan="2">教授</td><td rowspan="2">准教授</td><td rowspan="2">高级讲师</td><td>讲师</td><td>教学助理</td><td>助教</td><td>高级研究员</td><td>研究员</td><td>助理研究员</td></tr>
<tr><td>5级</td><td>4级</td><td>4a级</td><td>5级</td><td>4级</td><td>4a级</td></tr>
<tr><td>分类Ⅲ</td><td colspan="3">无聘任期限</td><td colspan="6">固定聘期或短期聘任</td></tr>
</table>

德国高校的教师岗位主要分为教授和教授辅助人员两大类。教授是由政府任命的具有终身教职的国家公务员，通常是讲座持有者和一个研究所的领导者，是大学教师职业生涯的最高阶段。教授又分为讲座教授、C4 级教授（相当于教授）、C3 级教授（相当于副教授）、C2 级教授（相当于讲师）。教授辅助人员分为助手和学术雇员两类。助手是有限期聘用职位，最多 6 年他们必须离开现在的位置，因此他们必须要在 6 年内获得教授备选资格，然后在另一所大学谋求教授职位（见表 3）。

表 3　德国高校教师岗位分类设置一览表

<table>
<tr><td rowspan="2">分类Ⅰ</td><td colspan="4" rowspan="2">教授</td><td colspan="5">教授辅助人员</td></tr>
<tr><td colspan="2">助手</td><td colspan="3">学术雇员</td></tr>
<tr><td>分类Ⅱ</td><td>讲座教授</td><td>C4 级教授</td><td>C3 级教授</td><td>C2 级教授</td><td>大学讲师</td><td>高级助教</td><td>高级技师</td><td>艺术助教</td><td>学术助教</td></tr>
<tr><td>分类Ⅲ</td><td>长期聘任</td><td colspan="5">固定期限聘任</td><td colspan="2">无固定期限聘任</td><td>固定期限聘任</td></tr>
</table>

2. 国外一流大学教师岗位分类管理特点

一是教师岗位边界清晰，分类明确。在美国的高校中，教师岗位就是从事本科生和研究生教育教学的岗位，虽然也会要求教师从事学术研究，并且要求很高，但是为本科生和研究生上课是教师岗位最根本的特征。其他包括研究人员、教学辅助人员和行政管理人员都不属于教师岗位序列。除了边界清晰之外，美国大学教师岗位的分类也很清晰，主要是依级别和聘任方式的不同进行划分。从聘任方式看，主要是终身聘用、固定期限聘用和临时聘用三种方式，其中终身聘用的教授、副教授一般占到教师岗位数的 20% 左右。

二是终身教职岗位的设置和“非升即走”、竞争择优的机制确保了教师队伍稳定性和流动性的有机结合。公开招聘、竞争择优的聘用方式和“非升即走”的机制使优秀的人才留在了教师队伍中，淘汰了不合格的申请者；终身教职岗位的设置则使优秀的人才安心教学与科研，并按照自己的兴趣自由地开展学术研究，有利于产出原创性、基础性的优秀科研成果，与人才培养形成良性的互动。这种稳定性和流动性有机结合的岗位管理方式使高校可以长期拥有一支高素质的教师队伍，产出最优秀的成果并培养富有创造力的学生。

三是多元化的用人导向和“远缘杂交”的用人原则确保了教师队伍在教学、科研方面的开放性和创造力。多元化、国际化的教师队伍和学术渊源的多源性避免了学术上的近亲繁殖，使教师队伍保持思想上的多元化和开放性，以确保新思想、新观点不断产生。

四是全面的评价方式和重视质量的导向使教师队伍更加重视平衡发展和原创性成果。欧美一流大学对教师进行全面的评价，包括学术评价、教学评价和公共服务评价。其中学术评价以同行评议为主，更重视研究质量和学术同行的认可；教学评价以学生评价为主，这就要求教师不仅要做好学术研究，更要做好教学工作；公共服务评价则采取多种方式，包括担任学院（系）的行政职务、为社会或社区服务等，以此来提高教师奉献社会的意识。

五是基于人力资源开发的支持与培训体系有利于发挥教师队伍的潜能。人力资源开发的出发点和落脚点都是激发人的潜能和正能量。欧美大学中有很多针对教师在职业发展中需要进一步提高或改进的培训与支持项目，帮助教师挖掘潜能、发挥特长。

资料来源：王金友，蒲诗璐，等．高校教师岗位分类管理刍议——国外一流大学的经验和我国高校的实践．四川大学学报（哲学社会科学版），2014（2）．

参考文献

［1］安鸿章. 工作岗位的分析技术与应用［M］. 天津：南开大学出版社，2001.

［2］安鸿章. 现代企业人力资源管理. 2 版［M］. 北京：中国劳动社会保障出版社，2003.

［3］安鸿章. 工作岗位研究［M］. 北京：中国传媒大学出版社，2005.

［4］安鸿章. 工作岗位研究原理与应用. 3 版［M］. 北京：中国劳动社会保障出版社，2012.

［5］边文霞. 岗位分析与岗位评价：实务、案例、游戏［M］. 北京：首都经济贸易大学出版社，2011.

［6］陈庆. 岗位分析与岗位评价. 2 版［M］. 北京：机械工业出版社，2011.

［7］董临萍. 工作分析与设计［M］. 上海：华东理工大学出版社，2008.

［8］付亚和. 工作分析. 2 版［M］. 上海：复旦大学出版社，2010.

［9］高艳. 工作分析与职位评价. 2 版［M］. 西安：西安交通大学出版社，2012.

［10］葛玉辉. 工作分析与工作设计实务［M］. 北京：清华大学出版社，2011.

［11］金东日. 现代组织理论与管理. 2 版［M］. 天津：天津大学出版社，2010.

［12］李春波. 组织设计与发展［M］. 北京：北京大学出版社，2014.

［13］李文辉. 工作分析与岗位设计［M］. 北京：中国电力出版社，2014.

［14］李中斌. 工作分析理论与实务［M］. 大连：东北财经大学出版社，2011.

［15］刘巨钦，等. 现代企业组织设计［M］. 上海：上海三联书店，2007.

［16］刘松博，龙静. 组织理论与设计. 2 版［M］. 北京：中国人民大学出版社，2009.

［17］潘泰萍. 工作分析：基本原理、方法与实践［M］. 上海：复旦大学出版社，2011.

［18］邱国栋. 当代企业组织研究：管理变革与创新［M］. 北京：经济科学出版社，2003.

［19］任浩. 现代企业组织设计［M］. 北京：清华大学出版社，2005.

［20］孙宗虎，郭蓉. 岗位分析评价与职务说明书编写实务手册. 2 版［M］. 北京：人民邮电出版社，2009.

［21］孙宗虎. 组织结构设计实务与范例［M］. 北京：人民邮电出版社，2014.

［22］武立东，等. 组织理论与设计［M］. 北京：机械工业出版社，2015.

［23］萧鸣政. 工作分析与评价［M］. 北京：北京大学出版社，2011.

［24］萧鸣政，等. 工作分析的方法与技术［M］. 北京：中国人民大学出版社，

2002.

［25］邢以群，张大亮．组织结构设计：规范分工协作体系［M］．北京：机械工业出版社，2007.

［26］许玉林．组织设计与管理．2 版［M］．上海：复旦大学出版社，2010.

［27］杨岗松．岗位分析和评价：从入门到精通［M］．北京：清华大学出版社，2015.

［28］杨河清．劳动经济学［M］．北京：中国人民大学出版社，2002.

［29］杨明海，薛靖，孙亚男．工作分析与岗位评价［M］．北京：电子工业出版社，2010.

［30］姚若松，苗群鹰．工作岗位分析［M］．北京：中国纺织出版社，2003.

［31］姚月娟．工作分析与应用［M］．大连：东北财经大学出版社，2011.

［32］余凯成．组织行为学．2 版［M］．大连：大连理工大学出版社，2002.

［33］袁家海．工作分析与劳动定额［M］．北京：机械工业出版社，2011.

［34］张如帆．工作分析方法的种类分析研究［D］．北京：中国人民大学，2004.

［35］国家职业分类大典修订工作委员会．中华人民共和国职业分类大典（2015）［M］．北京：中国劳动社会保障出版社，2015.

［36］朱勇国．组织设计与岗位管理［M］．北京：首都经济贸易大学出版社，2015.

［37］朱勇国．工作分析［M］．北京：高等教育出版社，2007.

［38］朱勇国．工作分析与研究［M］．北京：中国劳动社会保障出版社，2008.

［39］祝士苓．工作分析与组织设计［M］．北京：中国劳动社会保障出版社，2007.

［40］彼得·圣吉．第五项修炼：学习型组织的艺术与实践［M］．张成林，译．北京：中信出版社，2009.

［41］刘凤霞，房宏君．组织与工作设计［M］．天津：天津大学出版社，2015.

［42］刘凤霞，房宏君．现代组织与岗位设计［M］．天津：天津大学出版社，2017.

［43］陆雄文．管理学大辞典［M］．上海：上海辞书出版社，2013.

［44］赵曙明．人力资源战略与规划．4 版［M］．北京：中国人民大学出版社，2017.

［45］理查德·L. 达夫特．组织理论与设计：第 12 版［M］．王凤彬，等，译．北京：清华大学出版社，2017.

［46］Organ O W. Organizational citizenship behavior: the good soldier syndrome. MA: Lexington Books, 1988.

［47］Podsakoff P M, Mackenzie S B, et al. Organizational citizenship behaviors: a critical review of the theoretical and empirical literature and suggestions for future Journal of Management, 2000,（26）3:513 − 563.

教师教学服务说明

中国人民大学出版社管理分社以出版经典、高品质的工商管理、统计、市场营销、人力资源管理、运营管理、物流管理、旅游管理等领域的各层次教材为宗旨。

为了更好地为一线教师服务，近年来管理分社着力建设了一批数字化、立体化的网络教学资源。教师可以通过以下方式获得免费下载教学资源的权限：

在中国人民大学出版社网站 www. crup. com. cn 进行注册，注册后进入“会员中心”，在左侧点击“我的教师认证”，填写相关信息，提交后等待审核。我们将在一个工作日内为您开通相关资源的下载权限。

如您急需教学资源或需要其他帮助，请在工作时间与我们联络：

中国人民大学出版社　管理分社

联系电话：010－82501048，62515782，62515735

电子邮箱：glcbfs@crup. com. cn

通讯地址：北京市海淀区中关村大街甲 59 号文化大厦 1501 室（100872）